köln
mit kind

Der Köln-Guide für junge Eltern –
von der Schwangerschaft bis zum Schulalter

▲ ▲ ▲

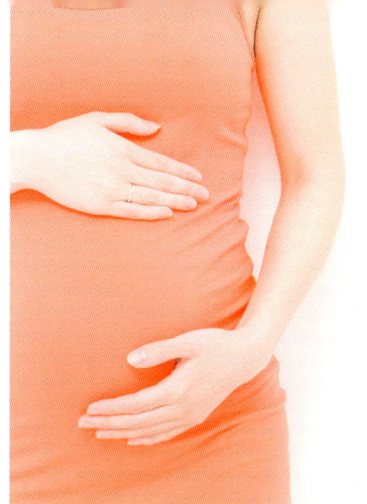

vorwort

· · · · · · · · · · · · · · · · · · · ·

Du bist Teil einer Familie? Herzlichen Glückwunsch, denn Kinder sind toll! Wir geben dir in unserem Buch lokale Tipps, wie du die Schwangerschaft und die Jahre mit Kind gut überstehst und jede Menge Spaß mit den Kleinen hast. köln mit kind zeigt auf einen Blick relevante Informationen für Familien und legt einen Fokus auf Freizeitaktivitäten. Das Besondere ist, dass wir nicht nur unsere persönlichen Erfahrungen, sondern auch die Meinung anderer Mütter und Väter aus Köln einbringen. Außerdem haben wir eine Reihe von Experteninterviews geführt, um dir den Weg durch den Kinder-Dschungel zu erleichtern.

Im ersten Kapitel SCHWANGERSCHAFT UND BABY bekommst du einen Überblick, wo du in Köln entbinden kannst, was du bei der Hebammensuche beachten solltest und wie du es dir gut gehen lassen kannst. Für die Zeit nach der Geburt unterstützt köln mit kind, wenn es um die Rückbildung, Wickelmöglich-keiten in der Kölner Innenstadt, Kinderkliniken oder Familienlektüre geht.

Im SHOPPING-Teil geben wir dir Tipps, in welchen Geschäften du geschmack-volle Umstandsmode, schöne Kinderausstattung und spannende Spielzeuge findest.

Gerade mit Pänz, heißt es genießen. Köln macht tolle Angebote, die speziell auf Familien ausgelegt sind. PEKiP, Buggy Fit, Schwimmen oder Musizieren sind nur einige der vielen ELTERN-KIND-KURSE, die in Köln stattfinden. Für den Kaffee nach dem Kinderkurs oder einen gemütlichen Sonntagsbrunch haben wir außerdem die kinderfreundlichsten Restaurants Kölns ausfindig gemacht. Es sind inzwischen glücklicherweise eine ganze Reihe.

SONJA – Autorin aus
Spaß am Schreiben ♥

CONSTANZE – Autorin aus
Freude am Entdecken ♥

Zudem bietet Köln zu jeder Jahreszeit attraktive **FREIZEITAKTIVITÄTEN** für Eltern mit Kindern. Im Sommer locken Spielplätze, relaxte Stunden im Park oder eine Entdeckungstour durch die Stadt. Aber auch bei schlechtem Wetter wird es in Köln nicht langweilig. Wir zeigen dir spannende Indoor-Aktivitäten, kinderfreundliche Hallenbäder und Spielmöglichkeiten, die bei jedem Wetter Spaß machen.

Da das Thema „Wie feiere ich den Kindergeburtstag" viele Familien beschäftigt, gehen wir in unserem **Hot Topic KINDERGEBURTSTAG** darauf ein. Auch Väter kommen in **köln mit kind** nicht zu kurz, denn die meisten der vorgeschlagenen Aktivitäten sind für die ganze Familie gedacht.

NADINE - Fotografin aus
Freude am Augenblick ♥

Mit **köln mit kind** halten Mütter und Väter ein praktisches Werkzeug in der Hand, das mit lokalen Tipps und Freizeitideen hilft, die ersten Jahre mit Pänz gut zu meistern.

köln mit kind spiegelt unsere eigenen Erfahrungen und Vorlieben wider. Unsere Tipps sind subjektiv und zeigen die Aktivitäten, Plätze und Geschäfte, die uns und unseren Kindern Spaß machen. Da Geschmäcker verschieden sind, erheben wir keinen Anspruch auf Richtigkeit oder Vollständigkeit. Dieses Buch ist eine Momentaufnahme – wir wünschen viel Spaß beim Lesen.

Deine Sonja & Constanze ♥

SARAH - Grafikerin aus
Begeisterung fürs Gestalten ♥

teil 1

SCHWANGERSCHAFT

UND BABY

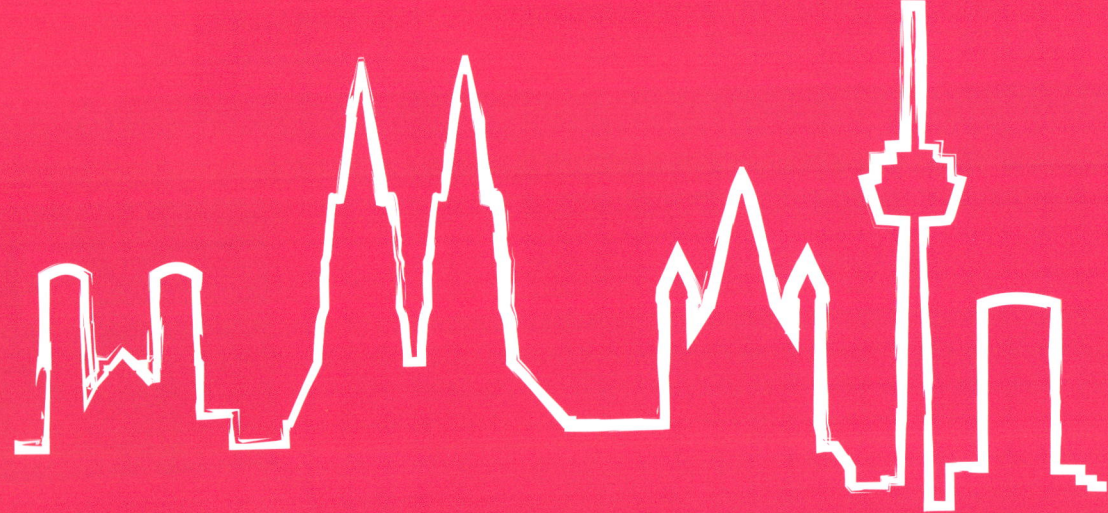

Juhu. Schwanger!

Die erste Zeit

Hebammen in Köln

Geburts-vorbereitung

Kliniktasche

Papierkram

Perfekter Tag in Köln

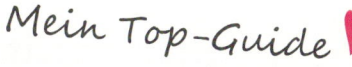

Mein Top-Guide ♥

SCHWANGERSCHAFT BIS GEBURT

Du bekommst ein Baby und bist himmelhoch jauchzend, freudestrahlend oder fassungslos? Alles ganz normale Reaktionen und wir garantieren dir, spätestens, wenn sich das erste zarte Flattern im Bauch bemerkbar macht, begreifst du es endgültig: ja, dein Partner und du werdet Eltern, mit allem was dazu gehört.

Wahrscheinlich wirst du dir jetzt 1000 Fragen stellen: Wie wird die Schwangerschaft verlaufen? Wie ist es, ein Baby zu haben? Werde ich eine gute Mutter oder ein guter Vater sein? Wie reagiert mein Arbeitgeber? Bei wem kann ich mir gute Tipps holen?

Keine Panik, diese und mehr Dinge gehen allen zukünftigen Mamas und Papas durch den Kopf. Wir geben dir in diesem Kapitel Antworten auf deine brennendsten Fragen zur Schwangerschaft und versorgen dich mit Köln-spezifischen Tipps. Du bekommst alles – von knackigen Checklisten bis hin zu ausführlichen Informationen zu Geburtskliniken, Vorbereitungskursen oder Hebammen. Auch praktische Tipps rund um die Themen Arbeitgeberinformation, Elterngeld oder Elternzeit kommen nicht zu kurz, alles also, um dir deine Schwangerschaft und die Geburtsvorbereitung zu erleichtern.

CHECKLISTE

WELCHE VORBEREITUNGEN STEHEN AN?

○ Welche schwangerenverträglichen Sportarten gibt es, die Spaß machen und mich fit halten (ab S. 38)?

....

○ Möchte ich mein Kind im Krankenhaus, Geburtshaus oder zu Hause gebären (S. 19)?

....

○ Wo finde ich eine Hebamme (S. 15)?

....

○ Was bringt mir ein Geburtsvorbereitungskurs (S. 23) ?

....

○ Wo kann ich die Babyausstattung kaufen (ab S. 73) oder gibt es jemanden , der sie mir leihen kann?

....

○ Was gehört in den Klinikkoffer? (S. 27)

....

○ Wie lange möchte ich in Elternzeit gehen und was muss ich beachten?

....

○ Welchen notwendigen Papierkram (Elterngeldanträge, etc.) kann ich schon in der Schwangerschaft erledigen? (S. 27)

....

Schwangerenvorsorge und Pränatal- diagnostikzentren

Jede Schwangere hat einen Anspruch auf Schwangerschaftsvorsorge, deren Kosten von den Krankenkassen getragen werden. Die Vorsorgeuntersuchungen sollen sicherstellen, dass es dir und deinem Baby gut geht und du zu allen Themen rund um die Schwangerschaft beraten wirst. Die Schwangerenvorsorge machst du entweder bei einem Frauenarzt oder bei einer Hebamme. Die drei Standard-Ultraschalluntersuchungen im ersten, zweiten und dritten Trimester solltest du in jedem Fall bei einem Frauenarzt durchführen lassen. Neben medizinischen Aspekten ist es ein besonderes Erlebnis, das Baby während des Ultraschalls im Bauch zu beobachten und zu sehen, wie es sich bewegt, mit den Händchen schlägt oder sich die Fingerchen in den Mund steckt.

Wenn du spezielle Untersuchungen wie das Erstsemesterscreening von Fachärzten machen lassen möchtest, bietet sich ein Pränataldiagnostikzentrum an. Dort arbeiten Ärzte, die absolute Spezialisten auf ihrem Gebiet sind. Sie setzen detaillierte Ultraschall-Methoden wie den Doppler-Ultraschall oder das Organscreening für die Untersuchungen ein. Nettes Beiwerk in den Kölner Pränataldiagnostikzentren: Oft werden die Bilder des Ultraschalls auf großen Bildschirmen oder per Beamer den werdenden Eltern gezeigt. Für viele ist es ein tolles Erlebnis, das ungeborene Kind in dieser Größe zu sehen.

ULTRASCHALL- UNTERSUCHUNGEN

* Es ist schön, den Partner oder eine Freundin bei den Ultraschalluntersuchungen dabei zu haben, um die Freude über das Ungeborene zu teilen.

* Für das ungeübte Auge sind Ultraschallbilder schwierig zu interpretieren. Wenn auf den Bildern etwas unklar ist oder man etwas nicht richtig erkennen kann, lohnt es genauer nachzufragen.

* Viele Ärzte geben den Eltern ein schönes Ultraschallbild als Erinnerung mit.

Praenatal Plus (Innenstadt, Holweide) 1

praenatalplus.de

0221 / 97 76 00

Kaiser-Wilhelm-Ring 27-29

50672 Köln-Innenstadt

Neufelder Str. 34 * 51067 Köln-

Holweide (in der Frauenklinik)

PRAENATAL PLUS steht für das gesamte Spektrum pränataler Diagnostik: darunter sechs verschiedene Untersuchungen der Ultraschall-Diagnostik sowie invasive Verfahren und fetale Therapie. Darüber hinaus bietet das aus Fachärzten verschiedener Fachdisziplinen, Humangenetikern und medizinischen Fachangestellten bestehende Team den werdenden Eltern eine humangenetische Beratung an.

Pränatalmedizin Dr. Ritter (Neustadt-Süd) ❷

praenatalmedizin-koeln.de

0221 / 55 00 45 4

Lütticher Str. 13 * 50674 Köln

Dr. Ritter, Prof. Wilhelm, Dr. Meschede und Frau Dr. Bialas arbeiten in dieser sympathischen PRÄNATALMEDIZIN Praxis eng zusammen und führen alle Arten von Ultraschall und invasiver Diagnostik durch. Dr. Ritter leitete vor seiner Praxistätigkeit die Abteilung für Ultraschall- und Pränatal-diagnostik der Universitätsfrauenklinik Aachen. Die Praxis verfolgt einen patienten-zentrierten Ansatz, so dass du in der Regel immer vom gleichen Arzt betreut wirst.

Kompetenznetz Pränatalmedizin (Lindenthal) ❸

praenat-koeln.de

0221 / 94 05 05 38 7

Classen-Kappelmann-Str. 24

50931 Köln

Im KOMPETENZNETZ PRÄNATALMEDIZIN Köln-Bonn haben sich Pränataldiagnostiker, Humangenetiker, Laborärzte und Reproduktionsmediziner als praxisüber-greifende Arbeitsgemeinschaft zusammengeschlossen. Die angebotene pränatale Diagnostik ist auf dem neusten Stand der Technik und hilft Eltern, objektive Sicherheit über den Zustand ihres Ungeborenen zu gewinnen.

Hebammenpraxen und Doulas 💚

In der Schwangerschaft, bei der Geburt, im Wochen-bett und in der Stillzeit kommen viele Frauen das erste Mal mit Hebammen in Berührung. Hebammen sind vor, während und nach der Geburt Gold wert, denn sie haben schon Tausenden von Babys auf die Welt geholfen und fast genauso vielen Müttern zur Seite gestanden. Jede Frau in Deutschland hat ein Anrecht auf die Unterstützung einer Hebamme, deren Besuche die Krankenkasse bezahlt.

Bei den Aufgaben der Hebammen unterscheidet man zwischen:

* **der Vorsorge:** die Unterstützung und Untersuchungen der Frau während der Schwangerschaft,

* **der Geburt:** die Geburtsbegleitung (Unterstützung im Kreißsaal) und

* **der Nachsorge:** das Kümmern um alle Fragen rund um das Neugeborene und das Stillen.

Man findet eine Hebamme entweder über Empfehlungen von Freunden, über Geburtskliniken, das **Hebammen-netzwerk-Köln** (**hebammennetzwerk-koeln.de**) oder über eine der vielen Kölner Hebammenpraxen. In den Geburtskliniken selbst arbeiten fest angestellte Hebam-men, die dich während der Geburt begleiten.

Doulas sind speziell ausgebildete Frauen, die einer wer-denden Mutter in der Schwangerschaft und bei der Geburt als Begleiterin zur Seite stehen. Sie ist eine gute Ergänzung zu einer Hebamme und ein zusätzliches bekanntes Gesicht, das dir emotionale Unterstützung gibt und bei der Geburt dabei ist. Auf **doulas-in-deutsch-land.de** und **doula-info.de** findest du eine Doula in deiner Nähe. ▲▲

ADRESSÜBERSICHT : PRÄNATAL-
DIAGNOSTIK + HEBAMMEN IN KÖLN

Hebammennetzwerk Köln (Altstadt-Süd)

hebammennetzwerk-koeln.de

0221 / 94 69 26 4

Neumarkt 15-21 * 50667 Köln

Die Hauptaufgabe des gemeinnützigen Vereins HEBAM-MENNETZWERK KÖLN ist es, Frauen den Zugang zu freiberuflich tätigen Hebammen zu erleichtern. Konkret hilft er dir bei der Suche nach einer Hebamme in deiner Nähe. Die Telefonzeiten sind Montag bis Freitag von 9.30-12.30 Uhr.

Hebammenpraxis geborgen geboren (Neustadt-Süd) ❺

hebammenpraxis-geborgengeboren.de

0221 / 16 99 67 11

Karolingerring 3 * 50678 Köln

(am Chlodwigplatz)

In der Hebammenpraxis GEBORGEN GEBOREN arbeiten vier Hebammen zusammen, um Frauen, Paare und Familien während der Schwangerschaft, der Geburt, im Wochenbett und in den ersten Lebensjahren des Kindes individuell und kompetent zu begleiten. Raum für Geborgenheit und individuelle Betreuung werden in dieser Praxis groß geschrieben. Auch Hausgeburten werden gerne begleitet. GEBORGEN GEBOREN arbeitet eng mit einem pädagogischen Team zusammen, um verschiedene Schwangeren- und Babykurse (s. S. 40) anzubieten.

Hebammenpraxis Ehrenfeld (Ehrenfeld) ❻

meine-hebammenpraxis.de

0221 / 55 08 55 8

Ottostr. 59 * 50823 Köln

Monika Meschede ist freiberufliche Hebamme und arbeitet in ihrer kleinen aber feinen Praxisgemeinschaft mit drei

HEBAMMEN

* Auf Grund der großen Nachfrage nach Hebammen ist es wichtig, sich früh genug um eine Nachsorge-Hebamme zu kümmern.

* Frauen, die die Vorsorgeuntersuchungen bei ihrem Frauenarzt machen, sollten mit der Nachsorgehebamme vor der Geburt einen Kennenlern-Termin vereinbaren. Es ist wichtig, dass man sich gut versteht und miteinander wohlfühlt.

weiterer Hebammen zusammen. Die vier Frauen bieten ein breites Spektrum rund um die Geburt an: von Vorsorge, Akupunktur, Homöopathie, Reiki und Bachblüten, über Begleitung von Hausgeburten bis hin zur Wochenbettbetreuung. Dazu kommt ein umfangreiches Kursprogramm – vor oder nach der Geburt, mit oder ohne Kind, vormittags oder abends. Das ganzheitliche Angebot von der Praxis spiegelt die Vielfalt der individuellen Bedürfnisse Schwangeren wider.

Hebammenpraxis Köln-Süd (Bayenthal)

hebammenkoeln.de

0221 / 34 00 53 8

Schönhauser Str. 3 * 50968 Köln

Sympathische Hebammenpraxis im Kölner Süden, die Frauen und Paare auf den besonderen Lebensabschnitten Schwangerschaft und junge Eltern begleitet. Im Angebot sind die Vor- und Nachsorge sowie verschiedene Kurse in und nach der Schwangerschaft.

GUT ZU WISSEN

DIE AUFGABEN DER HEBAMME

VORSORGEHEBAMMEN

Ähnlich wie die Frauenärzte unterstützt eine Hebamme die Schwangere im Rahmen der Vorsorge bei der Beobachtung des Schwangerschaftsverlaufes und in der Beurteilung eventueller Auffälligkeiten. Die Hebamme stellt die Lage des Kindes fest, beobachtet das Wachstum und hört die Herztöne ab. Weiterhin misst sie den Blutdruck und das Gewicht der werdenden Mutter und überprüft den Urin und das Blut. Die schriftliche Dokumentation der Schwangerschaft wird ebenfalls von der Hebamme durchgeführt. Dazu gehören das Ausstellen des Mutterpasses und die Bescheinigung für den Arbeitgeber. Einige Vorsorgehebammen bieten darüber hinaus Geburtsvorbereitungskurse, Gespräche, geburtsvorbereitende Akupunktur oder Homöopathie an.

Die Vorsorge bei Hebammen ist oft persönlicher als beim Frauenarzt, da sie sich mehr Zeit für jede einzelne Schwangere nehmen können. Sie machen häufig Hausbesuche und beantworten in Ruhe deine Fragen. Nur für die empfohlenen Ultraschalluntersuchungen im ersten, zweiten und dritten Trimester solltest du zum Frauenarzt oder in ein Pränatalzentrum gehen.

GEBURTSHELFERINNEN

Während der Geburt begleitet dich eine in der Geburtsklinik angestellte Hebamme und trägt wesentlich zu einem sicheren Geburtsverlauf bei. Sie überwacht deinen Gesundheitszustand und den des Kindes und ist dazu berechtigt die Geburt völlig selbstständig ohne Arzt zu leiten. Gibt es Komplikationen, muss sie einen Arzt hinzurufen.

Du lernst die Geburtshilfe leistende Hebamme normalerweise erst während der Geburt kennen. Eine Ausnahme ist, wenn du zu Hause oder in einem Geburtshaus entbindest und die Hebamme frei auswählen kannst. Im Regelfall ist es jedoch so, dass dich eine Vorsorgehebamme bis kurz vor die Geburt begleitet und nach der Entlassung aus dem Krankenhaus die Nachsorge wieder übernimmt.

NACHSORGEHEBAMMEN

Nach der Geburt steht dir und dem Baby die Nachsorgehebamme zur Seite. Sie macht während der ersten acht Wochen nach der Geburt bis zu 16 Hausbesuche. Im Rahmen der Nachsorge kontrolliert die Hebamme regelmäßig das Gewicht des Kindes, beantwortet deine Fragen und beobachtet genau, ob mit dem Neugeborenen und dir alles in Ordnung ist. Da die Anzahl der Kölner Hebammen begrenzt ist, solltest du dir rechtzeitig eine Hebamme für die Wochenbettbetreuung organisieren.

Hebammenpraxis Kugelrund (Kalk) ⑧

hebammen-kugelrund.de

0221 / 69 08 86 2

Olpener Str. 978 * 51109 Köln

Vier Hebammen beraten in der Praxisgemeinschaft KUGELRUND schwangere Frauen umfassend. Sie machen Vorsorgeuntersuchungen, die Wochenbettbetreuung, Stillberatung uvm. Das gesamte Spektrum der Vor- und Nachsorge wird in dieser Hebammenpraxis abgedeckt.

Hebammenpraxis Porz (Porz) ⑨

hebammen-praxis-porz.de

0163 / 3304550

Hauptstr. 389 * 51143 Köln

Umfassendes Kurs- und Beratungsangebot für Schwangere und junge Mütter im Rechtsrheinischen. Zusätzlich bieten die Hebammen Akupunktur sowie ein Mutter-Kind-Cafe zur Klärung offener Fragen an.

INTERVIEW

LUISE SCHÜLER – HEBAMME

LUISE SCHÜLER

Luise Schüler arbeitet seit über acht Jahren an einer Geburtsklinik in München. Zuvor machte sie ihre Ausbildung am Universitätsklinikum in Leipzig. Von 2014 bis 2015 arbeitete sie für 14 Monate als Entwicklungshelferin in einer Frauen- und Kinderklinik in Tansania.

WOBEI UNTERSTÜTZT EINE HEBAMME FRAUEN?

Eine Hebamme ist die Begleiterin der Frau während der Schwangerschaft, bei der Geburt und im Wochenbett. Sie gibt Tipps, steht beratend zur Seite und zeigt Paaren wertvolle Tricks im Umgang mit dem Neugeborenen. Kurse nach der Geburt wie Babymassage, PEKiP, Musikgarten oder frühkindliche Förderung werden oft durch Hebammen geleitet.

WELCHE TIPPS KÖNNEN SIE FRAUEN FÜR DIE GEBURT GEBEN?

Für die Geburt ist es wichtig, offen zu sein und sich nicht zu sehr auf eine Art der Geburt festzulegen. Kein Mensch kann planen, wie er mit Extremsituationen umgeht. Daher ist es gut, verschiedene Geburtsarten und Möglichkeiten der Schmerzbekämpfung zu kennen und dann spontan zu entscheiden, ob man sie benötigt oder nicht. Ein Geburtsvorbereitungskurs ist eine große Hilfe, um umfassende Informationen von Geburtsprofis zu erhalten.

WIE KANN DER PARTNER WÄHREND EINER GEBURT UNTERSTÜTZEN?

Manche Frauen wünschen sich einen stillen Begleiter, der einfach nur anwesend ist. Andere möchten massiert werden oder eine Hand zum Drücken. Daher ist für eine Frau die größte Unterstützung, wenn der Mann während der Geburt auf sie eingeht und sie fragt, was ihr gut tut. Manchmal kann die Anwesenheit des Partners eine Geburt jedoch auch behindern, z.B. wenn die Frau die Zweifel des Mannes kennt oder sich nicht „gehen lassen" will. Dann kann eine gute Freundin als Begleitung die bessere Wahl sein.

WAS HALTEN SIE VON AKUPUNKTUR, AROMATHERAPIE UND HOMÖOPATHIE?

Akupunktur, Aromatherapie und Homöopathie sind gute alternativ-medizinische Bereiche, die begleitend zur Schulmedizin genutzt werden können. Jedoch sollte die Frau darauf achten, dass es von zertifiziertem Personal angewendet wird.

WAS MACHT IHNEN AN IHREM BERUF BESONDERS SPASS?

Mir macht die Begleitung der Paare in der Extremsituation Geburt und im Zusammenwachsen als Familie viel Freude. Nie mehr wieder sieht man so viel Veränderung in so kurzer Zeit. Dieses Wunder, dass aus zwei Zellen ein Lebewesen entsteht und geboren wird, fasziniert mich sehr.

WAS BEEINDRUCKT SIE BEI EINEM NEUGEBORENEN AM MEISTEN?

Am meisten beeindrucken mich der erste Schrei und der erste Blickkontakt des Neugeborenen mit den Eltern. Diese innigen Momente lassen mich jedes Mal eine Gänsehaut bekommen.

WELCHE TIPPS HABEN SIE FÜR JUNGE MÜTTER IN KÖLN?

Genießen, Lieben und Leben! Freut euch auf das Kind und genießt die Elternzeit in vollen Zügen. Trefft euch mit anderen Müttern und tauscht Erfahrungen aus. Davon lernt ihr am meisten. Vertraut auf euch und hört auf euer Herz.

Geburtskliniken und –häuser

Eine Frage beschäftigt werdende Eltern in Köln besonders: Wie soll die Geburt ablaufen und wo soll das Kind zur Welt kommen? Keine leichte Entscheidung, denn natürlich möchte man die größtmögliche Sicherheit für das Kind, aber trotzdem ein individuelles Eingehen auf die Bedürfnisse der Frau sowie das Gefühl von Geborgenheit während der Geburt.

Die Wünsche der Eltern haben Einfluss auf die Geburtsmethode und das gewählte Krankenhaus. So hängt die Wahl des Geburtsortes nicht mehr primär von der guten Erreichbarkeit der Geburtsklinik ab, sondern es treten die angebotenen Leistungen und die Ausstattung der Klinik in den Vordergrund. In Köln und Umgebung können Eltern glücklicherweise zwischen mehr als zehn Geburtskliniken, zwei Geburtshäusern und einigen freiberuflichen Hebammen für Hausgeburten entscheiden. Alle Kranken- und Geburtshäuser bieten Infoabende an, die über die wichtigsten Krankenhaus-Charakteristika und Abläufe aufklären. Wenn ein Kreißsaal frei ist, kannst du ihn dir im Rahmen der Infoabende anschauen ▲▲

Geburtskliniken

In Köln gibt es eine Reihe von Geburtskliniken, die verschiedene Leistungen anbieten und unterschiedlich viele Geburten pro Jahr betreuen. Frage am besten zunächst deinen Frauenarzt, deine Hebamme oder Freunde, ob sie dir ein Krankenhaus empfehlen können und schaue dir an, welche Leistungen die einzelnen Krankenhäuser anbieten. Einen Überblick über die wichtigsten Fakten pro Krankenhaus bekommst du später im Kapitel bzw. auf der Webseite mycitykids.de. Die Checkliste Geburtskliniken unterstützt mit relevanten Fragen, das richtige Krankenhaus für die Geburt auszuwählen.

Nachdem du die Auswahl möglicher Geburtskliniken eingegrenzt hast, sieh dir die in Frage kommenden Krankenhäuser während der Infoabende an. Dort kannst du Fragen stellen und bekommst ein Gefühl dafür, ob du dich wohl fühlst. Das ist wichtig, weil man normalerweise nach der Geburt einige Tage in der Klinik übernachtet. Nach einer Spontangeburt bleibt man etwa zwei bis drei Tage und nach einem Kaiserschnitt etwa vier bis fünf Tage in der Geburtsklinik. Während des Aufenthalts bekommt man professionelle Hilfe von Hebammen und Kinderkrankenschwestern bei Fragen und Abläufen rund um das Neugeborene.

Zusätzlich zur zuvor beschriebenen stationären Geburt in einer Geburtsklinik gibt es dort auch die Möglichkeit, ambulant zu entbinden. Entscheidet man sich für eine ambulante Geburt, geht man bereits nach wenigen Stunden Klinikaufenthalt wieder nach Hause und wird dort von der Nachsorgehebamme betreut. Wichtig ist, den Wunsch der ambulanten Geburt bereits im Vorfeld mit dem Krankenhaus und der Hebamme abzusprechen, damit alles entsprechend geplant werden kann.

Eine Übersicht über alle Kölner Frauenkliniken nach Anzahl der Geburten pro Jahr geordnet findest du in diesem Kapitel.

Mehr Informationen zu den Geburtskliniken gibt es online unter mycitykids.de in der Rubrik Schwangerschaft.

GEBURTSKLINIKEN

* Als Schwangere sollte man sich frühzeitig überlegen, wie und wo man entbinden möchte und sich die entsprechenden Kliniken im Rahmen der Infoabende ansehen.

* Viele Geburtskliniken bieten Geburtsvorbereitungskurse an. Das ist eine gute Möglichkeit, um andere Schwangere Frauen kennenzulernen.

Frauenklinik Köln-Holweide (Holweide)

frauenklinik-holweide.de

0221 / 89 07 27 36

Neufelder Str. 32 * 51067 Köln

✿ *Anzahl Kreißsäle: 5*

Universitätsklinik – Frauenklinik Köln (Lindenthal)

frauenklinik.uk-koeln.de

0221 / 47 84 90 0

Kerpener Str. 34 * 50937 Köln

✿ *Anzahl Kreißsäle: 5*

Severinsklösterchen - Krankenhaus der Augustinerinnen (Altstadt Süd)

koeln-kh-augustinerinnen.de/geburts-hilfe

0221 / 33 08 0

Jakobstr. 27-31 * 50678 Köln

✿ *Anzahl Kreißsäle: 4*

St. Elisabeth-Krankenhaus (Lindenthal)

hohenlind.de

0221 / 46 77 0

Werthmannstr. 1 * 50935 Köln

✿ *Anzahl Kreißsäle: 4*

Evangelisches Krankenhaus Köln-Weyertal (Lindenthal)

evk-koeln.de

geburtshilfe-weyertal.de

0221 / 47 90

0221 / 47 92 20 8

Weyertal 76 * 50931 Köln

✿ *Anzahl Kreißsäle: 4*

Frauenklinik Porz am Rhein (Porz)

khporz.de

02203 / 56 60

Urbacher Weg 19 * 51149 Köln

✿ *Anzahl Kreißsäle: 3*

Evangelisches Krankenhaus Kalk (Kalk)

evkk.de

0221 / 82 89 0

Buchforststr. 2 * 51103 Köln

✿ *Anzahl Kreißsäle: 3*

✿

CHECKLISTE

WAS IST BEI EINER GEBURTSKLINIK ZU BEACHTEN?

○ Welche Art der medizinischen Versorgung sollte das Krankenhaus mindestens haben?
  - ➤ Kinderintensivmedizin? Kinderarzt immer vor Ort?

  ....

○ Wie viele Geburten führt die Klinik pro Jahr durch und wie viele Kreißsäle gibt es?
  - ➤ Kreißsaaltourismus versus klein aber fein?

  ....

○ Welche Philosophie herrscht auf der Neugeborenen Station?
  - ➤ Rooming-in oder fest etabliertes Kinderzimmer?

  ....

○ Welchen Standard haben die Zimmer?
  - ➤ Einzel- oder Mehrbettzimmer? Toilette und Dusche im Zimmer? Anzahl Privatzimmer? Letzte Renovierung?

  ....

○ Gibt es Familienzimmer, in denen der Vater übernachten kann? ....

○ Gibt es Aufenthaltsräume für Mutter und Kind? ....

○ Gibt es Stillräume, in die man sich zurückziehen kann? ....

○ Welche weiteren Kriterien sind dir wichtig? ....

▲ ▲ ▲

Heilig Geist-Krankenhaus (Longerich)

hgk-koeln.de

0221 / 74 91 0

Graseggerstr. 105 * 50737 Köln

☼ *Anzahl Kreißsäle: 3*

Vinzenz-Palotti Krankenhaus
(Bensberg)

vph-bensberg.de

02204 / 41 14 01

Vinzenz-Pallotti-Str. 20

51429 Bergisch Gladbach

☼ *Anzahl Kreißsäle: 5*

Das VINZENZ-PALOTTI KRANKENHAUS kooperiert mit dem Kölner Geburtshaus. Es ist eine sehr beliebte Klinik, da sie für sanfte Geburten bekannt ist. Das Geburtshaus Bensberg ist direkt an die Klinik angegliedert.

Geburtshäuser und Hausgeburten

Die KÖLNER UND BONNER GEBURTSHÄUSER sind gute Alternativen für ambulante Geburten. Eine Geburt im Geburtshaus ist familiärer als in einem Krankenhaus. Bei Interesse solltest du dich frühzeitig zu einer Informationsveranstaltung anmelden und die betreuenden Hebammen persönlich kennenlernen. Ein Arzt ist bei der Geburt nur auf Wunsch zugegen. Auf die PDA (Periduralanästhesie) oder Medikamente zur Linderung des Geburtsschmerzes wird verzichtet, vielmehr kommen alternative Methoden wie Akupunktur, Homöopathie oder Massagen zum Einsatz. Wenn die Geburt gut läuft, gehst du bereits einige Stunden nach der Entbindung mit dem Neugeborenen nach Hause. Im Wochenbett betreut dich in der Regel die Hebamme, die dich während der Vorsorge und bei der Geburt begleitet hat. Treten während der Geburt Probleme auf, wird man dich in ein nahe gelegenes Krankenhaus verlegen.

Kölner Geburtshaus (Neu-Ehrenfeld)

geburtshaus-koeln.de

0221 / 72 44 48

Overbeckstr. 7 * 50823 Köln

☼ *Geburten im Geburtshaus + Begleitung*
   von Hausgeburten

☼ *Anzahl der Geburtszimmer: 2*

Geburtshaus Bonn & Zentrum für
Primärgesundheit (Bonn)

geburtshaus-bonn.de

0228 / 72 15 70 7

Villenstr. 6 * 53129 Bonn

☼ *Anzahl der Geburtszimmer: 2 und 1*
   Gebärbad

Geburtsvorbereitung – Kurse und Klinikkoffer 💚

Der Countdown läuft – das letzte Schwangerschaftsdrittel hat begonnen und die Nervosität steigt, wenn es um die konkrete Geburtsvorbereitung geht. Dazu zählen z.B. die Teilnahme an einem der vielen Kölner Geburtsvorbereitungskurse, einem Säuglingspflegekurs oder der geburtsvorbereitenden Akupunktur. Nicht zu vergessen natürlich das Packen des viel beschworenen Klinikkoffers. ▲▲

Geburtsvorbereitungskurse

Ein Geburtsvorbereitungskurs bietet in entspannter Atmosphäre ein breites Spektrum an Basiswissen rund um die Geburt. Der Kurs ist besonders Erstgebärenden zu empfehlen, da die Unsicherheit und das Bedürfnis sich mit anderen Schwangeren auszutauschen bei ihnen am größten ist. Standardmäßig gibt es kompakte Geburtsvorbereitungs-Wochenendkurse, die häufig an einem Samstag und Sonntag stattfinden oder Abendkurse, die über mehrere Wochen laufen. Da für Väter die Schwangerschaft und die kommende Geburt in den meisten Fällen ein genauso unbekanntes Terrain ist, ist der Partner je nach Kursformat bei einigen oder sogar bei allen Terminen dabei.

Je nach Format und Länge des Geburtsvorbereitungskurses bietet es sich an, ihn ab dem siebten Schwangerschaftsmonat zu beginnen, damit er idealerweise kurz vor der Geburt endet. Neben den fachlichen Inhalten ist der Erfahrungsaustausch mit anderen werdenden Eltern bei diesen Kursen wichtig. Nutze die Chance, dich mit anderen sympathischen Elternpaaren zu unterhalten und Nummern auszutauschen. Binde deinen Partner ein und frage ihn, welche anderen Paare er sympathisch findet

UNSER TIPP

GEBURTSVORBEREITUNGSKURSE

* Die Kosten für einen Geburtsvorbereitungskurs werden im Rahmen der Schwangerenvorsorge zum Großteil von der Krankenkasse übernommen. Man sollte bei der Kasse nachfragen, ob bestimmte Voraussetzungen für die Kostenübernahme erfüllt werden müssen. Außerdem muss man sich am Ende des Kurses eine Quittung und eine Teilnahmebestätigung aushändigen lassen und diese bei der Krankenkasse mit einem formlosen Schreiben einreichen.

* Nimmt der Partner an einem Geburtsvorbereitungskurs teil, werden die Kosten häufig nicht von der Kasse getragen. Gute Chancen auf Kostenübernahme bestehen jedoch, wenn beide Partner bei der gleichen Kasse versichert sind. Nachfragen lohnt sich.

▲ ▲ ▲

– das ist schön, um später als Familien gemeinsam etwas zu unternehmen.

Die Inhalte von Geburtsvorbereitungskursen sind im Einzelnen:

* Information über den Schwangerschaftsverlauf und die Entwicklung des Kindes

* Entspannungsübungen, Atemübungen, Körperwahrnehmung

* Information über die Anatomie, den Geburtsprozess, mögliche Geburtspositionen und Geburtsmethoden

* Information über die Möglichkeiten der Schmerzlinderung

* Vorbereitung auf mögliche Sonderfälle wie die Entbindung per Kaiserschnitt

* Unterstützungsmöglichkeiten durch die Begleitperson während der Geburt

* Informationen über das Stillen, Wochenbett und das Leben mit Kind

* Säuglingspflege

Die Qualität der Kurse hängt stark vom Engagement der Kursleiterin ab. Daher haben wir einige Geburtsvorbereitungskurse zusammengestellt, die wir kennen oder von denen wir Positives gehört haben. Höre dich aber auch in deinem Bekanntenkreis um, wer welche Kurse empfehlen kann und bei welchen Anbietern du in guten Händen bist.

Geburtsvorbereitung an den Kölner Frauenkliniken (mehrere Standorte)

Die meisten KÖLNER FRAUENKLINIKEN bieten Geburtsvorbereitungskurse an. Der Vorteil ist, dass die kursleitenden Hebammen normalerweise in dem Krankenhaus arbeiten und dir wertvolle Einblicke in den Krankenhausbetrieb geben. Oft wirst du sie während deines späteren Entbindungsaufenthaltes, mit Glück sogar bei der Geburt, wiedersehen. Auch die Kreißsäle können im Rahmen der Geburtsvorbereitungskurse in einer Geburtsklinik besichtigt werden. Die Anmeldung zu den Kursen findet über das jeweilige Krankenhaus statt.

Geburtsvorbereitung im Geburtshaus (Neu-Ehrenfeld)

geburtshaus-koeln.de/kurse

0221 / 72 44 48

Overbeckstr. 7 * 50823 Köln

Das KÖLNER GEBURTSHAUS bietet verschiedene Geburtsvorbereitungskurse sowohl für Frauen als auch für Paare an. Während des Kurses kannst du dir einen guten Überblick über das Geburtshaus und die mögliche Geburt dort verschaffen.

Geburtsvorbereitungskurse Ev. Familienbildungsstätte - FBS (Altstadt-Süd)

fbs-koeln.org

0221 / 47 44 55 0

Kartäuserwall 24b * 50678 Köln

Die EVANGELISCHE FAMILIENBILDUNGSSTÄTTE hat mehrere Geburtsvorbereitungskurse im Programm, z.B. Abendkurse oder Intensiv-Wochenendkurse. Zusätzlich gibt es weitere Angebote für Schwangere wie Wassergymnastik.

Geburtsvorbereitung FamilienForum (Agnesviertel, Südstadt, Vogelsang, Mülheim)

familienbildung-koeln.de

0221 / 77 53 46 0

Weißenburgstr. 14

50670 Köln-Agnesviertel

0221 / 93 18 40 0

Arnold-von-Siegen-Str. 7

50678 Köln-Südstadt

0221 / 95 85 96

Rotkehlchenweg 49

50829 Köln-Vogelsang

Tel 0221 / 88 04 40

An St. Urban 2 * 51063 Köln-Mülheim

Das FAMILIENFORUM findest du an vier Standorten in Köln und zwar im Agnesviertel, in der Südstadt, im Vogelsang und in Mülheim. Die Programme für werdende Mütter und junge Familien sind vielfältig. Das Kursspektrum reicht von Geburtsvorbereitung über Eltern-Kind Kurse bis hin zu Yoga oder offenen Eltern-Kind-Angeboten.

Tante Astrid (Innenstadt)

tante-astrid.de

0221 / 22 20 02 10

Aachener Str. 48 * 50674 Köln

Im Seminarhaus TANTE ASTRID gibt es jede Menge Kurse für werdende oder junge Mütter. Das Spektrum reicht von der klassischen Geburtsvorbereitung über Schwangeren-Yoga, Spiel- und Krabbelkurse, Babymassage bis hin zu Mamacoaching.

UNSER TIPP

GEBURTSVORBEREITENDE AKUPUNKTUR

* Die ab der 36. Schwangerschaftswoche angebotene geburtsvorbereitende Akupunktur kann die Geburtsdauer verkürzen. Es werden sowohl Punkte akupunktiert, um Schwangerschaftsbeschwerden zu lindern, als auch Punkte, die zur Stärkung der Schwangeren beitragen. Somit geht die Schwangere gut vorbereitet in die Geburt und ins Wochenbett. Diese Art der Akupunktur wird z.B. von den Geburtskliniken, dem Geburtshaus und einigen privaten Hebammenpraxen angeboten.

FIB e.V. - Frauen in Bewegung (Bensberg, Brück, Dellbrück, Holweide)

fibev.de

02204 / 40 44 50

Kursorte s. Webseite

FRAUEN IN BEWEGUNG (FIB) bietet Geburtsvorbereitungskurse am Wochenende oder an mehreren Abenden an. Daneben stehen Yoga, Fitnessgymnastik, Aquafit, Wasser-Shiatsu für Schwangere oder Babymassage auf dem Programm.

Kliniktasche

Der Entbindungstermin ist zwar genau ausgerechnet, aber nur etwa 4% aller Mütter entbinden exakt an diesem Termin. Daher macht es Sinn, die Kliniktasche rechtzeitig zu packen, schließlich möchtest du dich damit nicht beschäftigen müssen, wenn die Wehen losgehen. Lasse dich aber nicht von all den guten Ratschlägen oder Babybüchern verrückt machen, die meisten Sachen sind in einigen Minuten gepackt. Eine mittelgroße Reisetasche reicht, denn vieles bekommst du in der Klinik gestellt. So trägt dein Kleines in der Regel während des gesamten Krankenhausaufenthalts die Babykleidung und Windeln der Geburtsklinik. Eigene Babykleidung musst du nur für die Heimfahrt von der Klinik nach Hause mitnehmen oder für den individuellen Look deines kleinen Schatzes.

 Unsere Checkliste Klinikkoffer gibt einen guten Überblick über alle Sachen, die du in der Klinik brauchst. Du findest sie zum Ausdrucken auf unserer Webseite unter mycitybaby-muenchen.de/Klinikkoffer.

Praktische Tipps für die Tage vor der Geburt ♥

Zu Beginn deines Mama-Lebens wirst du wahrscheinlich froh sein, dich voll und ganz auf dein Neugeborenes konzentrieren zu können. Daher solltest du dir vor der Geburt nochmal intensiv Zeit für dich nehmen und einige schöne Stunden mit deinem Partner verbringen. Empfehlenswert ist außerdem, bereits im Mutterschutz Erledigungen wie den Elterngeldantrag oder die Suche nach einem Kinderarzt zu erledigen. Dies wird dir das Leben in der ersten Zeit mit Baby erleichtern.

* Es ist wichtig, bereits vor der Geburt mit dem Partner zu besprechen, wie ihr beide euch die Zeit nach der Geburt vorstellt und in welchen Bereichen er dich unterstützen kann.

* Nach der Geburt sollte jemand für dich da sein und dir helfen. Dies sind im Idealfall dein Partner, Familie oder Freunde, aber auch professionelle Anlaufstellen wie Wellcome oder Guter Start mit Baby (s. TEIL 1. S. 49) bieten bei Bedarf Hilfe nach der Geburt an.

* In der ersten Zeit mit deinem Neugeborenen wirst du kaum zum Kochen kommen. Eine gute Idee ist, bereits im Mutterschutz einige Gerichte vorzukochen. Besonders wenn du stillst hast du einen Bärenhunger und freust dich über ein leckeres Essen.

* Wenn es die Schwangerschaft erlaubt ist es toll, nochmal einen schönen Urlaub zu machen und Freiheiten wie das Ausschlafen ohne Kind zu genießen.

* Der erste Kino- oder Theaterbesuch nach der Geburt kann etwas dauern. Daher kostet solche Abendveranstaltungen mit Freunden richtig aus.

* Es ist eine gute Idee, vor der Geburt zum Friseur zu gehen – wer weiß wann du das nächste Mal dazu kommst.

* Falls du einen Gipsabdruck von deinem Babybauch machen möchtest, solltest du dir früh genug die entsprechenden Materialien besorgen. Diese bekommst du in jedem größeren Babyfachmarkt als Set zu kaufen. Schön ist es mit dem Partner ein Event aus dem Gipsabdruck zu machen. Wer es professioneller mag kann sich z.B. an Leni von MY BELLYCAST (mybellycast.de, Tel 0176 / 27 07 57 54, Siebengebirgsallee 35, 50939 Köln) wenden. Sie nimmt einen Gipsabdruck von deinem Bauch und gestaltet ihn nach deinen Wünschen. So entsteht dein ganz individuelles Kunstwerk.

* Wenn du schon ein oder mehrere Kinder hast, bereite die Großen auf die Veränderungen durch das Neugeborene vor und verbringe nochmal intensiv Zeit mit ihnen.

* Überlege dir, ob das Neugeborene den großen Geschwistern ein kleines Geschenk mitbringen möchte, über das sich die älteren Kinder freuen.

Fakten zur Kita-Suche, Elternzeit, Elterngeld & Co. 💚

Rund um die Geburt des Kindes kommen einige wichtige Erledigungen und Behördengänge auf junge Eltern zu. Aus eigener Erfahrung raten wir dazu, so viel wie möglich frühzeitig vorzubereiten. Nichts ist lästiger, als sich damit unnötig lange beschäftigen zu müssen, wenn das Baby auf der Welt ist. Die aus unserer Sicht wichtigsten Fakten zu Arbeitgeberinformation, Mutterschutz, Elternzeit, Kinder- oder Elterngeld haben wir auf den folgenden Seiten für dich zusammengestellt.

Bei Detailfragen empfehlen wir eine der anerkannten Beratungsstellen für Schwangerschaftsfragen, z.B. Pro Familia (0221 / 12 20 87). Auf der Webseite schwangerschaftsberatung-koeln.de findest du eine Übersicht über die fünf gesetzlich anerkannten Schwangerschaftsberatungsstellen in Köln.

Außerdem bietet die Webseite Familienwegweiser des Bundesministeriums für Familie unter familien-wegweiser.de oder bmfsfj.de detaillierte Informationen und Broschüren rund um Elterngeld, Elternzeit, Kindergeld, Kinderzuschlag oder Alleinerziehende. 🔺🔺

Anmeldung für einen Betreuungsplatz

KiTas und andere Betreuungsformate wie Elterninitiativen, Tagesmütter oder private Kindergärten sind in Köln Mangelware. Um eine Chance auf einen bezahlbaren und gut gelegenen Betreuungsplatz zu haben, solltest du dein Kind bereits in der Schwangerschaft anmelden. Ausführliche Informationen zum Betreuungsangebot der Stadt Köln findest du unter stadt-koeln.de/leben-in-koeln/familie-kinder/betreuung. Zudem gibt es einen KiTa Finder für Nordrhein-Westfalen. Dort kannst du deine Adresse eingeben und es wird in sämtlichen Betreuungseinrichtungen in deinem Umkreis gesucht (kita-finder.nrw.de).

Ab Ende 2017 ist die Einführung des zentralen online gestützten Vormerk- und Anmeldeverfahrens LITTLE BIRD geplant. Weiterführende Infos darüber gibt es unter stadt-koeln.de/leben-in-koeln/familie-kinder/betreuung/vormerk-und-anmeldeverfahren-little-bird. Zusätzlich gibt es staatlich nicht-geförderte Spielgruppen mit bis zu 20h Betreuung, die auch zukünftig bei LITTLE BIRD nicht zu finden sein werden. Die KÖLNER ELTERN- UND KINDERSELBSTHILFE E.V. (KEKS) bietet nicht nur eine Liste solcher Gruppen zum Download an, sondern führt auch eine Online Platzbörse unter keks-koeln.de, auf der Betreuungsgruppen und Tagesmütter freie Plätze inserieren oder man selbst ein Platzgesuch posten kann.

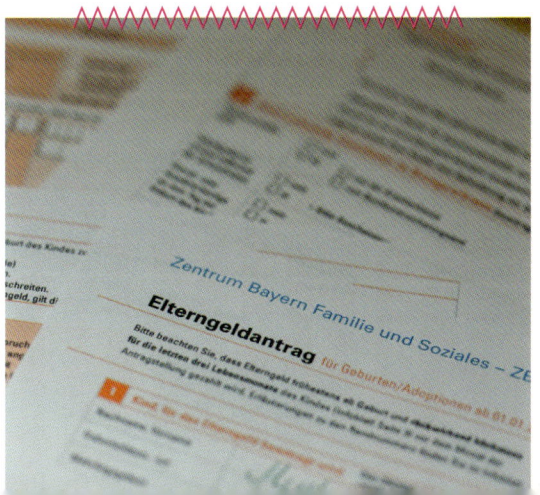

Information Arbeitgeber

Du kannst selbst entscheiden, wann du deinen Arbeitgeber über die Schwangerschaft informierst. Die meisten Frauen warten die ersten zwölf Wochen ab, da in dieser Zeit ein gewisses Risiko für Schwangerschaftskomplikationen besteht. Berücksichtige aber, dass die Sonderrechte für Schwangere erst ab dem Zeitpunkt greifen, an dem du deinen Arbeitgeber über die Schwangerschaft informiert hast. Der Kündigungsschutz beispielsweise wird erst wirksam, nachdem der Arbeitgeber von der Schwangerschaft erfahren hat. Besonderheiten für Väter in Sachen Kündigungsschutz, gibt es in der Rubrik ELTERNGELD ab S. 32.

Schwangerschaftsnachweis an den Arbeitgeber

Für den Arbeitgeber ist der errechnete Geburtstermin wichtig, da sich nach ihm der Beginn des offiziellen Mutterschutzes vor und nach der Geburt ergibt. Daher benötigt der Arbeitgeber entweder ein offizielles Schwangerschafts-Attest des Frauenarztes, die Vorlage des Mutterpasses oder eine Kopie der Mutterpass-Seite mit dem vorläufigen Geburtstermin. Ändert sich der Geburtstermin im Laufe der Schwangerschaft, solltest du daran denken, deinen Arbeitgeber über den neuen Termin zu informieren und nochmals eine Bestätigung vorzulegen. Falls das Schwangerschafts-Attest des Arztes Kosten verursacht, sind diese vom Arbeitgeber zu tragen.

Information der Krankenkasse

Da die gesetzliche Krankenkasse während des Mutterschutzes einen Anteil des Gehaltes bezahlt, muss sie spätestens in der 34. Schwangerschaftswoche über die bevorstehende Geburt informiert werden. Zur Berechnung des Mutterschaftsgeldes benötigt die Kasse vor der Entbindung eine Geburtsterminbescheinigung sowie eine aktuelle Gehaltsabrechnung. Nach der Entbindung muss die Geburtsbescheinigung „Krankenkasse" (bzw. eine Kopie der Geburtsurkunde) mit dem Vermerk „Mutterschaftshilfe" eingereicht werden. Pro Mutterschutztag bezahlen die gesetzlichen Krankenkassen bis zu 13 Euro pro Arbeitstag.

Private Krankenkassen zahlen kein Mutterschaftsgeld. Vom Arbeitgeber erhalten privat versicherte Frauen im Mutterschutz ihr Nettogehalt minus 13 Euro pro Arbeitstag. Das ist der Betrag, den die gesetzlichen Kassen als Mutterschaftsgeld bezahlen. Mitglieder einer privaten Krankenversicherung können ein einmaliges Mutterschaftsgeld in Höhe von bis zu 210 Euro beim Bundesversicherungsamt in der Mutterschaftsgeldstelle beantragen. Einige private Krankenkassen bezahlen darüber hinaus ein einmaliges Geburtsgeld, Nachfragen lohnt sich!

Mutterschutz

Der Mutterschutz beginnt sechs Wochen vor dem errechneten Geburtstermin und endet acht Wochen nach dem tatsächlichen Geburtstermin. Bei Mehrlingen erhöht sich die Zeit auf zwölf Wochen nach der Geburt. Entbindest du vorzeitig, verkürzt sich der Mutterschutz um die entsprechenden Tage vor der Geburt. Die Tage werden jedoch nach der Geburt hinzugefügt, so dass du in Summe 14 Wochen in Mutterschutz bist. Entbindest du verspätet, verlängert sich der Mutterschutz um die übertragenen Tage vor der Geburt. An den acht Wochen nach der Geburt ändert sich nichts, da diese ab dem Geburtstag des Babys berechnet werden.

Elternzeit

Jeder Elternteil hat Anspruch auf Elternzeit zur Betreuung des Kindes bis zur Vollendung des dritten Lebensjahres. Mit Zustimmung des Arbeitgebers kann man bis zu ein Jahr der Elternzeit aufsparen und dieses in einer frei wählbaren Zeit zwischen dem dritten und achten Geburtstag des Kindes, z.B. während des ersten Schuljahres, nehmen. Während der Elternzeit ruhen die Hauptpflichten des Arbeitsverhältnisses. Das originäre Arbeitsverhältnis bleibt bestehen und nach Ablauf der Elternzeit besteht ein Anspruch auf Rückkehr auf den ursprünglichen bzw. einen gleichwertigen Arbeitsplatz.

Beide Elternteile können gleichzeitig bis zu drei Jahre Elternzeit in Anspruch nehmen. Während der Elternzeit ist eine Teilzeiterwerbstätigkeit von bis zu 30 Wochenstunden pro Elternteil zulässig. Bei gleichzeitiger Elternzeit können die Eltern somit insgesamt 60 Wochenstunden arbeiten und damit auch während der Elternzeit das Familieneinkommen in einem gewissen Umfang sichern. Arbeitnehmer müssen die Elternzeit spätestens sieben Wochen vor deren Beginn schriftlich von der Arbeitgeberseite verlangen. Ab dem Anmeldezeitpunkt der Elternzeit, frühestens jedoch acht Wochen vor Beginn der Elternzeit, darf der Arbeitgeber das Arbeitsverhältnis nicht kündigen. Will ein Elternteil also direkt im Anschluss an den Mutterschutz in Elternzeit gehen, sollte er dies spätestens in der ersten Woche nach der Geburt anmelden. Als Frau hat man idealerweise bereits vor dem Mutterschutz mit dem Arbeitgeber geklärt, wann und wie lange man nach der Geburt in Elternzeit gehen möchte, damit dieser entsprechend planen kann.

Kindergeld

Kindergeld wird für alle Kinder von der Geburt bis mindestens zur Vollendung des 18. Lebensjahres gewährt. Aktuell beträgt das Kindergeld für das 1. und 2. Kind 190 Euro, für das 3. Kind 196 Euro und für jedes weitere Kind 221 Euro pro Monat. Die Antragstellung und -bearbeitung für alle Kindergeldansprüche erfolgt über die Familienkasse der Bundesagentur für Arbeit. Am einfachsten ist es, den Kindergeldantrag auf der Webseite der Bundesagentur für Arbeit online unter arbeitsagentur.de, (Menüpunkt: Formulare, Kindergeld) auszufüllen. Im Anschluss muss der Antrag ausgedruckt und zusammen mit der Geburtsbescheinigung „Kindergeld" innerhalb von sechs Monaten an die zuständige Familienkasse geschickt werden.

Elterngeld

Das Elterngeld bietet für Mütter und Väter seit dem 1. Januar 2007 eine attraktive Möglichkeit, pro Monat und pro Elternteil bis zu 1.800 Euro Unterstützung zu erhalten, wenn ein Elternteil mit dem Baby zu Hause bleibt. Details gibt es in unserem Special Gut zu wissen – Elterngeld, S. 32.

ELTERNGELD

Zum 01.01.2015 wurde das bestehende Elterngeld reformiert. Die neuen ElterngeldPlus Regelungen erweitern die Wahlmöglichkeiten, wie Eltern ihr Kind in den ersten zwei Lebensjahren betreuen möchten. Eltern, die sich nach der Geburt des Kindes für einen schnellen beruflichen Wiedereinstieg entscheiden, werden stärker finanziell gefördert. Außerdem werden Eltern, die sich die Erwerbs- und Erziehungsarbeit für mindestens vier Lebensmonate des Kindes gleichberechtigt teilen, mit Partnerschafts-Bonusmonaten belohnt.

WIE LANGE KÖNNEN ELTERN DAS BASIS-ELTERNGELD BEZIEHEN?

Wer zu Hause beim Baby bleibt und auf sein berufliches Einkommen verzichtet, bekommt vom Staat zwölf Monate BasisElterngeld bezahlt. Es kommen zwei weitere Monate hinzu (in Summe 14 Monate), wenn der Partner eine mindestens zwei-monatige Babypause nimmt. Andere Aufteilungen der Bezugsmonate unter den Eltern sind möglich (z.B. gleichzeitige Elternzeit von Mutter und Vater von je 7 Monaten oder Mutter 4 und Vater 10 Monate usw.). Die Elternzeit-Monate können auch gestückelt werden, z.B. kann der Partner einen Monat nach Geburt des Kindes und weitere Monate zu einem späteren Zeitpunkt innerhalb der ersten 14 Lebensmonate des Kindes nehmen.

WAS IST DAS ELTERNGELDPLUS?

Die Eltern dürfen sich entscheiden, ob sie einen Bezugsmonat des BasisElterngelds in zwei Bezugsmonate ElterngeldPlus umwandeln möchten. Aus maximalen 14 Bezugsmonaten BasisElterngeld können maximal 28 Bezugsmonate ElterngeldPlus werden. Es liegt im Ermessen der Eltern, ob sie ihr Elterngeld ausschließlich als ElterngeldPlus, ausschließlich als Basiselterngeld oder als eine Kombination beider Varianten in Anspruch nehmen möchten.

WAS SIND PARTNERSCHAFTS-BONUSMONATE?

Eltern, die sich zeitweise die Erziehungs- und Erwerbsarbeit teilen, haben Anspruch auf jeweils vier Partnerschafts-Bonusmonate. Diese Partnerschafts-Bonusmonate werden nur in Form von ElterngeldPlus gewährt. Voraussetzung ist, dass die Eltern gleichzeitig in vier aufeinander folgenden Lebensmonaten des Kindes zwischen 25 bis 30 Wochenstunden in Teilzeit arbeiten. Die Inanspruchnahme der Partnerschaftsbonusmonate ist nur möglich, wenn ab dem 15. Lebensmonat des Kindes mindestens ein Elternteil durchgängig ElterngeldPlus bekommt. Durch die vier neuen Partnerschafts-Bonusmonate pro Elternteil kommen beide Elternteile zusammen auf maximal 36 Monate ElterngeldPlus (z.B. Mutter 12 und Vater 24). Dabei kann ein einzelnes Elternteil in maximal 28 Lebensmonaten des Kindes ElterngeldPlus beantragen.

WIE HOCH IST DAS ELTERNGELD?

Das Elterngeld beträgt bis zu 67% des bisherigen Einkommens oder maximal 1.800 Euro pro Elternteil. Relevant für die Berechnung ist das Durchschnittseinkommen der letzten zwölf Kalendermonate. Wenn die berechtigte Person vor der Geburt des Kindes kein Einkommen aus Erwerbstätigkeit hatte, wird ein pauschaler Elterngeldbetrag in Höhe von 300 Euro gezahlt.

WIE WIRD DER ELTERNGELDANSPRUCH BERECHNET?

Seit 01.01.2015 ist der Bruttolohn für die Berechnung des Elterngeldes ausschlaggebend, von dem der Staat pauschal 21% für Kranken-, Pflege,- Arbeitslosen- und Rentenversicherung abzieht. Die realen Sozialabgaben sind dabei uninteressant. Diese vereinfachte Regel soll das Ausfüllen der Anträge und der Stadt die Verwaltung erleichtern. Vorteil ist die raschere Bearbeitung der Anträge und die schnellere Auszahlung des Elterngeldes. Kleiner Nachteil ist, dass die abgezogenen Pauschalsätze meist etwas höher als die realen Beitragssätze sind, was etwas weniger Elterngeld bedeutet.

Ehepartner (dies gilt leider nur für verheiratete Paare) sollten sich rechtzeitig vor der Geburt des Kindes für eine geeignete Steuerklasse entscheiden, da man dadurch das Elterngeld aufstocken kann. Details bespricht man am besten mit einem Steuerberater. Berücksichtigt werden muss, dass das Elterngeld zwar steuerfrei ist, allerdings für die Ermittlung des anzuwendenden Steuersatzes zum steuerpflichtigen Einkommen hinzugerechnet wird.

DARF MAN WÄHREND DER ELTERNZEIT ARBEITEN?

Jeder Elternteil in Elternzeit darf maximal 30 Stunden pro Woche arbeiten. Wenn man an einem Teilarbeits-Modell während der Elternzeit interessiert ist, sollte man das frühzeitig mit dem Arbeitgeber besprechen und schriftlich beantragen, damit er entsprechend planen kann.

WELCHE SONDERREGELUNGEN GIBT ES FÜR ALLEINERZIEHENDE?

Wenn man nicht mehr mit dem Vater bzw. der Mutter des Kindes zusammenlebt und vor der Geburt erwerbstätig war, hat man Anspruch auf die vollen 14 Monate Elterngeld (12+2 Partnermonate). Darüber hinaus können alleinerziehende Eltern die vier zusätzlichen Partnerschafts-Bonusmonaten erhalten (s.o.), wenn sie ab dem 15. Lebensmonat des Kindes in vier aufeinander folgenden Lebensmonaten zwischen 25 bis 30 Stunden arbeiten und ElterngeldPlus beantragen.

WELCHE SONDERREGELUNGEN GIBT ES FÜR MEHRLINGSGEBURTEN?

Eltern, deren Mehrlinge nach dem 31.12.2014 geboren wurden, bekommen einen Mehrlingszuschlag in Höhe von 300 Euro.

WAS IST DER GESCHWISTERBONUS?

Als Anreiz, mehrere Kinder kurz hintereinander zu bekommen, gibt es einen Geschwisterbonus in Höhe von monatlich 10%, mindestens aber 75 Euro pro Monat. Voraussetzung ist, dass innerhalb von 36 Monaten nach der Geburt des ersten Kindes ein zweites geboren wird. Sobald das erste Kind älter als 36 Monate wird, entfällt die Zahlung der zusätzlichen 10%.

GIBT ES EINEN KÜNDIGUNGSSCHUTZ FÜR VÄTER WÄHREND DER ELTERNZEIT?

Für Väter beginnt der Kündigungsschutz zum Zeitpunkt der Anmeldung der Elternzeit, frühestens acht Wochen vor deren Beginn. Er endet mit Ablauf der Elternzeit. Da Väter ihre Elternzeit mindestens sieben Wochen vor Antritt anmelden müssen, haben sie somit eine einwöchige Periode, in der sie Elternzeit anmelden können und bereits Kündigungsschutz genießen.

BIS WANN MUSS DER ELTERNGELDANTRAG EINGEREICHT WERDEN?

Man hat bis zu drei Monate nach der Geburt Zeit, den Elterngeldantrag einzureichen und rückwirkend Elterngeld zu erhalten. Da der Antrag viel Papierkram bedeutet, raten wir dazu, sich schon vor der Geburt alle Formulare zu besorgen und die benötigen Dokumente zusammenzusuchen. Man kann den Antrag auch online unter egon.nrw.de ausfüllen. Er kann zwar erst zusammen mit der Geburtsbescheinigung nach der Geburt an die zuständige Elterngeldstelle geschickt werden, es ist jedoch ein gutes Gefühl, den Papierkram bereits vorbereitet zu haben.

GENIESSER-ZEIT ALS SCHWANGERE

Köln bietet viele Möglichkeiten, die Schwangerschaft zu genießen und sich selbst etwas Gutes zu tun. Jetzt ist die Zeit zu entspannen, ein gutes Buch zu lesen, auszugehen, sich mit Freunden zu treffen und die Zweisamkeit mit dem Partner zu genießen.

Wenn es bereits das zweite oder dritte Kind ist, rückt der Wunsch, einfach mal ausruhen zu können, stärker in den Vordergrund. Sprich mit deinem Partner, wie ihr euch die Aufgaben aufteilt und welche Dinge er übernimmt, damit du Ruhepausen einbauen und dich erholen kannst.

Aus dem vielfältigen Kölner Schwangeren-Angebot stellen wir dir hier unsere Genießer-Favoriten vor. Wir geben schöne Tipps, wie du mit Gelassenheit, einem Wellness- und Wohlfühlprogramm, Sport und glücklich machenden Kleinigkeiten gut durch die Schwangerschaft kommst. ◢◢

Massage und Wellness ♥

Massagen, Spa und Wellness eignen sich perfekt, um abzuschalten und zu genießen. Sie sind für Schwangere ein wahres Wohlfühlprogramm. Das gilt besonders im letzten Trimester, wenn die Schwangerschaft mühsamer wird und Rückenschmerzen oder ähnlich unangenehme Begleiter auftauchen können. Zum Glück gibt es in Köln einige Wellness-Oasen und Hebammenpraxen, die ein maßgeschneidertes Programm für Schwangere anbieten.

Bei der Schwangerschaftsmassage erleichtern spezielle Positionen, Techniken und Hilfsmittel das Liegen während der Massage. Wichtig ist, dass du den Massierenden über deine Schwangerschaft informierst, damit er die Massage gezielt auf deine körperliche Situation abstimmen kann. ▲▲

Claudius Therme (Deutz)
claudius-therme.de

0228 / 28 73 21 1

Sachsenbergstr. 1 * 50679 Köln

In der CLAUDIUS THERME kommt sogar beim größten Schmuddelwetter ein Urlaubsgefühl auf. Palmen, angenehme Wärme und gemütliche Liegen mit dicken Auflagen – das ist Wellness pur, die du dir gerade in der Schwangerschaft gönnen solltest. Besonders, weil es in der CLAUDIUS THERME weder ein Kinderbecken noch ermäßigten Eintritt für die Kleinen gibt und der nächste Besuch mit Kind daher etwas dauern kann.

Neptunbad (Ehrenfeld)
neptunbad.de

0221 / 71 00 71

Neptunplatz 1 * 50823 Köln

Kaum betrittst du das NEPTUNBAD, fühlst du dich in eine Oase der Ruhe versetzt. Das Jugendstilbad überzeugt mit Spa-, Sauna- und Massagebereich in stilvollem Ambiente. Dort kannst du dich wunderbar von der Schwangerschaft erholen und entspannen. Möchtest du die Sauna besuchen, solltest du zuvor mit deinem Arzt klären, inwieweit das gesundheitlich in Ordnung ist. Auch nach der Geburt ist das NEPTUNBAD eine schöne Anlaufstelle, um in der Sauna oder bei einem Fitnesskurs zu entspannen. Auf Wunsch wird eine liebevolle Kinderbetreuung organisiert. Um vorherige Anmeldung wird gebeten.

Grandioses Jugendstilbad – für alle Mamas, die sich einen tollen Tag machen wollen. Angenehm asiatisch angehaucht. (Gerburgis mit L. und V.)

Mediterana - Therme Bensberg (Bergisch Gladbach)
mediterana.de/mediterana.html

02204 / 20 20

Saaler Mühle 1

51429 Bergisch Gladbach

Die THERME BENSBERG hat einen schönen Thermal-, Wellness- und Saunabereich, in dem du dich während und nach der Schwangerschaft verwöhnen lassen kannst. Unter den vielen Palmen fühlt man sich fast wie im Urlaub.

Zeit für Massage (Lindenthal)

zeit-fuer-massage.info

0157 / 72 92 33 86

Lindenthalgürtel 102 * 50935 Köln

Ruhe, Entspannung und Entlastung erfahren Schwangere während der relaxten Massagestunde mit Alexandra Lück. Mit ihrer langjährigen Massageerfahrung geht Alexandra angenehm auf die Schwangeren ein und lässt sie mit dem heranwachsenden Baby zur Ruhe kommen.

erdenglanz - entspannt schwanger (Ehrenfeld)

erdenglanz.de

0177 / 59 76 55 6

Simmrockstr. 30 * 50823 Köln

(in den KURMA L Räumen)

Die verwöhnende ERDENGLANZ Schwangerenmassage ab der 13. Woche darfst du bis zum Ende der Schwangerschaft genießen. Das Massagestudio ist sauber und lädt zum Wohlfühlen ein. Bevor es losgeht stimmt Malika die Behandlung individuell mit dir ab. Es werden Verspannungen gelockert, die Durchblutung angeregt und eine verbesserte Sauerstoffzufuhr gefördert.

Durch eine Empfehlung bin ich auf erdenglanz gestoßen, weil ich mir in der Schwangerschaft etwas Gutes tun wollte. Es war die richtige Entscheidung, die Schwangerschaftsmassage war einfach ein Traum und ich bin sogar meine Rückenschmerzen losgeworden. (Natalie mit M.)

Schwangeren- und Mama-Massage - Cordula Ahlert (Nippes)

cordula-ahlert.de

02206 / 94 02 76 0

Florastr. 25 * 50733 Köln

(TouchLife Massage-Praxis)

Die ganzheitliche Entspannungsmassage für Schwangere ist auf die Bedürfnisse in dieser besonderen Zeit abgestimmt und wird ab der 16. Schwangerschaftswoche angeboten. In verschiedenen Positionen wird der gesamte Körper mit warmem Öl massiert und auf die Wünsche der Schwangeren eingegangen. Ist das Baby da, kannst du dich bei der Mama-Wohlfühlmassage verwöhnen lassen. Als besonderer Service kommt Cordula Ahlert bei der Special-Mama-Massage "at home" stressfrei zu dir nach Hause.

Schwangerschaftsmassage - Nina Tedesco (Wesseling)

schwangerschaftsmassage.com

0171 / 45 54 92 6

Ubierweg 25 * 50389 Wesseling

Der ganzheitliche Ansatz dieser Schwangerschaftsmassage wirkt auf Körper, Geist und Seele gleichermaßen. Die Haut wird geschmeidig, die Muskulatur gelockert und Gelenke wieder beweglicher. Wer öfter kommt, kann sich die vergünstigte 5er oder 10er Karte kaufen.

Fit bis zur Geburt

Sport ist in jeder Phase der Schwangerschaft und zu jeder Jahreszeit zu empfehlen. Dein Wohlbefinden und die Gesundheit können durch Bewegung gesteigert werden, scheu dich daher nicht, dich weiterhin fit zu halten.

Ein kleiner Hinweis: Wir empfehlen die Kurse, die uns und vielen unserer Freundinnen in der Schwangerschaft gut getan haben. Du weißt allerdings selbst am besten, was gut für dich ist und was nicht! Daher mache jegliches Sportprogramm von deinem Wohlbefinden abhängig und sprich zuerst mit deinem Arzt oder der Hebamme. Sie kennen deine körperliche Verfassung und können am besten beurteilen, welche Sportarten und Bewegungsintensität in der Schwangerschaft zu dir passen.

Besonders als Schwangere lautet die Devise: Nicht überanstrengen! Du solltest daher langsam beginnen und darauf achten, ob sich der Sport gut anfühlt. Es ist wichtig, sich stets vor Augen zu halten, dass man keine sportliche Höchstleistung erbringen, sondern nur fit bleiben will. Neben der Teilnahme an offizieller Schwangeren-Fitness kannst du den Sport auch in deinen Alltag integrieren. Radfahren ist eine sanfte Sportart, um als Schwangere weiterhin aktiv zu bleiben. Auch ein Rhein-Spaziergang tut bei jedem Wetter gut und versorgt dich und dein Baby mit reichlich Sauerstoff.

SCHWANGEREN SPORT

* Für die Schwangerschaft eignet sich bequeme und umstandsfreundliche Sportkleidung, die gut sitzt und dir Halt gibt. Es muss keine spezielle Umstands-Sportmode sein, sondern es reichen ein längeres T-Shirt, ein gut stützender BH und hochwertige Turnschuhe.

* Es ist wichtig, sich während der Schwangerschaft nicht zu überanstrengen. Sobald eine Übung unangenehm ist, sollte man damit aufhören und sich anstrengende Workouts für die Zeit nach der Entbindung aufheben.

Schwangeren-Yoga & Pilates

Für Bald-Mamas sind die sanften Sportarten Yoga und Pilates ideal, denn die Yoga- und Pilates-Übungen steigern das Wohlergehen der Schwangeren und des Ungeborenen.

Beim YOGA sorgen Meditation, Atemtraining und Dehnungsübungen für Ruhe und Ausgeglichenheit und fördern das seelische und körperliche Wohlbefinden. Yoga eignet sich gut für Schwangere und liegt in Köln auf Grund seiner Vielfältigkeit und Sanftheit voll im Trend. Ein weiterer Anreiz des Schwangeren-Yogas ist, dass die erlernten Atem- und Entspannungsübungen auch während der Geburt helfen und z.B. die Verarbeitung der Wehen erleichtern.

PILATES entspannt, stärkt und sorgt für eine gute Haltung. Es ist eine sanfte, aber überaus wirkungsvolle Trainingsmethode, deren Hauptaugenmerk auf der Körpermitte liegt. Pilates ist daher ideal für Schwangere, da gerade die Bauch- und Beckenbodenmuskulatur in der Schwangerschaft belastet wird und Stärkung braucht. Die Pilates-Übungen kombinieren Bewegung, Konzentration und Atmung und können ohne Vorkenntnisse gemacht werden. Viele Übungen führt man im Vierfüßlerstand aus, der den geplagten Rücken entlastet und das Ungeborene in die richtige Startposition bringt. Als Unterschied zum normalen Pilates sollten während der Schwangerschaft die geraden Bauchmuskeln, z.B. durch Sit-ups, nicht beansprucht werden, da sie den Unterleib zusammenpressen und die Bauchdecke verkürzen. Genauso sind die Bauch- oder Rückenlage ab Mitte der Schwangerschaft nicht mehr empfehlenswert.

Da sich nicht alle Yoga- und Pilates-Übungen für Schwangere eignen, solltest du entweder spezielle Schwangerschaftskurse besuchen oder den Kursleiter über deine Schwangerschaft informieren. Auch mit deinem Arzt solltest du über deine Yoga- oder Pilates-Pläne reden und dir sein Einverständnis holen.

Pilates und Yoga bei Tante Astrid
(Innenstadt)

tante-astrid.de

0221 / 22 20 02 10

Aachener Str. 48 * 50674 Köln

Im Kurszentrum TANTE ASTRID laufen die Kurse SCHWANGEREN-YOGA und PILATES. Beide Kurse sind speziell auf die Bedürfnisse von schwangeren Frauen ausgerichtet und ermöglichen, trotz Schwangerschaft sportlich aktiv zu bleiben. Bei TANTE ASTRID kannst du dich im angegliederten Kindercafé gut mit anderen Schwangere austauschen. Neben dem lockeren, informellen Austausch beim Kaffee, veranstaltet TANTE ASTRID ein offizielles SCHWANGERENCAFE.

SCHWANGEREN-YOGA & PILATES

* Viele Yoga- und Pilateskurse sind von den Krankenkassen als Präventionskurs anerkannt. Häufig ist das der Fall, wenn man einen festen Kurs über einen längeren Zeitraum bucht und an diesem regelmäßig teilnimmt. Es lohnt, sich zu erkundigen, unter welchen Bedingungen die Krankenkassen die Kurse unterstützen.

Schwangeren Pilates, Yoga und Fitness bei Neue Kölner (Innenstadt)

Elternschule am Severinsklösterchen e.V.

neue-koelner.de

0221 / 33 08 16 44

Jakobstr. 27-31 * 50678 Köln

Schwangere finden bei NEUE KÖLNER, der Elternschule am Severinsklösterchen, ein ausgewogenes Sport- und Bewegungsangebot. Es stehen PILATES, YOGA und FITNESS in der Schwangerschaft auf dem Kursplan, um Schwangere bis zur Geburt fit zu halten. Nach der Geburt geht es für frisch gebackene Mütter mit Rückbildungsgymnastik und Babykursen weiter.

Das Angebot der Elternschule ist von Beginn der Schwangerschaft bis zum Spieltreff mit Baby klasse. Der Yoga-Kurs für Schwangere war mein persönliches Highlight. (Constanze mit H.)

Schwangerenyoga bei geborgen geboren (Südstadt)

hebammenpraxis-geborgengeboren.de

0221 / 16 99 67 11

Karolingerring 3 * 50678 Köln

Helle Töne empfangen dich in der Hebammenpraxis GEBORGEN GEBOREN am Chlodwigplatz. Atem-, Körper- und Entspannungsübungen stehen im Fokus des 75-minütigen SCHWANGERENYOGA-Kurses. Gleichzeitig wirst du auf die bevorstehende Geburt vorbereitet und kannst die erlernten Entspannungsübungen während der Geburt anwenden. Der Einstieg ist jederzeit möglich. Nach der Geburt gibt es verschiedene postnatale Kurse mit oder ohne Baby.

Schwangeren-Yoga und Wellness-gymnastik in der FBS (Innenstadt)

fbs-koeln.org

0221 / 47 44 55 0

Kartäuserwall 24b * 50678 Köln

In den vielfältigen FBS-Kursen YOGA FÜR SCHWANGERE und WELLNESSGYM oder den Themennachmittagen ENTSPANNUNG FÜR PAARE und ERNÄHRUNG IN DER SCHWANGERSCHAFT förderst du dein Wohlbefinden durch Bewegung, Austausch und Entspannung.

Yoga Prenatal im Yoga Inn (Bayenthal)

yogainn.de

0221 / 30 07 35 29

Goltsteinstr. 87a * 50968 Köln

Das YOGA INN ist eines der schönsten Yogastudios im Kölner Süden. Die Übungen des PRENATAL YOGAs sind speziell zur Mobilisation, Dehnung und Kräftigung des schwangeren Körpers abgestimmt. Dynamische Phasen, die den Stoffwechsel und Kreislauf anregen und ruhige Entspannungs-Momente wechseln sich in der Kursstunde ab. Ein Fokus liegt auf der tiefen Atmung und vorbeugenden Übungen gegen schwere Beine oder gestaute Venen. Nach der Geburt kannst du im YOGA INN mit POSTNATAL YOGA weitermachen und nach dem Kurs zum netten ÖSTERREICHER (Goltsteinstr. 87, Tel 0221 / 35 08 13 8) nebenan gehen, um eine Kleinigkeit mit Kind zu essen.

Im Yoga Inn fühle ich mit und ohne Kind immer gut aufgehoben und willkommen (Susanne mit M.).

Yoga in der Schwangerschaft mit dem DRK Kreisverband (Sülz)
drk-koeln.de/was-wir-tun/fuer-famili-en/familienbildungswerk.html

0221 / 54 87 44 0

Berrenrather Str. 181 * 50937 Köln

Dieser HATHA YOGA Geburtsvorbereitungskurs ist eine wunderschöne Vorbereitung auf die Geburt. Schwangerschaftsgerechte Yogahaltungen kräftigen, dehnen und entspannen. Die Babys im Mutterleib werden liebevoll in die Kursstunde im FAMILIENLADEN SÜLZ einbezogen. Der Kurs kann ab der 13. Schwangerschaftswoche besucht werden und findet in den frühen Abendstunden statt.

Hatha Yoga im Geburtshaus (Neuehrenfeld)
geburtshaus-koeln.de/kurse

0221 / 72 44 48

Overbeckstr. 7 * 50823 Köln

Bei HATHA YOGA oder SCHWANGERSCHAFTSGYMNASTIK im KÖLNER GEBURTSHAUS bist du sportlich aktiv und bereitest dich im Kreis anderer Schwangerer auf die Geburt vor.

Openlotus – Yogakurse für Schwangere (Porz)
openlotus.de

0221 / 97 23 35 5

Poller Kirchweg 101 * 51105 Köln

OPENLOTUS ist ein tolles Yoga-Studio mit einem großen, lichtdurchfluteten Kursraum und netten Lehrern. Werdende Mütter sind herzlich zum Schwangeren-Yoga eingeladen, Probestunden sind jederzeit möglich. Weitere Familien-Kurse sind YOGA FÜR MAMA UND BABY sowie KINDER-YOGA.

Aqua-Fitness und Schwangeren-Schwimmen

Schwimmen ist ein idealer Sport für Schwangere, da das zusätzliche Gewicht im Wasser deutlich weniger stört. Trotz Babybauch spürt man ein Gefühl von Schwerelosigkeit und auch gegen Rückenschmerzen ist Schwimmen in der Schwangerschaft ideal. Ein weiterer großer Vorteil ist die ausgesprochen geringe Verletzungsgefahr, da Gelenke, Muskulatur und Rücken im Wasser geschont werden. Außerdem regt Schwimmen den Kreislauf an, verbessert die Körperhaltung und stärkt die Muskulatur. Bevor du aber ins Nass abtauchst, besprich dies mit deinem Gynäkologen, um mögliche Komplikationen auszuschließen. Als geübte Schwimmerin kann man normalerweise mit dem regulären Trainingspensum weitermachen, als Neuling sollte man es langsam angehen lassen. In speziellen Schwangeren-Schwimm- oder Aquafitness-Kursen triffst du auf andere Schwangere, mit denen du dich austauschen und neue Freundschaften schließen kannst. Bei den privaten Anbietern gehst du häufig speziell für die Kursstunde ins Schwimmbad, da es keinen regulären Schwimmbetrieb gibt.

Aqua-Fitness für Schwangere (Innenstadt)

In der Elternschule am Severins-klösterchen e.V.

neue-koelner.de

0221 / 33 08 16 44

Jakobstr. 27-31 * 50678 Köln

In 32° C warmem Wasser werden bei AQUA-FITNESS verschiedene Elemente wie Atmung, Gymnastik, Aqua-Jogging und Entspannung bei Musik kombiniert. Der Kurs läuft über fünf Abende und ist ab der 13 SSW möglich.

Aquafitness für Schwangere im EVK (Lindenthal)

evk-koeln.de

0221 /47 92 29 9

Weyertal 76 * 50931 Köln

Wenn du flottes Training magst und Musik plus Dynamik schätzt, bist du in den AQUAFITNESS-Kursen der Elternschule des Krankenhauses Weyertal richtig. Hier bleibst du mit schwangeren-gerechten Übungen im Wasser fit. Gleichzeitig massiert der Wasserdruck die Muskulatur und hilft, Verspannungen zu lösen.

Ich fand die späten Kurs-Startzeiten am Abend gut. Dadurch konnte ich den Kurs problemlos nach der Arbeit belegen. (Sonja mit M. und L.)

Aquasport für Schwangere (Lindenthal)

krieler-welle.de/aquasport-fuer-schwangere.htm

0221 / 43 04 74 7

Krieler Str. 15 * 50935 Köln

Die KRIELER WELLE ist ein kleines, privates Schwimmbad mit Kursen für Kinder und Erwachsene. Für Schwangere steht der Kurs AQUASPORT auf dem Programm. Durch den Auftrieb des Wassers wird das Baby verwöhnt und du steigerst bei rhythmischer Musik deine Kondition. Dieser Kurs ist sowohl als fortlaufender Kurs mit acht Trainingseinheiten buchbar, als auch als Einzelstunde mit Personaltrainer.

Aqua-Fitness am Heilig Geist-Kranken-haus (Longerich)

hgk-koeln.de/aktuelles/elternschule

0221 / 74 91 0

Graseggerstr. 105 * 50737 Köln

Die Elternschule des HEILIG GEIST-KRANKENHAUS bietet neben Schwangerschaftsgymnastik und Schwangeren-Yoga auch den Kurs AQUAFITNESS an. Das sanfte Training im Wasser stärkt das Herz-Kreislaufsystem und Atemübungen entspannen den Körper der Schwangeren. Die Kurse finden im Schwimmbad der ProPhysio (prophysio-koeln.de) statt.

Ich habe mehrere Bäder für Schwangere und Babys in Köln ausprobiert und mich für das Angebot im Heilig-Geist Krankenhaus entschieden, weil es hier besonders gemütlich warm ist. (Annette mit K. & L.)

Aqua-Fit für Schwangere (mehrere Standorte)

babyschwimmoase.de

0221 / 34 05 05 6

Das Team der BABY-SCHWIMM-OASE rund um Martina Wingen bietet an verschiedenen Standorten in Köln, z.B. in Braunsfeld, Ehrenfeld, Hürth, Innenstadt, Niehl oder Rodenkirchen AQUA-FIT für Schwangere an.

Fitness und Aqua-Fitness im FIB (Bensberg, Brück, Dellbrück, Holweide)

fibev.de

0221 / 97 77 46 90

Standorte s. Webseite

In mehreren Standorten im Rechtsrheinischen werden über das FIB FITNESS UND AQUA-FITNESS Kurse speziell für Schwangere angeboten. Zusätzlich findet dort Hatha Yoga für Schwangere sowie ein breites Kursspektrum für die Zeit nach der Geburt statt.

DIE ERSTE ZEIT MIT BABY

Die ersten Tage und Wochen zu Hause mit dem Neugeborenen sind aufregend. Alles ist einzigartig, fantastisch und neu und manchmal auch anstrengend. Normalerweise geht die erste turbulente Zeit aber schnell vorbei und dann heißt es den Rest der Welt von deinem Glück wissen zu lassen, mit dem Nachwuchs spazieren zu gehen, während des Fütterns in Babymagazinen zu blättern oder Formulare für die Beantragung des Kinder- oder Elterngeldes auszufüllen. Wichtig ist, sich spätestens jetzt um einen Kinderarzt für das Neugeborene und um Rückbildungskurse für dich zu kümmern. Beides ist in Köln rar, falls du bisher noch nichts in der Richtung unternommen hast, ist jetzt die Zeit damit anzufangen.

Dieses Kapitel soll dich in der ersten Zeit mit Baby unterstützen. Es gibt Anregungen für Orte in Köln, an denen du deinen Nachwuchs in der Stadt stillen, füttern oder wickeln kannst. Außerdem bekommst du eine Übersicht über wichtige Anlaufstellen für Kölner Familien. Nicht zuletzt empfehlen wir hilfreiche Betreuungsangebote und geben einen Überblick über die Kinderkliniken und Notdienste in Köln. ▲▲

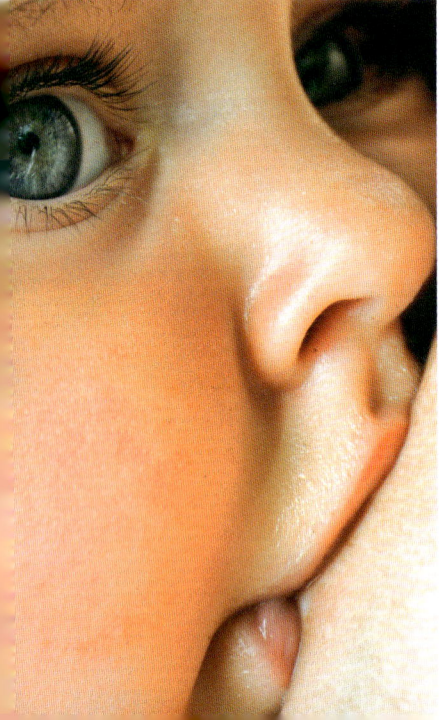

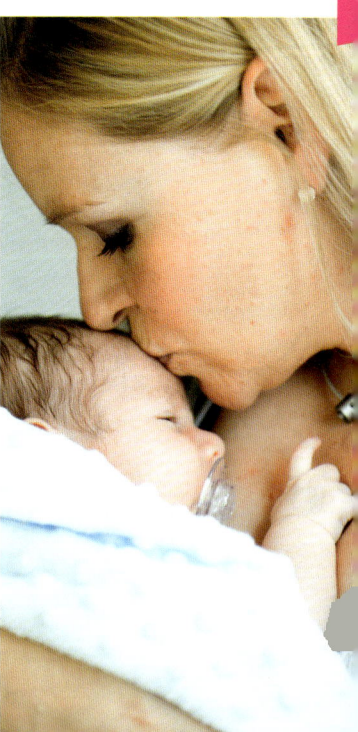

stadt-koeln.de/leben-in-koeln/fami-
lie-kinder/kinderwillkommen-besu-
che-bei-neugeborenen-kiwi

0221 / 22 12 85 91

KIWI steht für KINDER WILLKOMMENS-BESUCHE bei Neugeborenen. Im Zeitraum von sechs bis 14 Wochen nach der Geburt deines Kindes bekommst du von KIWI ein Schreiben mit dem Angebot eines Hausbesuches. Die Besuche sind ein freiwilliges Angebot und finden innerhalb der ersten vier bis fünf Monate nach Geburt des Kindes statt. Bei dem Treffen wirst du über die vielfältigen Kölner Angebote rund um das Thema Kinder und Familie informiert.

Wenn du kein Interesse am KINDER WILLKOMMENS-BESUCH hast, kannst du dir trotzdem bei dem für deinen Stadtteil zuständigen Träger eine KiWi-Tasche mit vielen interessanten Informationen und Gutscheinen abholen. Das lohnt sich auf jeden Fall. Mehr Details zu den Trägern und zum Ablauf gibt es online.

Die vielen Informationen rund ums Kind haben mir gerade bei meiner ersten Tochter sehr geholfen. Ein weiteres Highlight ist die 1-Jahres-Freikarte für den Kölner Zoo. (Beate mit A. und L.)

Wickelstationen in Köln

Wenn du mit Baby in der Innenstadt unterwegs bist, ist es oft gar nicht so einfach das Kleine „mal eben" zu wickeln oder zu stillen. Wir sind auf die Suche gegangen und haben für dich einige verlässliche Wickelstationen in Köln ausfindig gemacht – oft verbunden mit der Möglichkeit, einen guten Kaffee zu trinken oder andere Mütter kennenzulernen. Auch die später im Buch vorgestellten Kindercafés (s. TEIL 4, S. 153) sind perfekt geeignet, um eine Wickel- oder Stillpause einzulegen.

Galeria Kaufhof (Innenstadt)

Hohe Str. 41-53 * 50667 Köln

Im KAUFHOF gibt es in der dritten Etage einen Mutter-Kind-Raum mit Wickeltisch, Sitzgelegenheit und einem Waschbecken. Man kann entweder dort stillen oder sich im DINEA Restaurant nebenan eine ruhige Ecke zum Stillen suchen.

H&M (Innenstadt)

Schildergasse 98-100 * 50667 Köln

Bei H&M in der Schildergasse gibt es in der Kinderabteilung eine Umkleidekabine mit Wickeltisch.

Café Stanton (Innenstadt)

Schildergasse 57 * 50667 Köln

Das CAFÉ STANTON liegt hinter der Antoniterkirche gegenüber von Kämpgen. Dort kannst du nach dem Stadtbummel entspannt einen Kaffee genießen und das Baby wickeln oder füttern.

DuMont Carré (Innenstadt)
Breite Str. 80-90 * 50667 Köln

Im Untergeschoss des DUMONT-CARRÉ gibt es eine Behindertentoilette mit Wickelmöglichkeit. Sie ist groß genug, um den Kinderwagen mitzunehmen und das Baby dort zu wickeln.

Karstadt (Innenstadt)
Breite Str. 103-135 * 50667 Köln

Der KARSTADT punktet mit einem sauberen, abschließbaren Still- und Wickelraum in der Nähe des Restaurants. Dort kannst du in Ruhe stillen, füttern oder das Kind wickeln. Wer ein Tuch dabei hat, kann sich auch im Restaurant zum Stillen niederlassen.

Globetrotter (Innenstadt)
Richmodstr. 10 * 50667 Köln

Das GLOBETROTTER-KAUFHAUS bietet im Restaurant einen Wickelplatz und nettes Personal. Für hungrige Mütter sind die die Gerichte auf der Tageskarte ideal.

Dreikäsehoch (Sülz)
Zülpicherstr. 316 * 50937 Köln-Sülz

Toller Wickelraum mit bequemen Sesseln zum Stillen und netter Atmosphäre.

Köln Arcaden (Kalk)
Kalker Hauptstr. 55 * 51103 Köln

In den KÖLN ARCADEN gibt es eine schöne, große Wickelecke mit Schiebetür, direkt bei den Toiletten. Dort lässt es sich in Ruhe wickeln und der Kinderwagen kann auch mit hinein genommen werden.

Starbucks (mehrere Standorte)
starbucks.de

STARBUCKS eignet sich gut für einen Wickel- oder Stillstopp in Verbindung mit einem Latte Macchiato. STARBUCKS Filialen findest du über ganz Köln verteilt.

dm (mehrere Standorte)
dm.de

In fast jedem DM MARKT gibt es einen Wickeltisch mit gratis Windeln und Feuchttüchern, ein super Service. Das DM Sortiment von Schnullern über Windeln bis hin zu Kleidung ist umfangreich, es lohnt dort für Kinder einkaufen zu gehen.

Kinderkliniken und Notdienste♥

Als Großstadt bietet Köln seinen Familien eine große Anzahl an allgemeinen Kinderärzten, Spezialisten beispielsweise für Augen- oder Zahnheilkunde und Fachleuten für alternative Heilmethoden. Wir konzentrieren uns in diesem Kapitel auf die Kinderkliniken und Kindernotdienste, die dir im Notfall mit Kind zur Seite stehen. ▲▲

Kinderärztlicher Notdienst

In Köln gibt es drei zentrale kinderärztliche Notfall-Praxen. Diese Praxen sind an 365 Tagen im Jahr geöffnet und du kannst sie mit deinem kranken Kind ohne vorherige Terminabsprache zu folgenden Zeiten aufsuchen:

🕐 MO, DI, DO 19.oo-23.oo
MI, FR 13.oo-23.oo
SA, SO & feiertags 8.oo-23.oo

Bei Notfällen nach 23.oo Uhr wende dich am besten an die zentrale Nummer des allgemeinen ärztlichen Notdienstes

KINDERARZT

* Da viele Kinderarztpraxen überlaufen sind, solltest du dich früh genug um einen Kinderarzt kümmern.

* Idealerweise liegt die Kinderarztpraxis in der Nähe des Wohnortes, um lange Wege im Fall einer Krankheit zu vermeiden.

* Hebammen kennen die Kinderärzte in der Umgebung und haben häufig gute Kinderarzt-Tipps für junge Eltern.

▲ ▲ ▲

o180 / 5044100 (12 Cent pro Minute) oder fahre direkt zu der nächstgelegenen Klinikambulanz der Kinderkliniken.

Notfallpraxis am Städtischen Kinderkrankenhaus Riehl (Riehl)

0221 / 88 88 42 0

Amsterdamer Str. 59 * 50735 Köln

Notfallpraxis an der Universitäts-Kinderklinik (Lindenthal)

0221 / 47 88 89 99

Joseph-Stelzmann-Str. 9 * 50937 Köln

Gebäude 26 * Zufahrt über Gleueler Str. 115

Notfallpraxis am Krankenhaus Porz am Rhein (Porz)

02203 / 98 01 19 1

Urbacher Weg 19 * 51149 Köln

Apotheken Notdienstbereitschaft

0221 / 01 15 00

Giftnotruf

0228 / 28 73 21 1

Kinderkliniken

Kinderkrankenhaus Amsterdamer Straße (Riehl)

kliniken-koeln.de/Kinderkrankenhaus_Index.htm

0221 / 89 07 0

Amsterdamer Str. 59 * 50735 Köln

Das KINDERKRANKENHAUS AMSTERDAMER STRASSE ist eines der größten Kinderkrankenhäuser Deutschlands. Jedes Jahr werden dort ca. 11.000 Kinder stationär betreut und 4.600 operative Eingriffe durchgeführt. Zusätzlich werden pro Jahr ca. 19.000 Kinder in der Notfallambulanz für Kinderheilkunde und 15.000 Kinder in der Notfallambulanz für Kinderchirurgie behandelt. Notfälle versorgt das Kinderkrankenhaus rund um die Uhr.

Uniklinik Köln für Kindermedizin (Lindenthal)

kinderklinik.uk-koeln.de

0221 / 47 84 35 9

Gebäude 26 * Kerpener Str. 62

50937 Köln

In der UNIKLINIK erfolgt die ambulante und stationäre Diagnostik und Behandlung des gesamten Spektrums der Erkrankungen von Kindern. Die Klinik verfügt über eine große, interdisziplinäre Intensivstation, eine Früh- und Neugeborenenstation und eine Säuglingsstation. Die Kindernotaufnahme ist 24 Stunden am Tag geöffnet.

Kinderklinik des Krankenhauses Porz (Porz)

khporz.de/de/fachbereiche-und-zentren/kinderklinik.html

02203 / 56 60

Urbacher Weg 19 * 51149 Köln

Die KINDERKLINIK DES KRANKENHAUSES PORZ AM RHEIN befindet sich in einem separaten Gebäude neben dem Haupthaus des Krankenhauses. Jährlich werden etwa 3.500 Kinder stationär und 2500 ambulant behandelt. Die Schwerpunkte der Klinik sind Früh- und Neugeborenenmedizin, Kinderneurologie, Kinderallergologie und Schlafmedizin.

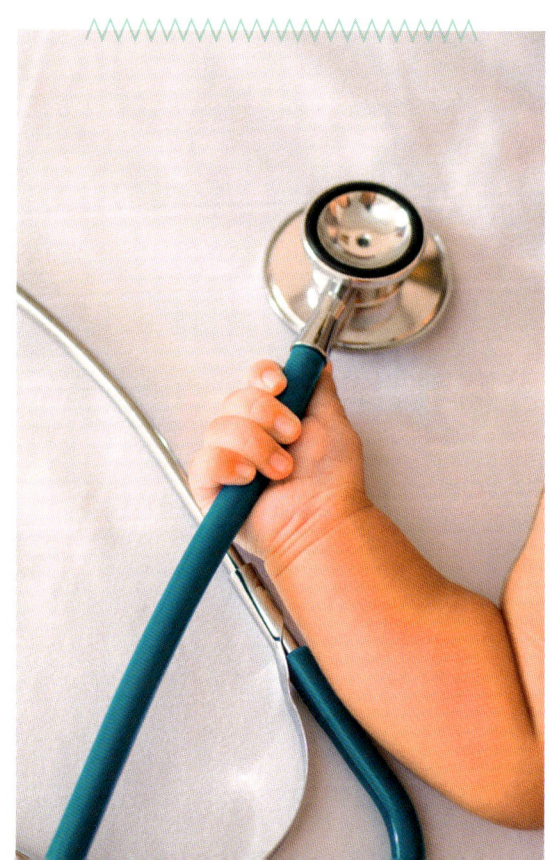

Hilfreiche Betreu-
ungsangebote 💚

Wer kennt das als Mutter nicht? Man hat einen Arzttermin oder muss etwas erledigen. Man hätte gerne eine Oma, die sich liebevoll um den Nachwuchs kümmert. Oder das Kind ist krank und man selbst steht im Job unter Strom und kann nur schlecht über mehrere Tage frei nehmen.

Für all diese Fälle haben die Stadt Köln bzw. private Träger vorgesorgt und bieten neben der klassischen Betreuung in Krippen oder Kindergärten einige interessante Initiativen für Kölner Eltern. ▲▲

wellcome - Hilfe nach der Geburt (Altstadt-Süd)

wellcome-online.de

0221 / 47 44 55 0

Ev. Familienbildung Köln e.V.

Kartäuserwall 24b * 50678 Köln

Endlich mit dem Baby zu Hause, aber bei aller Freude wächst dir der Alltag fast über den Kopf? Dann ist WELLCOME eine gute Lösung für dich. WELLCOME reagiert mit seinem Angebot darauf, dass immer mehr Eltern bei der Geburt eines Kindes alleine dastehen und keine Unterstützung von Familie oder Nachbarn haben. Es organisiert unbürokratische Hilfe für Familien ohne eigenen familiären Beistand in der ersten, aufregenden Zeit durch ehrenamtliche Mitarbeiterinnen. Diese kommen für einige Stunden zu dir nach Hause und unterstützen dich wie sonst Familie oder Nachbarn. Kurz nach der Geburt geben die WELLCOME Mitarbeiter Starthilfe durch Kinderbetreuung, das Spielen mit den Geschwisterkindern, Begleitung zu Terminen, Gespräche oder Hilfen bei der Organisation des Alltags.

Guter Start mit Baby (mehrere Standorte)

guter-start-mit-baby.de

Angela Hantusch * 0221 / 77 53 46 4

Weißenburgstr. 14 * Köln Agnesviertel

Uli Heinen * 0221 / 93 18 40 18

Arnold-von-Siegen Str.7

Köln Südstadt

Sonja Wolff * 0221 / 88 04 42 0

An St. Urban 2 * Köln Deutz

Petra Weingarten * 0221 / 95 85 96 4

Rotkehlchenweg 49 * Köln Vogelsang

GUTER START MIT BABY versteht sich als moderne Nachbarschaftshilfe. Die Initiative unterstützt umfassend durch die enge Zusammenarbeit mit den Kölner Familienzentren und den Kölner Entbindungskliniken. Familien, die Unterstützung in Anspruch nehmen möchten, können Kontakt zu einer lokalen Koordinatorin aufnehmen. Diese vermittelt eine ehrenamtliche Mitarbeiterin, die den Familien ein- bis zweimal pro Woche für jeweils zwei bis drei Stunden hilft. Neben freiwilligen Spenden fällt lediglich eine einmalige Vermittlungsgebühr von 12,50 Euro an.

Leihoma- und Leihopaservice (rechts- und linksrheinisch)

oma-und-opa-mieten.de

0221 / 28 51 31 3

Vietorstr. 76 * 51103 Köln

Viele Kinder in Köln leben ohne Großeltern in der Nähe, die ihre Familie unterstützen und für ihre Enkel da sein können. Andererseits gibt es viele SeniorInnen, deren Kinder oder Enkel bereits groß oder weggezogen sind, und die den Kontakt zu kleineren Kindern vermissen. Ute

Krusch führt sie zusammen und vermittelt persönlich ausgesuchte LEIH-OMAS UND -OPAS an Familien. Eine tolle Idee und eine echte Win-Win-Situation: die Kinder profitieren durch den Kontakt zu Ersatz-Großeltern, die Eltern erhalten Entlastung im Alltag und in Notsituationen, die SeniorInnen erleben den Kontakt zu Kindern als erfüllende Bereicherung in ihrem Leben. Auf der Homepage stellen sich die SeniorInnen sortiert nach recht- oder linksrheinischem Einzugsgebiet in einem kurzen Profil mit Foto vor. Ute Krusch hilft bei der richtigen Kombination von Familie und Leih-Oma. Bei erfolgreicher Zusammenführung fällt eine einmalige Vermittlungsgebühr von 215 Euro an. Die SeniorInnen betreuen die Kinder nicht ehrenamtlich. Sie bekommen in der Regel einen Stundenlohn, empfohlen werden ca. 10 Euro sowie eine Anstellung über die Minijobzentrale, damit eine Unfallversicherung gewährleistet ist.

Anlaufstellen für Kölner Familien

Als junge Familie benötigt man manchmal schnelle Hilfe oder guten Rat von vertrauenswürdigen Experten. Dieses Kapitel gibt einen Überblick über hilfreiche Angebote für Kinder, Mütter und Väter in Köln.

Familienunterstützung

Beratungsstelle für Familienplanung der Stadt Köln (Innenstadt)
stadt-koeln.de/service/adressen/beratungsstelle-fuer-familienplanung

Tel 0221 / 22 12 47 79

Neumarkt 15-21 * 50667 Köln

Schwangerschaft und Elternsein bedeutet nicht für alle gleichermaßen Sonnenschein, manchmal sind auch Probleme damit verbunden. Die städtische BERATUNGSSTELLE FÜR FAMILIENPLANUNG lässt niemanden allein und bietet umfassende, rechtliche, finanzielle, medizinische, sozialpädagogische und psychologische Beratungsangebote zur Verhütung von Schwangerschaft, der Planung einer Familiengründung oder zu einem unerfüllten Kinderwunsch. Außerdem gibt es dort Infos zur Mutterschaftsvorsorge für Frauen ohne Krankenversicherung.

donum vitae koeln e.V. (Innenstadt)

donumvitae-koeln.de

0221 / 27 26 13

Heumarkt 54 * 50667 Köln

In dieser allgemeinen Schwangerenberatung werden psychologische, soziale, wirtschaftliche, rechtliche und medizinische Fragen und Probleme besprochen. Beratung vor, während und nach der Pränataldiagnostik.

Esperanza Schwangerschafts-,
Erziehungs,- und Familienberatung
(Innenstadt)

beratung-caritasnet.de/index.php?id=esperanza

0221 / 24 07 39 4

Hansaring 20 * 50670 Köln

ESPERANZA bietet Beratung und Hilfe vor, während und nach einer Schwangerschaft sowie Erziehungs- und Familienberatung. Als Extra gibt es eine Online-Beratung.

pro familia Beratungsstelle Köln
(Innenstadt)

profamilia.de

schwangerschaftsberatung-koeln.de

0221 / 12 20 87

Hansaring 84-86 * 50670 Köln

Die Beratung schwangerer Frauen durch ein multiprofessionell besetztes Team ist eingebettet in ein umfassendes Konzept, das neben der allgemeinen Schwangeren- und Schwangerschaftskonfliktberatung einen weiteren Schwerpunkt auf die präventive Arbeit im Sinne von Familienplanung legt.

Sozialdienst katholischer Frauen
(Innenstadt, Porz)

skf-koeln.de

0221 / 12 69 50

Mauritiussteinweg 77-79

50676 Köln-Innenstadt

02203 / 18 50 00

Bonner Str. 2b * 51145 Köln-Porz

Mit dem umfangreichen Angebot FRÜHE HILFEN begleitet der SKF Frauen, Paare und Familien in der Schwangerschaft und in den ersten Jahren mit Kind.

Kaiserschnitt-Gruppe (Ehrenfeld)

01573 / 44 06 39 4

Körnerstr. 20 * 50823 Köln

Die Selbsthilfegruppe bietet Raum für dieses Tabu-Thema und dient dem Austausch unter den Betroffenen in geschütztem Rahmen mit fachkundiger Begleitung. Das Angebot richtet sich an Frauen und Angehörige gleichermaßen. Willkommen sind alle Betroffenen, ganz egal, ob die Kaiserschnitt-Entbindung oder die als traumatisch erlebte Geburt schon Jahre zurückliegt oder gerade erst stattgefunden hat.

Papierkram nach der Geburt

Nach der Geburt gibt es einiges an Papierkram zu erledigen. Idealerweise hast du die meisten Dinge schon vor der Geburt vorbereitet und musst die Anträge nur noch mit den konkreten Geburtsinformationen füllen.

WAS?	WANN UND WO?	DAS BRAUCHST DU:
ANMELDUNG DES BABYS BEI DER STADT	* In der ersten Woche beim Standesamt.	* Geburtsbescheinigung * Personalausweis von Vater und Mutter * Heiratsurkunde * Bei Ledigen: Geburtsurkunde der Mutter, ggf. Vaterschaftsanerkennung
ANMELDUNG BEI DER KRANKENKASSE	* Schnellstmöglich bei der Krankenkasse (schriftlich)	* Formular der Krankenkasse (kann per Anruf bei der Krankenkasse angefordert werden) * Geburtsurkunde
EINTRAG IN DIE LOHNSTEUERKARTE	* Sobald wie möglich im Einwohnermelde- oder Finanzamt (persönlich)	* Personalausweis * Lohnsteuerkarte * Geburtsurkunde des Kindes
ANTRAG AUF ELTERNZEIT	* Mindestens sieben Wochen bevor du in Elternzeit gehen möchtest beim Arbeitgeber (schriftlich)	* Formloser schriftlicher Antrag mit der Angabe, wer wie lange Elternzeit nimmt
KINDERGELD-ANTRAG (FAMILIENKASSE.DE)	* Innerhalb der ersten sechs Monate bei der zuständigen Familienkasse (schriftlich)	* Kindergeldantrag * Geburtsurkunde des Kindes
ELTERNGELD-ANTRAG	* Innerhalb der ersten drei Monate bei der zuständigen Elterngeldkasse (schriftlich) * Du kannst den Elterngeldantrag auch online stellen unter stadt-koeln.de/service/produkt/elterngeld	* Elterngeldantrag * Geburtsurkunde des Kindes * Bescheinigung der Krankenkasse über Mutterschaftsgeld * Bescheinigung Arbeitgeber über den Muttergeld-Zuschuss * Gehaltsabrechnungen der letzten zwölf Monate
ANERKENNUNG DER VATERSCHAFT UND DES GEMEINSAMEN SORGERECHTS	* Jederzeit möglich, auch schon vor der Geburt beim Jugendamt (persönlich)	* Personalausweis beider Eltern * Geburtsurkunden der Eltern * Mutterpass (vor der Geburt), bzw. Geburtsurkunde

Geschmackvolle Geburtskarten

Der langersehnte Nachwuchs hat das Licht der Welt erblickt, jetzt ist es an der Zeit, dem Rest der Welt deinen kleinen Schatz vorzustellen. Neben einer fast obligatorischen „Unser Baby ist da" Mail oder SMS, schicken viele frischgebackene Eltern zusätzlich professionell gedruckte Geburtskarten an Freunde und Verwandte. Diese kannst du unkompliziert im Internet erstellen und mit Fotos individualisieren. Einige Karten-Webseiten haben wir ausprobiert und stellen sie hier in alphabetischer Reihenfolge vor.

familiensache.com

Ein kleines Baby ist eine echte FAMILIENSACHE und so passt der Name dieser Webseite gut, wenn es darum geht, als Familie eine der schönen Karten auszuwählen und mit Fotos des Neugeborenen zu personalisieren.

glücksdinge.de

GLÜCKSDINGE.DE und MEINE-GLUECKSKARTE.DE sind zwei Schwesterseiten, die beide individualisierbare Geburts- und Babykarten anbieten. Hinter den Seiten steht die Designerin Juliane Büschel. Neben klassischen, verspielten Kartendesigns, z.B. mit Vögelchen, gibt es auf dem Cover städtebezogene Klassiker wie den Kölner Dom. Kundenservice wird groß geschrieben, bei Fragen erreichst du Juliane unter 07353 / 98 86 63 4.

kartenmacherei.de

Die Qualität der KARTENMACHEREI ist hervorragend und wir sind oft auf unsere hübschen Geburtskarten aus diesem Shop angesprochen worden. Es gibt eine große Auswahl verschiedener Designs und Formate, die Konfiguration der Karten ist unkompliziert und das Service-Team bei Rückfragen entgegenkommend. Auch komplett selbst gestaltete Karten sind über die Webseite kein Problem. Speziell für Zwillinge gibt es dreiteilige Karten, auf denen Platz für zwei Kinder ist. Passend zur Karte kann man Briefumschläge, Einlegeblätter oder Absender- und Empfängeretiketten bestellen.

tsjipgeboortekaartjes.nl

Dieser niederländische Internetshop bietet etwas andere Kartenformate und Muster an als seine deutschen Mitstreiter. Da die Webseite nur auf Holländisch aufrufbar ist, musst du ein wenig Phantasie bei der Individualisierung der Karten und Begrifflichkeiten mitbringen. Aber diese Portion Phantasie lohnt und ist bekanntlich bei jungen Eltern immer gefragt.

SCHMÖKERN UND STÖBERN

Während der Schwangerschaft und als Mama oder Papa wirst du wahrscheinlich völlig neue Lektüre in die Hand nehmen. Alles rund um das Thema Familie ist plötzlich interessant. Neben den gebundenen Klassikern der Schwangeren- und Elternliteratur gibt es eine Reihe guter Eltern- und Babyzeitschriften, die dich auf die vor dir liegende Zeit einstimmen. Insbesondere einige modernere Zeitschriftenformate wie die Brigitte Mom, mum oder Nido machen Lust auf Lesen. Von Erziehung über Ernährung bis Lifestyle ist in diesen Magazinen alles dabei. Empfehlenswert sind auch die regelmäßig erscheinenden Familien-Stadtmagazine känguru und Rheinkind, die kostenlos an vielen Orten ausliegen. Sie fassen angesagte Kinder-Aktivitäten zusammen und bieten darüber hinaus wertvolle Informationen zum Leben mit Kind.

Zusätzlich werden auf unzähligen Webseiten Informationen zu den Themen Schwangerschaft und Familie ausgetauscht. Diese Onlineportale und Blogs sind besonders praktisch, wenn du brandaktuelle Infos zu Veranstaltungen wie Kinderflohmärkten, Freizeitaktivitäten oder Baby-Kursinformationen suchst.

Lieblings-Familien-Stadtmagazine

Die meisten der Kölner Familien-Stadtmagazine stellen stadt-spezifische Orte und Angebote vor und fassen angesagte Kinder-Aktivitäten in einem Kalender zusammen. Sie sind kostenlos und liegen z.B. in Kindergeschäften, Cafés oder Geburtskliniken aus. Regelmäßig und gern lesen wir die Stadtmagazine KÄNGURU, RHEINKIND, KIDSGO und das jährlich erscheinende Magazin KURZ UND KLEIN des Stadtrevue Verlags. Während KÄNGURU und KIDSGO schon über zehn Jahre auf dem Markt sind, erscheint das RHEINKIND erst seit Januar 2014.

Rheinkind
rheinkind-koeln.de

Aktuelle Themen für Eltern und Kinder greift die seit 2014 erscheinende Familienzeitschrift RHEINKIND auf. Besonders für die Veedel Lindenthal, Junkersdorf, Braunsfeld, Klettenberg, Sülz, Altstadt Nord- & Süd und Neustadt Nord- & Süd entdecken die Autorinnen einmal pro Quartal schöne Dinge und Aktionen rund um die Familie. nach Hause liefern lassen. Kostenlos liegt es z.B. in vielen Kindergeschäften und Kindergärten aus.

Känguru
kaenguru-online.de

KÄNGURU ist das bekannteste Köln-Bonner Familien-Stadtmagazin, das zehnmal pro Jahr erscheint und sich in einem farbenfrohen Design präsentiert. Es lohnt der Blick hinein, denn KÄNGURU stellt saisonale Aktivitäten und Trends vor, zeigt Kölner Familienangebote und empfiehlt Bücher und Filme für Kinder. Das Stadtmagazin gibt einen guten Überblick, was täglich für Kinder in Köln und Bonn geboten ist. Wenn du auf das Magazin nicht mehr verzichten möchtest, kannst du es dir gegen einen Unkostenbeitrag von 25 Euro pro Jahr im Abo nach Hause liefern lassen. Kostenlos liegt es an über 1.000 Mitnahmeorten aus.

Kidsgo
kidsgo.de

KIDSGO erscheint viermal pro Jahr und ist ein Klassiker für Schwangere und junge Familien. Das Herzstück von KIDSGO ist der umfangreiche regionale Schwangeren- und Kinder-Veranstaltungskalender mit aktuell laufenden Kursen. Außerdem gibt es in jedem Heft allgemeine Infos rund um die Themen Kinderwunsch, Schwangerschaft, Geburt, Baby und Kleinkind. Die KIDSGO ist kostenlos und du erhältst das Magazin in vielen Frauenkliniken, bei Frauen- und Kinderärzten oder in ausgewählten Geschäften.

kurz und klein – Köln mit Kindern
stadtrevue.de/magazine/kurzundklein

Was Familien bei Sonnenschein, aber auch bei Wind und Wetter in Köln erleben können, wird in jeder Ausgabe des KURZ UND KLEIN Magazins übersichtlich nach Jahreszeiten dargestellt. Es gibt ausreichend Platz für Porträts und Interviews zu Familienthemen, Veranstaltungs- und Ausflugstipps, Anleitungen zum Selberbasteln und einen Serviceteil mit Anbieterverzeichnis. KURZ UND KLEIN erscheint jährlich und liegt kostenlos in Buchhandlungen, Familiencafés, Geschäften und Museen aus.

WE LOVE !

Webseiten

Lieblings-Webseiten und Blogs rund ums Kind in Köln

Im Internet findest du eine Fülle von Informationen rund um die Themen Familie und Kinder. Es gibt für jeden Geschmack und jede Art des Informationsbedarfs die richtige Webseite, man muss sie nur finden. Daher haben wir für dich unsere Lieblingswebseiten rund um Kölsche Pänz zusammengestellt – diese reichen von INFO-PORTALEN mit Tipps und Freizeitaktivitäten bis hin zu unseren Lieblings-Kölner-Mamablogs. Auf diesen berichten Eltern über ihr Leben mit Kind. Viel Spaß beim Durchklicken.

Als Ergänzung zum Buch gucke gerne auf unserer Webseite mycitykids.de vorbei, auf der du regelmäßig interessante News rund um Schwangerschaft, Baby und Kinder in Köln bekommst.

WEB-INFOPORTAL

ausflugsziele-nrw.net

Du suchst nach guten Ideen für Familienausflüge insbesondere im Raum Köln, Bonn, Rhein-Erft-Kreis und dem Ruhrgebiet? Dann schau bei AUSFLUGSZIELE-NRW.NET vorbei, auf der vielseitige Anregungen für einen schönen Tagesausflug zu zweit oder für die ganze Familie vorgestellt werden.

kaenguru-online.de

Auf der Onlinepräsenz des KÄNGURU Verlags findest du einen umfassenden Aktivitäten-Kalender für unternehmungslustige Familien in der Region.

kidsgo.de

KIDSGO.DE legt einen deutlichen Fokus auf Kurse für Schwangere und Mütter mit Babys und Kleinkindern. Es gibt die Möglichkeit, alle Angebote nach Kölner Stadtbezirk auszuwählen.

koeln.de/koeln/freizeit/kinder

Auf dem offiziellen Stadtportal KOELN.DE findest du eine große Bandbreite an Informationen zu Ausflugszielen, Tierparks, Kinderkino und mehr für Familien in Köln. Die Bandbreite reicht von Baby- bis Teenageraktivitäten.

mycitykids.de

Die Webseite zu unserem Buch bietet aktuelle Themen und andere Köln-Artikel rund ums kölsche Pänz. Auf MYCITYKIDS.DE findest du einen Überblick über die Kölner Entbindungskliniken, die besten familienfreundlichen Cafés und viele Familien-Freizeittipps. Jede Woche kommt eine Neuentdeckung dazu. Praktisch: unser Buch KÖLN MIT KIND könnt ihr online über diese Webseite bestellen.

schwangerinmeinerstadt.de

SCHWANGERINKOELN.DE verschafft dir einen Rund-um-Blick zum Thema Schwangerschaft in Köln. Neben einem Überblick zu Kursen, Krankenhäusern, Frauenärzten oder Beratungsstellen, schätzen wir die Checklisten für Erledigungen rund um die Geburt.

stadtkonfetti.de

Kerstin Dimpfel und Tinka Rohlfing geben mit STADTKONFETTI.DE Antworten auf die Frage „Mamaaaa?! Was machen wir heute?". Das Bergisch Gladbacher Stadtportal ist inzwischen eine beliebte Anlaufstelle, um Infos zu Events, Terminen, Ausstellungen, Theaterstücken und anderen Ausflugstipps in der Kölner Region zu bekommen.

INTERVIEW

SABRINA HEZINGER –
SCHWANGERINMEINERSTADT.DE

Sabrina Hezinger ist seit vielen Jahren als Designerin in der Werbebranche unterwegs. Sie ist gemeinsam mit Sandra Thumm die Gründerin des Schwangeren- und Baby-Portals schwangerinmeinerstadt.de.

WIE SIND SIE AUF DIE IDEE FÜR „SCHWANGERINMEINERSTADT" GEKOMMEN?

Meine Schwägerin und viele Freundinnen waren 2011 schwanger. Viele von ihnen beschwerten sich, dass es im Netz zwar schöne und informative Seiten gäbe, es aber schwierig sei, die lokalen Dienstleister und Anlaufstellen auf einen Blick zu erfassen. Das Angebot war wenig vielversprechend und das sollte sich ändern – die Idee zu schwangerinmeinerstadt.de war geboren. Ich habe dann meine langjährige Freundin und Kollegin Sandra Thumm an Bord geholt. Nach neun Monaten Vorlaufzeit gingen wir im März 2012 mit den ersten beiden Städteportalen schwangerinberlin und schwangerinmünchen live.

WAS FÜR INFOS BEKOMMT MAN AUF „SCHWANGERINMEINERSTADT" UND WAS MACHT DIE WEBSEITE BESONDERS?

schwangerinmeinerstadt.de ist ein Infoportal mit vielen Fachartikeln zu den Themen Kinderwunsch, Schwangerschaft, Babys und Kleinkinder. Unter schwangerinmeinerstadt.de finden sich 16 lokale Städteportale wie

schwangerinkoeln.de. Zukünftige Mütter erhalten Antworten auf ihre Fragen, z.B. in Form von lokalen Informationen zu Ärzten, Hebammen, Kliniken, Kinderbetreuung und Kursen vor und nach der Geburt. Unsere Besonderheit ist der lokale Ansatz. Es gibt viele Webseiten rund um Schwangerschaft und Babys – wir sind aber eines der wenigen Portale, das regionale Inhalte übersichtlich darstellt. Unsere Webseite erleichtert durch persönliche Checklisten die Behördengänge und Erledigungen – inklusive Behördenadressen, Anträgen und Öffnungszeiten.

BRAUCHTE ES MUT, DEN SCHRITT IN DIE SELBSTSTÄNDIGKEIT ZU WAGEN?

Sandra Thumm und ich haben uns bereits vor schwangerinmeinerstadt.de oft als Team vermarktet – sie in der Beratung und ich als Designerin. So kannten wir unsere Arbeitsweise gut und waren bereits stresserprobt. Man braucht definitiv Mut, aber noch wichtiger ist, einen guten Business- und Finanzplan zu haben und nicht zu blauäugig an die Sache ranzugehen. Man muss sich anfangs seinen Platz im Markt hart erkämpfen und man sollte gut

SABRINA HEZINGER

vorsorgen, um in der Gründungsphase finanziell abgesichert zu sein. Neben Herzblut, harter Arbeit und dem Glauben an die Idee, muss so ein Unternehmen natürlich auch ordentlich vermarket werden, was leider mit hohen Kosten verbunden ist.

WELCHE ERFAHRUNGEN HABEN SIE SEIT DER GRÜNDUNG GEMACHT?

Wir haben viele positive Erfahrungen gemacht. Das Schönste sind für uns unsere Endverbrauchermessen. Wir sind im Jahr auf ca. sechs Babymessen mit einem Stand vertreten, an dem wir direkten Kontakt mit unseren Kundinnen haben, diese beraten können und positives Feedback bekommen. Regelmäßig besuchen uns Mütter mit ihrem Baby, die im Vorjahr noch schwanger bei uns am Stand standen und bedanken sich für die vielen Ratschläge. Das zaubert uns jedes Mal ein Lächeln ins Gesicht. Wir versuchen also trotz des eher „anonymen" Internets viel Kontakt zu unseren Usern aufzubauen.

WAS MACHT IHNEN AN IHREM JOB ALS GESCHÄFTSFÜHRERIN AM MEISTEN SPASS?

Bei mir ist es sicherlich die Vielfalt. Manchmal bin ich wie früher Designerin und bastele ein Magazin, Anzeigen oder Banner. Dann führe ich wieder Verhandlungen mit Großkunden, mache Buchhaltung oder bin in Deutschland auf Vertriebstour unterwegs. Viele meiner Bekannten jammern, wenn sie beruflich auf eine Messe müssen, für mich ist das ein Highlight. Ist vielleicht etwas anderes, wenn es das eigene Unternehmen ist. Persönliches Feedback finde ich, wie oben erwähnt, sehr spannend und liebe den Kontakt zu vielen verschiedenen Menschen.

HABEN SIE EINEN LETZTEN TIPP FÜR UNSERE FAMILIEN?

Gönnt euch auch mal Zeit für euch selbst und geht das „Abenteuer Baby" mit Geduld und Humor an.

MAMiii! PAPiii! WAS MACHEN WIR HEUTE?

WIR HABEN DIE ANTWORT:

mycitykids.de

BLOGS

everywhereIgo.de

Mareike ist eine der lässigsten Kölner Mamas, die wir kennen. Immer top gestylt und dabei lustig und sympathisch. Besonders mögen wir ihre Lifestyle, Reise- und Köln-Tipps.

frieda-friedlich.de

Julia ist eine sympathische Kölner Mama, die über den ganz normalen Familien-Alltag mit ihrem Mini-Mensch-Mädchen Frieda, der Blog-Namensgeberin und ihrer Hunde-Dame berichtet.

frollein-pfau.blogspot.de

Vanessa berichtet auf ihrem Blog FROLLEIN PFAU über das, was sie erlebt und mag. DIY Ideen, Alltagsgeschichten, Genähtes, Köln-Ideen, Rezepte, Reisen und viele andere schöne Dinge. Geschichten mit jeder Menge Herzblut.

gluecklichscheitern.de

Auf GLUECKLICHSCHEITERN.DE schreibt Melanie über Feminismus und Mutterschaft, den Familienalltag, Fernweh, Familienurlaube und manchmal auch über Nachhaltigkeit. Ein schöner ehrlicher Blog, den wir immer wieder gerne lesen.

lieblingichbloggejetzt.com

Sehr ehrlich, persönlich und liebevoll schreibt Alina über ihren Familienalltag mit zwei Kindern in Köln. Und verrät ganz freimütig ihre Inspirationen rund um das Thema Familie und ihre Lieblings-Rezepte.

mamablog-mamamia.com

Mia lebt im Rheinland und bloggt bei MAMA MIA über das Leben mit ihren Jungs, als Frau, Ehefrau und Mutter. Sie schreibt ehrlich über Glück, Liebe, Sorgen und Nöte - eben den normalen Wahnsinn des Lebens mit Kindern.

minimenschlein.de

Leonies Blog MINI MENSCHLEIN ist klasse. Ihre Heimat ist Köln und neben vielen überregionalen Themen kommen ab und zu lokale Köln-Insights. Diese sind immer besonders schön. Gut gefallen uns außerdem ihre regelmäßig wiederkehrenden Beiträge „MiniMenschleins Lieblinge, MiniMenschlein entdeckt und MiniMenschlein liebt".

sonea-sonnenschein.de

Bei SONEA SONNENSCHEIN schreibt Katharina über das völlig normale Leben, nur anders. Sie gibt viele Familien-Insights preis und ist dabei wunderbar authentisch. Etwas Besonderes ist ihre Kolumne „das Leben mit dem Besonderen".

WE LOVE!
Zeitschriften

Lieblings-Mama Zeitschriften

Brigitte MOM

Die BRIGITTE MOM ist ein Ableger der Brigitte und seit 2012 auf dem Mama-Zeitschriften Markt. Das Heft überzeugt durch erfrischende Artikel und ist perfekt für alle Mütter, die ständig unter Strom stehen und versuchen, Mann, Kinder, Job, Freunde und Haushalt unter einen Hut zu bekommen. Die Zeitschrift bietet einen Modeanteil, redaktionelle Beiträge und zeigt schönes Allerlei von Wellnesstees bis hin zu schicken Taschen. Wir freuen uns, dass die MOM seit 2014 viermal pro Jahr erscheint – ein Heft für jede Jahreszeit.

Es macht definitiv Spaß, die Brigitte MOM zu lesen, ich kaufe mir jedes Heft. (Sonja mit M. und J..)

Eltern & Eltern Family

ELTERN ist das Urgestein der Elternmagazine und hat inzwischen einige Ableger wie die ELTERN FAMILY bekommen. Die ELTERN Magazine haben einen erzieherischen Fokus und es geht regelmäßig um Themen wie Erziehung, Förderung, Entwicklung oder Gesundheit. Das Magazin ELTERN erscheint einmal monatlich.

Nido

NIDO als Ableger des Sterns spricht die moderne Familie an. Es geht nicht nur um das Mama-Dasein als Lifestyle, sondern vielmehr um aktuelle und teilweise sozialkritische Themen. NIDO ist keine reine Mütter-Zeitschrift, sondern auch für Väter interessant. Sie ist in die Rubriken Gesellschaft, Psychologie, Reise & Kochen, Wirtschaft & Geld und Mode & Produkte unterteilt. Reportagen, Wochendtipps für Städte, Mode- und Ernährungstipps sind einige der beliebten NIDO-Themen. Die Zeitschrift erscheint einmal pro Monat.

Mein Mann und ich mögen den breiten Themenquerschnitt, den modernen Schreibstil und die gut recherchierten Reportagen, die den Puls der Zeit treffen. Gut gefällt uns auch die Vorstellung aktueller Bücher, Filme oder Ausstellungen, denn selbst wenn wir als Familie mit Kind viel zu selten kulturell unterwegs sind, ist es schön informiert zu sein. (Eva mit H. und C.)

mum

MUM bezeichnet sich als „erstes Magazin für moderne Mütter" und tatsächlich ist die Zeitschrift stylisch aufgebaut und gibt Schwangeren und jungen Müttern gute Tipps in den Themenwelten Mode, Beauty, Leben und Arbeiten. Es gibt Fotostrecken mit schicker Mode für Kinder und Schwangere, es werden hippe Stores vorgestellt und Celebrities mit Kindern interviewt. Auch die Themen „gut aussehen und Bewegung in der Schwangerschaft" dürfen nicht fehlen. MUM erscheint einmal pro Quartal und ist auch als ePaper für iPad und iPhone unter mum-Mag.de/epaper erhältlich.

Die MUM erinnert mich von der Aufmachung her an die Elle oder Vogue. (Tina mit L. und T.)

luna

Wer Feuer an der MUM gefangen hat, sollte sich am Kiosk nach der LUNA, dem Mode- und Lifestylemagazin für Familien mit etwas älteren Kindern umsehen. Das Magazin zeigt eindrucksvoll die stylischen Seiten des Familienalltags. Die Zeitschrift erscheint alle zwei Monate.

SZ Familie

SZ Familie ist das neue Familien-Magazin der Süddeutschen Zeitung und erstmals seit 2017 auf dem Markt. Die hochwertige 2in1-Zeitschrift enthält einen Kinder- und einen Elternteil, die man in der Mitte teilen kann. Kinder freuen sich neben interessanten Artikeln über spielerische, kreative und interaktive Ideen. Schön, informativ, lustig – das ist anspruchsvoller Journalismus für Groß und Klein.

special topic

VEEDELSTOUR: DER PERFEKTE FAMILIENTAG AM RHEIN ♥

*** ADRESSÜBERSICHT ***

1 Claudius Therme * Sachsenbergstr. 1

2 Jugend- & Rheinpark * Parken bei Sachsenbergstr. 1

3 Minigolf / Elektroautos * im Jugendpark

4 Rheinparkbahn * im Jugendpark

5 Rheinpark-Spielplatz * im Jugendpark

6 Rheinfähre * Hohenzollernbrücke

7 Kölner Dom * Domkloster 4

8 Museum Ludwig * Heinrich-Böll-Platz

9 Zoo-Express * Dom Burgmauer

10 Kölner Zoo * Riehler Str. 173

11 Seilbahn * Riehler Straße

Morgens/Mittags: Wir starten unseren Familientag vormittags im Rheinpark. Am besten parkst du das Auto unter der Brücke bei der **Claudius Therme** und läufst von dort ein paar Meter hinein in den Jugendpark, der in den **Rheinpark** übergeht. Wer Lust hat, kann im Jugendpark sofort einen **Spielplatz-Stopp** einlegen – schön sind besonders die großen Affenschaukeln. Auch der **Minigolf-Parcour**, die **Kletterwand** und die **Elektroautos** des Jugendparks stehen bei Kindern hoch im Kurs.

Hinter dem Minigolf-Platz befindet sich die **Rheinparkbahn**-Haltestelle Thermalbad. Von dort fährst du mit der kleinen Bimmelbahn in etwa fünf Minuten durch den Rheinpark bis zur **Haltestelle Jungbrunnen**. Die Bahn fährt dreimal pro Stunde und eine Rundfahrt kostet 2,50 Euro. Vom Jungbrunnen aus bist du in wenigen Metern bei dem schön angelegten **Rheinpark-Spielplatz**. Er hat lange Rutschen, eine Seilbahn, Kletternetze, Schaukeln und einen kleinen Bagger zum Sand schaufeln. Die Eltern entspannen auf den umliegenden Grasflächen und machen ein kleines Picknick. Bei heißem Wetter können die Kinder ihre Füße in den nahe gelegenen begehbaren Brunnen zur Abkühlung halten.

Nachmittags/Abends: Jetzt geht es am Rhein entlang in Richtung Dom. In der Nähe der Hohenzollernbrücke besteigst du die **Rheinfähren**, die ihre Gäste mehrmals pro Stunde auf die andere Rheinseite bringen. Das ist eine kurze, aber spannende Fahrt besonders für Kinder. Die Anlegestelle liegt vis-a-vis zum **Kölner Dom** und dem **Museum Ludwig**. Die **Cafés und Restaurants rund um den Dom** sind ideal für ein Eis oder einen kleinen Snack.

Weiter geht es mit dem **Zoo-Express**, der der dich in einer etwa 15- bis 20-minütigen Fahrt Richtung Zoo bringt. Die Kinder lieben diese kleine Bimmelbahn und nebenher erfährt man Wissenswertes rund um Kölner Attraktionen wie den Skulpturenpark oder das Kolumba-Museum, an denen die Rundfahrt vorbeiführt. Endpunkt des Zoo-Express ist der Haupteingang des **Kölner Zoos**, der allein schon ein Tagesausflug wert ist (s. S. 144). Wir empfehlen daher weiter Richtung **Kölner Seilbahn** zu laufen, der letzten Attraktion des heutigen Tages. Bei der etwa fünf Minuten dauernden Seilbahn-Fahrt in luftiger Höhe über den Rhein, genießen Groß und Klein die fantastische Aussicht auf das Rheinpanorama und den Dom. ♥

teil 2

SHOPPING ♥

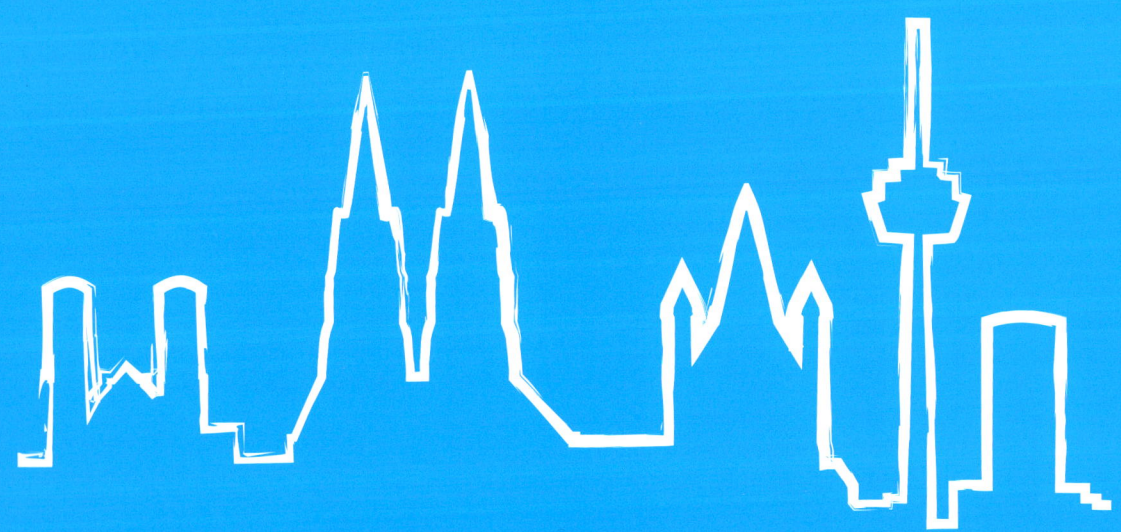

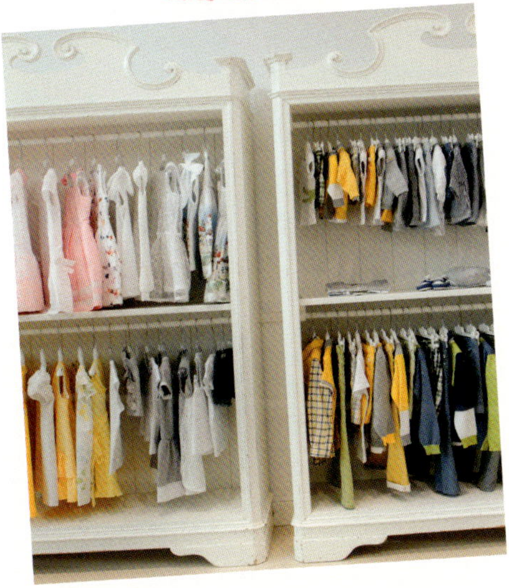

Shoppingfreude!

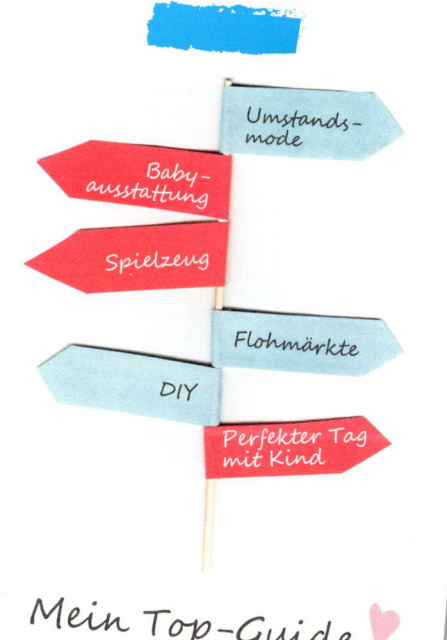

Umstands-
mode

Baby-
ausstattung

Spielzeug

Flohmärkte

DIY

Perfekter Tag
mit Kind

Mein Top-Guide

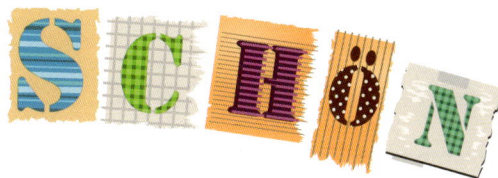

MAMA UND KINDER SHOPPING

Unzählige Läden in Köln bieten bezaubernde Kindersachen an. Von großen Modeketten für die Basics bis hin zu exquisiten Boutiquen für das Besondere stellen wir dir in diesem Kapitel Kölner Kindergeschäfte vor. Sie haben schöne Kleidung für Schwangere und Kinder, Spielzeug oder Bücher im Angebot. Tolle Kindersachen müssen nicht unbedingt teuer oder neu sein, da die Pänz so schnell wachsen. Günstige Kleidung, Schuhe oder preiswertes Spielzeug bekommst du auch in einer Reihe von Secondhand-Läden, die es über Köln verteilt gibt. Für alle, die selbst kreativ werden und den Kindern individuelle Eigenkreation designen möchten, bieten eine Vielzahl von Stoff- und Bastelgeschäften hierfür das richtige Handwerkszeug.

Neben Shop-Vorstellungen geben wir in diesem Kapitel eine Reihe von Tipps in Sachen Umstandsmode, Erstausstattung oder Kinderwagen, die dir den Weg durch den Shopping-Dschungel erleichtern sollen. Also lasse dich von der Kinder-Shoppingwelt begeistern, die von schicker Umstandsmode über Babyausstattung bis hin zu schönen Do It Yourself und Secondhandshops für Kinderkleidung reicht. ▲▲

Umstandsmode

Eine Schwangerschaft stellt deine Garderobe auf den Kopf, denn wenn das Bäuchlein wächst, kommt irgendwann der Tag, an dem es mit einer Schwangerenhose einfach bequemer wird. Der Kölner Handel bietet glücklicherweise inzwischen schicke Umstandsmode für jeden Geschmack und Geldbeutel an.

Das Wichtigste ist, dass du dich während der Schwangerschaft wohl fühlst. Bleibe daher deinem Stil treu und kaufe Kleidungsstücke, die sich gut mit deinen normalen Kleidungsstücken kombinieren lassen. Das gilt sowohl für Farben und Muster, als auch für Schnitte und Stoffe. Mit den richtigen Accessoires wie Schmuck, Schals oder Schuhen kannst du geschickt von deinem Bäuchlein ablenken und gleichzeitig viele tolle Looks zaubern. So kann ein schlichtes schwarzes Kleid je nach Kombination lässig im Alltag, cool als Abend-Ausgeh-Outfit oder schick als Businessmode getragen werden.

Shops

bellybutton Köln (Innenstadt)

bellybutton.de

0221 / 94 65 16 64

Mittelstr. 21 * 50672 Köln

🕐 MO-FR 10.oo-19.oo * SA 10.oo-18.oo

BELLYBUTTON bietet eine gute Auswahl geschmackvoller Umstandsmode. Die Kleidung ist schick und gleichzeitig bequem. Außerdem gibt es in dem Laden jede Menge Inspirationen für Babyausstattung, Baby- und Kinderkleidung.

UNSER TIPP

UMSTANDSMODE

* Besonders wenn es die erste Schwangerschaft ist, sollte man die Umstandsmode so spät wie möglich und nicht zu viel auf einmal kaufen. Erst mit der Zeit merkt man, welche Kleidung bequem ist und was man gerne trägt. Eine Möglichkeit ist, am Anfang der Schwangerschaft längere normale Oberteile oder Blusen anzuziehen. Der Hosenknopf kann auch mal offen bleiben, wenn er durch ein Shirt oder einen Gürtel verdeckt ist. Oder du ziehst ein Haargummi als Schlaufe durch das Knopfloch und befestigst es am Hosenknopf, so ist der Hosenbund etwas weiter, ohne dass der Reißverschluss aufgeht.

* Umstandsmode sollte nicht einfach ein paar Nummern größer gekauft werden, sondern sich an die veränderte Form des Körpers anpassen. Die Faustregel lautet, sie in der gleichen Kleidergröße zu kaufen, die man auch vor Beginn der Schwangerschaft getragen hat.

* „Bauchbänder" werden über die Hüfte und den Bauch gezogen. Sie verlängern ein Oberteil optisch und sind perfekt, wenn der Bauch wächst und die normalen T-Shirts vorne zu kurz werden. Mit verlängernden Bauchbändern kann man die Lieblingsshirts in der Schwangerschaft lange tragen und der Bauch bleibt „eingepackt".

* Gut ist Kleidung, die die Schwangerschafts-Vorzüge betont. Dazu gehören z.B. Pullover, die das schöne Schwangerschafts-Dekolleté hervorheben oder längere, weich fallende Oberteile kombiniert mit Leggins zur Betonung der Beine.

* Miniröcke sind vorteilhaft, da sie den Blick auf die Beine lenken. Wollkleider eignen sich gut im Winter, da sich der Stoff schön weiten kann.

* Falls man am Arbeitsplatz schick gekleidet sein muss, lohnt sich eine schlichte schwarze Umstandshose oder ein Umstandskostüm. Beides

kann man mit jeder Menge Oberteilen kombinieren und während der ganzen Schwangerschaft tragen. Auch die Investition in eine Umstandsbluse macht sich bezahlt. Ansonsten eignen sich normale Oberteile mit schicken Schals gut, die den Bauch etwas verdecken.

* Babybauch und „Highheels" sehen toll aus, sind aber gleichzeitig eine anstrengende Kombi. Es gibt auch schöne flache Schuhe oder Sandalen, die in der Schwangerschaft viel alltagstauglicher sind.

La Luna (Neustadt-Nord)
laluna-koeln.de

0221 / 16 94 15 81

Apostelnkloster 17 * 50672 Köln

🕐 MO-FR 10.oo-13.oo & 14.oo-19.oo
SA 10.oo-18.oo

LA LUNA hat ein trendiges Angebot internationaler Mode, tragbar mit und ohne Bauch: schöne Blusen und Kleider aus leichten, weiten Stoffen u.a. der Marken Fragile, QueenMum und BellyButton. Der exklusive Stil steht für Qualität und hervorragendem Service in einem jungen, ungezwungenen Umfeld. Außerdem führen sie Babymode bereits für Frühgeborene, Taufbekleidung und Kindermode bis Größe 128.

Petite Pali (Südstadt)
petite-pali.de

0221 / 29 99 87 92

Karolingerring 5 * 50678 Köln

(am Chlodwigplatz)

🕐 MO-DI 10.oo-16.oo
MI-FR 10.oo-13.3o & 15.oo-18.oo
SA 11.oo-15.oo

Virginia Varga Sarabia – kurz: Vicky – kleidet in ihrer exklusiven Secondhand Boutique werdende Mamis mit schicker Schwangerschaftsmode ein. In zauberhaftem Ambiente aus selbst restaurierten Möbeln findest du handverlesene Second-Hand-Umstandsmode sowie brandneue Outfits, die alle eines gemeinsam haben: es handelt sich immer um qualitativ hochwertige Markenware, die perfekt zur aktuellen Saison passt.

Dejavie Köln (Braunsfeld)
dejavie.info

0221 / 94 64 61 64

Aachener Str. 504 * 50933 Köln

🕐 DI-FR 10.oo-13.oo
DI & DO 15.oo-18.oo * SA 10.oo-14.oo

Der Laden DEJAVIE bietet schöne Secondhand-Umstandsmoden zu vergleichsweise günstigen Preisen.

MAMIS Schön & Schwanger (Frechen)
mamis-schoen-und-schwanger.de

02234 / 20 75 82 4

Kölner Str. 114 * 50226 Frechen

🕐 MO-FR 10.oo-18.oo * SA 10.oo-16.oo

MAMIS SCHÖN & SCHWANGER ist die Schwangerschaftsmode Boutique des BABY-Outlet Stores in Frechen. Das umfangreiche Sortiment kann auch online geshoppt werden.

Basics bei H&M (mehrere Standorte)

hm.com/de/store-locator

🕐 MO-SA 10.oo-19.oo
variiert je nach Standort

Zentral in der Schildergasse 24 bietet H&M eine gute Auswahl an Umstandsmode. Mit seiner MAMA-Kollektion ist die Modekette ein Standard für viele Schwangere und das Richtige für die Basics. Klassiker wie Jeans, Oberteile oder Bauchbänder lassen sich bei H&M günstig erstehen.

vertbaudet.de/umstandsmode.htm

Schöne und bezahlbare Umstandsmode aus Frankreich bekommst du bei VERTBAUDET. Ausgefallene Oberteile, Leggins oder Kleider in dezenten Farben und modernen Schnitten – da macht Einkaufen auch als Schwangere richtig Spaß. Nur das Warten auf Grund teilweise langer Lieferzeiten kann die Freude auf die schöne Mode trüben, besonders wenn du schwanger bist und der Bauch stetig wächst.

Onlineshops

mamarella.com

MAMARELLA bietet ein ausgefallenes Sortiment internationaler Umstands- und Babymode. Es gibt eine große Auswahl an Kleidern, Hosen, Oberteilen sowie Brautmode. Für die Zeit nach der Schwangerschaft sind viele Still-BHs, Wickeltaschen und Baby-Ausstattung im Programm. Unser Lieblingsonlineshop für Umstandsmode.

la-belly-shop.de

Bequeme Bauchbänder in allen Formen und Farben – geknautscht, geraffelt, bedruckt oder in uni. Ab 30 Euro Einkaufswert bekommst du die Bauchbänder versandkostenfrei innerhalb von Deutschland zugeschickt.

mamalicious.de

Die Marke MAMALICIOUS gehört zur Unternehmensgruppe „Bestseller", zu der unter anderem auch die bekannten Marken ONLY und VERO MODA gehören. Dieser Onlineshop für Schwangere bietet eine große Auswahl an Mode zu fairen Preisen. Das Label ist besonders für seine geschmackvollen Kleider bekannt.

Kindermöbel, Kinderwagen und Babyausstattung

Der Kauf der Babyausstattung steigert die Vorfreude auf das Baby. Werdende Eltern streifen in den Monaten des Wartens liebend gern durch die vielen Babymärkte und Fachgeschäfte Kölns und stöbern zwischen all den kleinen Stramplern, bunten Jäckchen und schicken Accessoires. Auch Kinder-Flohmärkte (s. TEIL 2, S. 98) eignen sich wunderbar, um Schätze für das Kleine zu erwerben, denn gerade in den ersten Wochen wächst ein Baby unglaublich schnell und was heute passt, kann morgen schon zu klein sein.

Vor allem, wenn das erste Baby unterwegs ist, hast du wahrscheinlich eine lange Liste an Babyartikeln und Kinderzimmermöbeln, die du für das Kleine kaufen möchtest. Babybett, Wickelkommode und Stillkissen sind einige der vielen Dinge, über die du jetzt nachdenkst und die Geschäfte als „unabdingbar" anpreisen. Damit es nicht in einem Kaufrausch endet, überlege dir bereits vor dem Shopping, welche Artikel zu Beginn notwendig sind und welche du kaufen möchtest.

Neben einigen essenziellen Dingen, die du zur Geburt haben solltest, z.B. der Autositz für den Weg von der Klinik nach Hause, eine Schlafmöglichkeit für das Neugeborene, einige Kleidungsstücke und Windeln, kannst du vieles auch nach der Geburt kaufen. Denn erst, wenn dein kleiner Schatz zu Hause ist, wird oft klar, was wirklich gebraucht wird. Eines solltest du jedoch beachten: Kinderwagen und Kindermöbel haben je nach Marke bis zu zwölf Wochen Lieferzeit.

Parallel zum stationären Handel gibt es ein riesiges Online Angebot, in dem die Sachen oft etwas günstiger verkauft werden. Du solltest allerdings auf die Versandkosten achten und keinesfalls den Kundenservice des stationären

UNSER TIPP

BABYAUSSTATTUNG

* Die Erstausstattung sollte bequem und leicht anziehbar sein. Unsere Erfahrung ist, dass bei größeren Neugeborenen die 50er Kleidung schon recht eng sitzt, daher empfehlen wir Größe 56 und größer zu kaufen.

* Praktisch ab Geburt sind Bodies, die man unten knöpfen kann. Die Knöpfe im Schritt sind wichtig, da man das Baby mehrmals am Tag wickelt und es damit nicht jedes Mal komplett ausziehen muss.

* Für den Winter sind wollseidene Bodies schön warm. Sie sind zwar etwas teurer, schmiegen sich aber herrlich weich an die zarte Haut des Babys.

* Einteilige Strampler sind in den ersten Lebenswochen hilfreich, da sie nicht verrutschen und den Bauch und Rücken des Babys gut schützen. Außerdem sind die meisten Strampler wunderbar bequem und man kann sie leicht an- und ausziehen.

* Halstücher sind perfekt, wenn die Kinder in den ersten Monaten viel spucken und die Oberteile oft nass sind. Mit Halstüchern geht die Feuchtigkeit in das Tuch, das man unkompliziert austauschen kann.

* Sogar in Innenräumen sollten Neugeborene dünne Mützchen tragen, da sie ihre Temperatur noch nicht selbst regulieren können und über den Kopf besonders viel Wärme abgeben. Leichte Mützchen aus Baumwolle sind ideal, da sie sich sanft an den Babykopf anschmiegen ohne ihn einzuengen.

* Günstige Kleidung für Kinder gibt es manchmal an unerwarteten Orten, z.B. Aktionsangebote bei Tchibo oder Discountern wie Aldi. Für jede Jahreszeit bekommt man dort Basics wie Bodies, T-Shirts oder Strümpfe zu guten Preisen.

* Da Babys sehr schnell wachsen, sollte man sich beim Kauf von Kleidchen, Hosen oder Jacken für Babys unter sechs Monaten zurückhalten und nicht zu viel in der gleichen Größe kaufen.

Handels unterschätzen. Geht beispielsweise der Kinderwagen kaputt oder muss etwas umgetauscht werden, ist es Gold wert, das jeweilige Geschäft um die Ecke zu haben. Unsere Kinder-Lieblingsläden mit viel Stöberpotenzial stellen wir in diesem Kapitel vor.

Unsere Checkliste zur Erstausstattung gibt einen Überblick, was die Kleinen zu Beginn brauchen. Du findest sie zum Ausdrucken unter mycitykids.de/Erstausstattung.

Der Kinderwagen ist eine der wichtigsten Anschaffungen, den du für das Baby tätigen wirst. Bei der Auswahl solltest du insbesondere berücksichtigen, WO, WANN und WOFÜR du den Kinderwagen am häufigsten nutzen wirst. Das ist entscheidend, wenn es darum geht, das richtige Modell auszuwählen. Wir haben gute Erfahrung damit gemacht, uns in unserem Viertel vor dem Kauf aufmerksam nach Kinderwagen umzuschauen. Bei Gelegenheit haben wir Mütter „schöner Modelle" angesprochen, wie zufrieden sie mit ihrem jeweiligen Wagen sind. Das hat uns bei der Kaufentscheidung für einen Kinderwagen geholfen.

Für Köln eignen sich besonders wendige und leichte Wagen, weil Eltern oft in Geschäften, Aufzügen oder der U-Bahn unterwegs sind. Auch die Sicherheit, das Design und nicht zuletzt der Preis spielen eine wichtige Rolle. Der Preis kann auf über 1.000 Euro ansteigen, wenn du dich für eines der beliebten Kinderwagenmodelle wie den Bugaboo entscheidest. Günstigere Modelle oder gebrauchte Wagen findest du z.B. bei ebay.

Da viele Kinderwagenmodelle nicht vorrätig sind und es Lieferzeiten bis zu zwölf Wochen gibt, solltest du dich früh genug mit dem Kinderwagenkauf beschäftigen.

Auf unserer Checkliste zum Kinderwagenkauf listen wir dir die wichtigsten Kriterien in Sachen Funktionalität und Sicherheit auf. Du findest sie auf unserer Webseite unter mycitykids.de/Kinderwagenkauf.

Eine Reihe von Trendkinderwagen haben wir auf unserer Webseite mycitykids.de als auch in der Rubrik SCHWANGERSCHAFT für dich aufgelistet. Dort kannst du mit anderen Müttern die Vor- und Nachteile eines Bugaboo, Joolz oder Seed teilen.

. . . .

Teddy - Kinderladen (Innenstadt)
teddy-kinderladen.de
0221 / 25 81 51 4
Gürzenichstr. 28 * 50667 Köln
🕐 MO-FR 10.oo-18.3o * SA 10.oo-18.oo

Im TEDDY KINDERLADEN werden Schwangere und junge Familien mit Sicherheit fündig. Auf zwei Etagen gibt es alles von Umstandsmode über die Erstausstattung bis hin zum kompletten Baby-Fuhrpark. Im Obergeschoss findest du Baby- und Spielsachen von bekannten Marken und im Erdgeschoss gibt es Umstandsmode, Kinderbettchen, Kinderwagen, Krabbeldecken & Co. Das Personal steht gern mit Rat und Tat zur Seite.

GUT ZU WISSEN

PRAKTISCHE KINDERWAGENACCESSOIRES

Zusätzlich zum Kinderwagen gibt es praktisches Kinderwagenzubehör auf dem Babymarkt. Diese beliebten Accessoires sieht man in Köln an vielen Kinderwagen:

* **Adapter Babyschale:** Babyschalen-Adapter sind praktisch, um die Auto-Babyschale mit einem Klick auf das Kinderwagengestell zu setzen. Das gilt insbesondere, wenn man kurze Wege hat oder das Baby im Auto eingeschlafen ist. Die Adapter gibt es im Babyfachmarkt oder direkt beim Kinderwagenhersteller, die Preise variieren je nach Modell zwischen 15 und 50 Euro.

* **Kaffeehalter:** Den Kaffeehalter für den Kinderwagen lernt man auf ausgedehnten Spaziergängen mit dem Nachwuchs zu schätzen, denn er eignet sich perfekt, um einen leckeren Kaffee sicher zu transportieren. Gibt es z.B. von Bugaboo für etwa 20 Euro.

* **Sonnensegel:** Gutes Accessoire, um Kinder vor der Sonne zu schützen. Man befestigt das Sonnensegel mit zwei Schnüren hinten am Verdeck und vorne am Griff. Es ist praktischer als ein Sonnenschirm, den man während des Gehens ständig neu ausrichten muss. Die Sonnensegel gibt es zu günstigen Preisen z.B. bei dm. Besonders hübsche, selbst genähte Sonnensegel gibt es bei LOTTAS LABEL in der Zülpicherstraße 317 oder auf lottaslable.de.

* **Regencape:** Bei Nieselwetter unersetzlich, da es den Kinderwagen und das Baby sicher vor Niederschlag schützt. Man bekommt universell passende Modelle günstig bei dm oder Rossmann für etwa 5 Euro.

* **Handwärmer für den Kinderwagengriff:** Was zunächst vielleicht lächerlich klingt, ist ein Segen an kalten Herbst- und Wintertagen, von denen es in Köln reichlich gibt. Der Handwärmer wird mit Klettverschluss am Kinderwagengriff fixiert, man kann mit den Händen hineinschlüpfen und hat auch ohne lästige Handschuhe warme Hände. Gibt es z.B. von Kaiser für 25 Euro.

* **Fußsack:** Für die Wintermonate darf ein kuscheliger Kinderfußsack nicht fehlen, damit die Kleinen auch bei Wind und Wetter angenehm warm gehalten werden. Praktisch sind Fußsäcke, die sich unten öffnen lassen. Wenn das Kind schon laufen kann und im Winter dreckige Schuhe hat, kann man den Fußsack unten offen lassen. Die auf dem Markt erhältlichen Modelle eignen sich für alle gängigen Kinderwagen. Es gibt sie z.B. von Odenwälder für etwa 80 Euro oder günstiger von Alta Bebe für etwa 20 Euro.

FamilienBande Köln (Neustadt-Nord)

familienbande.com/filiale/koeln

0221 / 34 66 35 39

Brüsseler Str. 89-93 * 50672 Köln

🕐 MO-FR 10.oo-19.oo * SA 10.oo-18.00

Eine gute Auswahl an durchdachten und innovativen Produkten rund um die Mobilität mit Kindern findest du bei der FAMILIENBANDE. Die Kinderwagen-Experten beraten sorgfältig und verkaufen alles was du für die Baby- und Kinderausstattung benötigst.

Familienradgeber - Zwei + Zwei (Neustadt-Nord)

zweipluszwei.com

0221 / 65 01 14 60

Bismarckstr. 56-62 * 50672 Köln

🕐 MO-MI 10.oo-18.oo
DO-FR 10.oo-19.oo * SA 10.oo-16.oo

Du möchtest dich nicht nur mit Kinderwagen oder im Auto fortbewegen? Dann schau beim FAMILIENRADGEBER in der Kölner Innenstadt vorbei. Dort bekommst du Fahrradanhänger, Fahrradsitze und für ältere Kinder auch das passende Lauf- oder Fahrrad. Das Schöne dabei: im Laden gibt es eine kleine Teststrecke zum Ausprobieren der Räder und die meisten Modelle können sofort mitgenommen werden.

Hoppetosse Bartels Kinderwelt (Südstadt)

hoppetosse-bartels.de

0221 / 48 53 54 97

Bonner Wall 33 * 50677 Köln

🕐 MO-SA 10.oo-18.oo

HOPPETOSSE BARTELS KINDERWELT führt schöne Möbelstücke für das Kinderzimmer und hochwertige Kinderwagen. Die Auswahl und Beratung zu Kinderwagen z.B. der Marken Joolz, Mountainbuggy oder Bugaboo ist erstklassig. Pänz wandern staunend durch spannende Kinderzimmerwelten oder bewundern das fast lebensgroße Stoffeinhorn. Da wäre man gerne selber nochmal Kind.

Anton und Pünktchen (Zollstock)

antonundpuenktchen.de

0221 / 16 87 98 54

Gottesweg 56-62 * 50969 Köln

🕐 MO-FR 10.oo-19.oo * SA 10.oo-16.3o

ANTON UND PÜNKTCHEN führt vorwiegend Kindermöbel aus skandinavischen Ländern. Die hohe Qualität, das schlichte ansprechende Design und der günstige Preis überzeugen in allen Punkten. Von Neugeborenen über Kleinkinder bis zu Jugendlichen ist für jeden etwas dabei.

Mama Känguru (Sülz)

mamakaenguru.de

0221 / 29 83 54 79

Zülpicher Str. 255 * 50937 Köln

🕐 MO-DO 10.oo-15.oo * SA 10.oo-14.oo

Franziska Kroll hat aus der Not, in der näheren Umgebung keine Kombination aus Trageberatung und Shop zu finden, eine Tugend gemacht und mit MAMA KÄNGURU ein solches Angebot geschaffen. Inzwischen ist sie geprüfte Trageberaterin und bietet neben Beratung zahlreiche Varianten von Tragehilfen an: Tragetücher, -systeme und -bekleidung, hochwertige Federwiegen und viele weitere Dinge, die im Alltag mit Baby nützlich sind. Dabei macht sie ihren Kundinnen das besondere Angebot, die in Frage kommenden Tragesysteme gegen eine kleine Gebühr für eine Woche auszuleihen und zu testen.

Smillas (Junkersdorf)

smillas.de

0221 / 29 43 79 42

Statthalterhofweg 2 * 50858 Köln

🕑 MO-FR 9.3o-18.oo * SA 9.3o-14.oo

In diesem hübschen Kinderladen bekommst du Neuwaren, Secondhand-Kleidung sowie hübsche Geschenke und Dekoartikel. Da ist für jeden Geschmack etwas dabei.

De Breuyn Möbel GmbH (Vogelsang)

debreuyn.de

0221 / 47 32 60

Girlitzweg 30 * 50829 Köln

🕑 DI-FR 10.oo-18.3o * SA 10.oo-18.oo

DE BREUYN steht für 30 Jahre Leidenschaft für durchdachte Kindermöbel. Seit 1986 produziert das Unternehmen mitwachsende und multifunktionale Kindermöbel, die den Kindern Spaß machen. Mit tollen Accessoires wird das Hochbett zur Ritterburg oder zum Prinzessinnenschloss, in dem Kinder gerne schlafen und begeistert spielen. Alle Kindermöbel werden aus schadstofffreien, naturbelassenen Materialien hergestellt.

> *Toller Laden, um einfach mal hinzufahren, zu stöbern und sich inspirieren zu lassen. (Gerburgis mit L. und V.)*

Baby1One - Köln (Bocklemünd, Godorf)

babyone.de/shop/fachmarkt/BabyOne-Koeln

➲ 0221 / 70 90 47 3

Butzweiler Str. 49

50829 Köln-Bocklemünd

🕑 MO-SA 10.oo-19.oo

➲ 02236 / 47 22 9

Otto-Hahn-Str. 21 * 50997 Köln-Godorf

🕑 MO-FR 10.oo-19.oo * SA 10.oo-17.oo

BABY1ONE ist ein typischer Babyausstattungsladen mit einer guten Auswahl an Kinderwagen, Kindermöbeln, Accessoires und Kleidung.

Baby!Markt (Frechen)

baby-online-kaufhaus.de

02234 / 37 94 01 8

Kölner Str. 114 * 50226 Frechen

🕐 MO-FR 10.oo-19.oo * SA 10.oo-18.oo

Der BABY!MARKT bietet auf 7.000 Quadratmetern freundlichen Service, individuelle Beratung und eine Riesen-Auswahl an Produkten rund ums Kind aus den Bereichen Schlafen, Ausstattung, Dekoration, Pflege, Ernährung und Spielwaren. Hier bekommst du an einem Ort alles, was du für dein Baby benötigst.

Große Möbelhäuser (mehrere Standorte)

Neben den bereits vorgestellten, individuellen Möbelgeschäften für Kinder, findest du im Kölner Umland mehrere Möbelhausketten, die schöne Kinderzimmer und Kinderausstattung anbieten. Hierzu zählen z.B. IKEA in Godorf oder Ossendorf (ikea.de), MÖBEL HÖFFNER in Rösrath (hoeffner.de/koeln-roesrath) oder der OSTERMANN / TRENDS in Haan (ostermann.de). Besonders IKEA überzeugt uns mit seinem schlichten schwedische Design, den fairen Preisen, dem großzügigen Restaurant mit Kindergerichten, Kinderstühlen und einer Spielecke sowie dem legendären Småland mit Kinderbetreuung und Bällebad.

UNSER TIPP

KINDERZIMMER

* Wenn du es früh genug angehst, kannst du schöne Kinderzimmermöbel zu einem günstigen Preis bei ebay-Kleinanzeigen finden.

Wickeltasche

Wickeltaschen gibt es in vielen Designs und sie bieten ausreichend Stauraum, um Fläschchen, Schnuller oder Windeln. unterzubringen. Praktisch ist der lange Schultergurt, der über den Griff deines Kinderwagens passt. Normalerweise sind auch eine Wickelunterlage und ein Flaschenwarmhalter bei der Tasche dabei. Viele Kinderwagen-Hersteller haben Wickeltaschen im passenden Design zum Kinderwagen in ihrem Sortiment. Da du jedoch nicht immer mit dem Kinderwagen unterwegs bist, raten wir das favorisierte Taschendesign und die Alltagstauglichkeit als Kaufkriterien in den Vordergrund zu stellen. Geschmackvolle Wickeltaschen bieten z.B. die Marken DWELL STUDIOS, PINK LINING, ROOM SEVEN, SKIPHOP, STORSAK, BELLE BEAU. Gut gefallen uns die SKiPHOP PRONTO MINI-WICKELTASCHEN, die so klein sind, dass sie problemlos in jede Handtasche passen.

www.millemarille.com

wickelunterlagen, schicke spucktücher, stillkissen, krabbeldecken, sonnensegel mit UPF 80 und vieles mehr. alles gut durchdacht und mit liebe in kleinen auflagen gefertigt.

WAS GEHÖRT IN DIE WICKELTASCHE?

Alles dabei?!

○ 2–3 Windeln

○ Feuchttücher in Kleinpackungen

○ Wickelunterlage, praktisch sind die Einmal-Wickelunterlagen

○ Wechselkleidung

○ Ersatzschnuller

○ Fläschchen plus Zubehör

○ Milchportionierer

○ Thermoskanne mit warmem Wasser

○ Spucktuch, kann auch als Sonnenschutz verwendet werden

○ Spielzeug für unterwegs

○ Windeltüten mit Frischeduft (praktisch, z.B. bei dm)

Baby- und Kinder-kleidung ♥

Köln hat sich auf die vielen shoppingfreudigen Mütter eingestellt und überzeugt durch eine Vielzahl kleiner Geschäfte, die kunterbunte Marken und Stilrichtungen für die Kinder anbieten. Parallel dazu gibt es die großen Modeketten wie ESPRIT oder ZARA, die eigene Kinderkollektionen entwerfen. Aber Achtung: gerade beim ersten Kind neigt man dazu, viele Dinge zu kaufen, die man nicht unbedingt braucht oder aus denen die Kleinen viel zu schnell herauswachsen. Daher denke während des Shoppens an unsere Tipps. ▲▲

UNSER TIPP

KINDERKLEIDUNG

* Babys wachsen, wachsen, wachsen. Kaufe daher nicht zu viel Kleidung in einer Größe oder zum gleichen Zeitpunkt. Wenn man Kleidung in einer größeren Größe besorgt, haben die Kinder länger etwas davon.

* Viele Geschäfte reduzieren zum Saisonende Kleidung bis zu 50%, hier lohnt es sich, die Augen offen zu halten.

* Es ist sinnvoll, die Belege der Einkäufe aufzubewahren, um Kleidungsstücke bei Bedarf umtauschen oder zurückgeben zu können.

* Schöne und günstige Secondhand-Kleidung bekommt man auf Flohmärkten, in Secondhand Läden oder online z.B. bei Mamikreisel.de.

▲ ▲ ▲

Shops

Adieu Tristesse (Innenstadt)
adieutristesse.eu

0221 / 29 93 22 63

Moltkestr. 85 * 50674 Köln

🕐 DI-Do 10.oo-18.oo
SA 12.oo-16.oo oder nach
telefonischer Vereinbarung

Das Atelier von Maria Gvero ist eine wundervolle Alternative zur Massenware der großen Ladenketten und ideal für alle, die ganz persönliche Einzelstücke ihr eigen nennen möchten. Jedes Teil ist ein Unikat und mit viel Liebe aus neuen und alten Stoffen, Spitzen, Deckchen und Knöpfen hergestellt. Etwa drei Monate vor der Karnevalssaison werden eine Reihe von Kostümen für Babys und Kinder angeboten.

Apünktchen (Innenstadt)
apuenktchen.de

0173 / 26 46 54 9

Albertusstr. 3 * 50667 Köln

🕐 DI-FR 11.oo-18.3o * SA 11.oo-16.oo

Kinder lieben Kleidung, die bequem und gleichzeitig besonders ist. Genau diese finden sie bei APÜNKTCHEN, dem besonderen Kinderladen von Anette Grundmann. Viele der Kleidungsstücke werden von ihr mit Hingabe designed, gefertigt und verkauft – das spürst du bei den individuellen Kreationen.

Petit Bateau Boutique (Innenstadt)

petit-bateau.de

0221 / 27 09 57

Neumarkt 14 * 50667 Köln

🕐 MO-SA 10.oo-19.oo

Charmante Kinderboutique der französischen Kleidungs-marke PETIT BATEAU mit ihrer maritimen Mode in guter Qualität.

boyce and girls (Neustadt-Nord)

boyceandgirls.de

0221 / 42 34 84 68

Balthasarstr. 65 * 50670 Köln

🕐 MO-FR 10.oo-18.3o * SA 11.oo-18.oo

Auf 180 qm findest du alles, nur nichts von der Stange: Farbenfrohe Retro-Kindermode in Ökotex-Standard, hochwertige Kinderschuhe, Bademode, Mützen, Jacken, Socken – das Sortiment ist abwechslungsreich, stylisch und ganz individuell zusammengestellt. Außerdem gibt es Naturkautschukschnuller, Spielwaren, Kindergeschirr in Retrodesign, Taschen sowie eine große Auswahl an trendi-gen Kinderwagen. Ein echter Lieblingsladen.

nicola (Neustadt-Süd)

nicola-cologne.de

0221 / 16 85 91 89

Lütticher Str. 54 * 50674 Köln

(Eingang Brüsseler Str.)

🕐 DI-FR 10.oo-13.oo & 14.3o-18.oo
   SA 10.oo-14.oo

NICOLA verkauft nachhaltige, umweltbewusste Kinder-mode, die den aktuellen Trends entspricht und dabei zu fairen Preisen angeboten wird. Neben der Kinderkleidung aus ganz Europa bekommst du in diesem Laden eine ge-lungene Auswahl an Kinderschuhen.

OkkiDokki (Südstadt)

okkidokki.de

0221 / 75 95 60 66

Merowingerstr. 41 * 50677 Köln

🕐 MO-FR 10.oo-18.3o * SA 10.oo-16.oo

OKKIDOKKI ist ein charmanter Laden mit einer großen Aus-wahl hübscher Kindermode und Einzelteilen für Erwach-sene. Die Kleidung ist durchweg von guter Qualität und häufig von Bio-Labeln wie Disana oder Engel.

TakaTomo (Südstadt)

takatomo.de

0221 / 16 91 60 42

Darmstädter Str. 11 * 50678 Köln

🕐 DI-FR 11.oo-17.oo * SA 11.oo-15.oo

TAKATOMO ist ein toller Kinder-Krimskrams-Laden. Er ist zwar relativ klein, aber voller Schätze von Sebra, David Fus-senegger, RICE, Spiegelburg, Djeco oder Petit Jour. Perfek-ter Geschenkeladen für alle Preisklassen und auch für dich selbst findest du immer eine schöne Kleinigkeit.

Coco - Der Kinderladen (Sülz)

coco-kinderladen.de

0221 / 86 91 55 5

Euskirchener Str. 23 * 50935 Köln

🕐 MO-FR 10.oo-18.3o * SA 10.oo-15.oo

Bei COCO, dem Kinderladen ist das Leben bunt. Beim Betreten des schnuckeligen Ladens siehst du rechts und links nur noch gepunktet, gestreift, geringelt oder geblümt. In jeder Ecke finden sich bunte Kissen mit Namen, Patchworkdecken, Bettwäsche oder Spieluhren. Die Baby- und Kinderkleidung ist hochwertig und mit einem klaren Blick fürs Detail ausgesucht. Die Angestellten sind freundlich und beraten kompetent zu ihren Produkten. Anfertigungen nach Wunsch sind jederzeit möglich und für die Eltern gibt es hübsche Accessoires, Porzellan oder Taschen.

Jättefint (Sülz)

jaettefint.de

0221 / 16 95 56 11

Wichterich Str. 6-8 * 50937 Köln

🕐 MO 11.oo-18.oo * DI-FR 10.oo-18.oo
SA 10.oo-15.oo

JÄTTEFINT (Schwedisch für „Superschön") ist ein wunderschönes Geschäft für ausgewählte Kinderkleidung, Spielwaren, hochwertige Designprodukte und Wohnaccessoires aus Skandinavien. JÄTTEFINT legt besonderen Wert auf Natürlichkeit, klare Formen, frische Farben und nachhaltiges Design. Die Besitzerin Johanna kommt selbst aus Finnland und berät euch mit Hingabe und einer großen Portion guter Laune. Auf S. 100 gibt sie uns spannende Einblicke in ihren Laden.

PAGLIE-OUTLET

paglie.com

02236 / 38 30 90

Otto-Hahn-Str.23 * 50997 Köln

🕐 jeden ersten FR, SA und darauf-
folgenden DI pro Monat

Einmal pro Monat kannst du im Kölner PAGLIE-OUTLET Baby- und Kinderkleidung aus der vergangenen Saison zu Schnäppchenpreisen kaufen. PAGLIE ist ein Label aus Deutschland, das trotz eines hohen Qualitätsanspruchs, Wert auf ein faires Preis-Leistungs-Verhältnis legt. Über einen Newsletter bekommst du Infos zu den aktuellen Verkaufstagen.

Klamöttchen (Rodenkirchen)

klamoettchen-koeln.de

0221 / 39 51 92

Hauptstr. 92 * 50996 Köln

🕐 MO-FR 10.oo-18.3o * SA 10.oo-14.oo

Das KLAMÖTTCHEN ist bekannt für farbenfrohe Mode – häufig aus belgischen und holländischen Kollektionen. In diesem Laden gibt es eine stattliche Auswahl angesagter In-Labels wie Pepe, Replay, Scotch&Soda, Geisha und Napapijri. Schöne Taschen und originelle Accessoires runden das Sortiment ab.

Hosenmatz Kindermoden Köln (Lindenthal)

hosenmatz-kindermoden.de

0221 / 40 02 61

Dürener Str. 200 * 50931 Köln

🕐 MO-FR 10.3o-18.3o * SA 10.oo-16.oo

HOSENMATZ steht in Lindenthal seit fünfundzwanzig Jahren für exklusive Kindermode. Die Inhaberin Marianne Sieland hat ein Händchen für schicke, hochpreisige Marken in klassischem Design und hoher Qualität. Renommierte Labels wie Il Gufo, Polo Ralph Lauren oder Replay bekommst du in ansprechender Auswahl.

BABY KIDS FASHION Köln (Marsdorf)

baby-kids-fashion.de

0221 / 35 56 65 5

Wilhelm-von-Capitaine-Str. 20

50858 Köln

🕐 MO-FR 11.oo-19.oo * SA 11.oo-18.oo

Der Laden BABY KIDS FASHION ist hell und modern gestaltet. Er bekommt besonders für die gute Beratung Bestnoten. Die Verkäuferinnen kennen sich hervorragend im Bereich Kindermode aus und gehen gut auf die Kundenwünsche ein. Die angebotene Mode ist trendig und größtenteils Markenware.

UNSER TIPP

HOSENMATZ

* Der Clou am HOSENMATZ ist der Home-Service: außerhalb der Öffnungszeiten bringt Marianne Sieland auf Wunsch Kleidung zu dir nach Hause und ermöglicht das Anprobieren ganz nach deinem Geschmack.

Mandalou (Braunsfeld)

mandalou.de

0221 / 26 06 03 07

Aachener Str. 569 * 50933 Köln

🕐 MO-FR 10.oo-18.oo * SA 10.oo-14.oo

MANDALOU verdient Top-Noten in punkto Freundlichkeit und Modeauswahl. Die Verkäuferinnen beraten mit viel Fachwissen und Motivation, da macht das Einkaufen doppelt Spaß. Die Kindermode stammt durchgängig von Qualitätsmarken. Neben Kleidung gibt es eine geschmackvolle Auswahl an Schuhen sowie selbst genähte Schätze, z.B. eine Spieluhr in Form des Kölner Doms oder tolle bunte Oberteile.

Goldpony (Ehrenfeld)

goldpony-shop.de

0163 / 88 25 39 6

Venloerstr. 180 (im Retrokaufhaus)

50823 Köln

⏱ DO-FR 10.3o-15.oo
   SA 12.oo-18.oo oder nach
   telefonischer Vereinbarung

GOLDPONY ist die Kinderabteilung des Kölner RETRO-KAUFHAUSES. Der Name ist hier Programm: Du bekommst Kleidung und Accessoires im coolen Retro-Stil der 50er bis 70er Jahre. Die große Auswahl an originalen und aufbereiteten Kindermöbeln, -wagen und -kleidung überzeugt. Bekannte Kindermode-Marken sind genauso vertreten wie kleine Designlabels.

merkWürdig (Ehrenfeld)

merkwuerdigkoeln.de

0176 / 24 67 68 99

Simrockstr. 5 * 50823 Köln

⏱ DO 14.oo-18.oo * FR-SA 12.oo-18.oo

MERKWÜRDIG ist ein Ladenkollektiv bestehend aus verschiedenen Künstlern und Designern mit Produkten von wunderbaren, kleinen Labels aus ganz Deutschland. Darunter von WIPPSTEERT, einer kleinen Marke für selbstgenähte Kinderkleidung, Accessoires, Wickeltaschen und Lätzchen.

Junge Hüpfer (Nippes)

jungehuepfer.com

0221 / 22 20 03 38

Blücherstrasse 2 * 50733 Köln

⏱ DI-FR 10.oo-13.3o & 14.3o-18.oo
   SA 10.oo-14.oo

JUNGE HÜPFER ist ein richtig schöner Kinderladen, der etwas versteckt in einer Seitenstraße von Nippes liegt. Dort bekommst du tolle ökologische Kindersachen von vielen deutschen Herstellern sowie coole Schnuller und Accessoires.

SHOPPING PLUS KINDERBETREUUNG

Kinder-Zimmer (Nippes)

kinder-zimmer.net

0221 / 97 13 73 44

Wilhelmstr. 54 * 50733 Köln

🕐 MO-FR 15.oo-18.oo

Kinder. Kleidung. Kuchen. Mit diesen drei Worten lässt sich das 3in1 Angebot von KINDER-ZIMMER perfekt zusammenfassen. Für die Kleinen ist es eine Welt zum Spielen und Toben mit Krabbellandschaft, Klettergerüst und Indoorsandkasten, für die Großen ist es ein Second-Hand-Shop zum Stöbern und ein Familiencafé zum Entspannen. Die Räume können außerdem für Kindergeburtstage oder Krabbelkurse exklusiv angemietet werden.

Rapunzel (Nippes)

0221 / 71 58 79 4

Neusser Str. 317 * 50733 Köln

🕐 MO-FR 10.oo-13.oo & 15.oo-18.3o
  SA 10.oo-14.oo

Im Kinderladen RAPUNZEL steckt viel Liebe und die Preise für Secondhand-Mode und Neuware sind fair. Die Secondhand-Kleidung ist nach Jahreszeiten sortiert und es gibt bereits Sachen für kleine Babys. Neben hübschen Spielwaren von Haba oder Sigikid, gibt es Produkte von lokalen Designern, z.B. selbst genähte Schlüsselanhänger.

Ich liebe RAPUNZEL und kann nie daran vorbei gehen ohne jedes Mal eine hübsche Kleinigkeit zu kaufen. Für alle Postkartenfans: dort gibt es eine tolle Auswahl schöner Karten. (Angelika mit A.)

Querbeet (Niehl)

querbeet-koeln.de

0221 / 76 67 33

Stammheimer Str. 108 * 50735 Köln

🕐 MO-FR 9.oo-13.oo & 15.oo-18.oo
  (MI nur vormittags)
  SA 10.oo-13.oo

QUERBEET ist ein kunterbuntes Ladenkonzept mit Neu- und Secondhand-Kinderkleidung, Spielwaren, Laufrad-Verleih und Familiencafé. Dort kannst du relaxt einkaufen, einen leckeren Kaffee trinken und deinen Kindern den Einkauf mit einem Glas Saft oder einer Tüte Popcorn versüßen. Im Sommer lädt ein geschützter Innenhof zum Innehalten ein, während deine Kinder auf dem Trampolin springen oder im Bällebad spielen.

Kasimir Kindermode Köln (Dellbrück)

kasimir-kindermode.de

0221 / 68 07 55 1

Dellbrücker Hauptstr. 64 * 51069 Köln

🕐 MO-FR 9.oo-13.oo & 15.oo-18.3o
  SA 10.oo-14.oo

Klassischer Kinderbekleidungsladen in Dellbrück, in dem du hübsche Mode für Neugeborene bis Schulkinder kaufen kannst.

Ernstings family (mehrere Standorte)

ernstings-family.de

🕐 10.oo-19.oo
   kann je nach Standort variieren

Das Hauptargument für Babykleidung von ERNSTINGS FAMILY und deren Marke TOPOLINO ist die ordentliche Qualität zu attraktiven Preisen. So kostet ein Body 2 bis 3 Euro, ein Pulli 5 bis 6 Euro und eine Babyjeans 6 bis 8 Euro. Die hübsche Babykleidung hat häufig kräftige Farben und Muster. Die Babyserie von TOPOLINO geht bis Größe 92.

me&i (Ort frei wählbar)

meandi.com/de-de

0179 / 24 22 00 00

🕐 flexibel, du bestimmst

ME&I ist ein schwedisches Modeunternehmen, das Kleidung in buntem Design und hoher Qualität entwirft. Das Besondere an dieser Marke ist ihr Direktvertrieb. Die Kleidung wird nicht in Geschäften oder per Webseite verkauft, sondern ähnlich wie Tupperware über Gastgeber-Partys. Auf diesen stellen die ME&I-Beraterinnen die Kollektion an einem Ort der Wahl, z.B. zu Hause vor. Die Gastgeberin bekommt als Dankeschön einen Rabatt auf die eigene Bestellung oder ein Gastgeschenk. Für aktuelle Verkaufspartys besuche am besten deren Webseite.

Kinderschuhe

Die ersten Schuhe auszusuchen ist für viele Eltern etwas Besonderes, bedeutet es doch, dass das eigene Kind so langsam aus dem Babyalter herauswächst und die ersten eigenen Schritte macht. Kinderfüße sind weich und formbar und daher sind gut sitzende Schuhe, die weder einengen noch beim Krabbeln stören, enorm wichtig.

In Köln gibt es eine Reihe von Kinderschuhläden, die sich auf Baby-, Kleinkind- und Kinderschuhe spezialisiert haben. Auch größere Schuhläden wie das SCHUHHAUS WERNER oder ROLAND haben Kinderabteilungen. Ausgefallene Krabbelschuhe findest du z.B. in Babyausstattungsgeschäften oder Kinderboutiquen.

Shops

Schuhanzieher "Große Ideen für kleine Menschen" (Südstadt)

schuh-anzieher.com

0221 / 16 90 52 85

Merowingerstr. 55 * 50677 Köln

🕐 MO-FR 10.oo-13.oo & 15.oo-18.oo
   SA 10.oo-14.oo

Der SCHUHANZIEHER hat sich charmant auf sein kleines Publikum eingestellt. Der Eckladen führt eine große Auswahl an Kinderschuhen. Während die Kleinen spielen, findest du mithilfe des freundlichen Personals hochwertige Schuhe aus der großen Kinderschuh-Auswahl.

GUT ZU WISSEN

KINDERSCHUHE

This boots are made for walking.

Viele Orthopäden empfehlen, bei Babys und Kleinkindern solange wie möglich auf festes Schuhwerk zu verzichten. Die Tendenz geht dahin, im Babyalter je nach Jahreszeit mit Krabbelschuhen (Lederschläppchen) zu beginnen. In diesen weichen Schuhen haben die Füße der Kinder genug Bewegungsfreiheit und können den Boden gut spüren. Schuhe aus reinem Leder sind darüber hinaus ein Naturprodukt und atmungsaktiv. Im Gegensatz zu Socken, die sich die Kleinen gern vom Fuß ziehen, halten die flexiblen Gelenkbänder der Krabbelschuhe die Schuhe gut am Fuß. Sollte die Sohle der Lederschläppchen glatt gelaufen sein, kann man sie mit feinem Sandpapier oder einer Wildlederreinigungsbürste wieder anrauen.

Oft folgen Lauflernschuhe mit flexibler Sohle, die dem Kind mehr Halt geben und besser vor Kälte und Feuchtigkeit schützen. Die Sohle sollte so biegsam sein, dass das Kind die Füße gut bewegen kann. Das ist besonders wichtig, wenn die Kleinen endlich die lang ersehnten ersten Schrittchen machen. Bei den ersten Schuhen kommt es weniger auf das Design oder die Marke an, sondern vielmehr auf die Verarbeitung und die Passform an den individuellen Kinderfuß. Es empfiehlt sich gerade bei den ersten Schuhen in den lokalen Schuhhandel zu gehen. Dort messen professionelle VerkäuferInnen die Füße der Kinder aus und wählen den Schuh in der richtigen Größe aus. Es ist nicht nur erforderlich, die passende Schuhlänge

zu ermitteln, sondern auch auf die Schuhweite zu achten. Damit zierliche wie breite Kinderfüße ausreichend Platz und Halt finden, gibt es schmale, mittlere und weite Kinderschuhe. Diesbezügliche Bezeichnungen findet man neben den Größenangaben der Schuhe.

Das Messen der Füße sollte man bei jedem Schuhkauf wiederholen, da die Füße unglaublich schnell wachsen. Vorne sollte genug Platz sein, damit man nicht nach vier Wochen wieder neue Schuhe kaufen muss. Optimal ist ein Spielraum von etwa einem Zentimeter. Bewährt hat sich die Methode, die Füße des Kindes auf einem Blatt Papier nachzuzeichnen und auszuschneiden. Die Schablonen können im Geschäft in die Schuhe gelegt werden, um so die richtige Schuhgröße herauszufinden. Moderner ist die Methode, sich eine Fußmess-App z.B. von Naturino herunterzuladen und mithilfe des Tablets die Füße exakt auszumessen.

Für das Wachstum der Kinderfüße pro Jahr gelten folgende Richtlinien:

* Baby- und Krippenalter: Zwei bis drei Größen pro Jahr
* Kindergartenalter: Zwei Größen pro Jahr
* Schulalter: Eine Größe pro Jahr

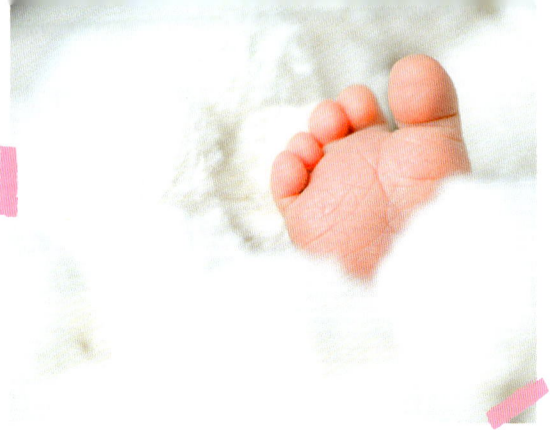

Auftritt (Braunsfeld)

auftritt-kinderschuhe.de

0221 / 49 12 57 7

Kitschburgerstr. 235 * 50933 Köln

🕐 MO, DI, DO, FR 10.oo-13.oo &
   14.3o-18.3o * MI, SA 10.oo-13.oo

Schnuckeliger Laden mit einer schönen Auswahl an Kinderschuhen. Hilfsbereite Verkäuferinnen, die gut und gerne helfen.

. . . .

cosimo kinderschuhe (Lindenthal)

kinderschuhe-cosimo.de

0221 / 43 06 97 48

Dürener Str. 176 * 50931 Köln

🕐 MO-FR 10.oo-18.3o * SA 10.oo-16.oo

Die Auswahl des Kinderschuhladens COSIMO ist klein, aber fein. Er versprüht einen Hauch von Exklusivität und verkauft Marken wie Anna und Paul, POM D'API, Stones & Bones, Mod8 oder Aigle.

Im COSIMO kauf ich gerne, denn die Schuhe sind immer hochwertig und gut verarbeitet. Manche Schuhe, insbesondere für den Sommer, sind schön bunt, die kaufen auch die Mamas gern mal für sich. (Martina mit L.)

UNSER TIPP

KLEINSCHUH SONDERVERKAUF

* Empfehlenswert ist der große Sonderverkauf im Sommer und Spätherbst, bei dem der KLEINSCHUH Kinderschuhe aller Marken nochmal zu deutlich reduzierten Preisen verkauft.

girls & boys (Weiden)

girlsandboys-kinderschuhe.de

02234 / 43 06 10 6

Goethestr. 3a * 50858 Köln

🕐 MO-FR 10.oo-13.oo & 15.oo-18.3o
   SA 10.oo-14.oo

GIRLS & BOYS vereint eine tolle Auswahl an Kinderschuhen, kompetente Beratung und ein gutes Preis-Leistungsverhältnis. Die Kinder langweilen sich dank des historischen Schaukelpferds nicht – auch wenn der Auswahlprozess bei den Eltern länger dauert.

. . . .

kleinschuh! Das Outlet für hochwertige Kinderschuhe (Bickendorf)

kleinschuh.de

01577 / 95 36 77 1

Wilhelm-Mauser-Str. 41-43 * 50827 Köln

🕐 MO-FR 10.oo-18.oo * SA 10.oo-14.oo

Lange hieß der Laden bei Kölnern nur „Schuhcontainer" – da der Laden über viele Jahre in zwei Containern untergebracht war. Inzwischen ist er dort herausgewachsen und bietet nun auf einer deutlich größeren Fläche, aber mit gewohnt gutem Service und individueller Beratung 2.000 Paar Markenschuhe in den Größen 18-41 an. Die Schuhe sind häufig etwas günstiger als in anderen Kinderschuhgeschäften.

Pantine und die bunte Bande
(Ehrenfeld)

pantine-koeln.de

0221 / 22 20 46 38

Subbelrather Str. 277 * 50825 Köln

🕐 MO-FR 10.oo-13.oo & 15.oo-18.oo
    SA 10.oo-14.oo

PANTINE ist ein gemütliches Ladenlokal, das gutes Schuhwerk, Kleidung und Schönes anbietet. Die Kinderschuhe werden sorgsam ausgewählt und überzeugen durch hohe Funktionalität und schönes Design. Auch die individuelle Mode und die kleinen Accessoires werden bei PANTINE ansprechend präsentiert – gute Beratung inklusive.

Lieblingsschuh (Nippes)

lieblingsschuh-koeln.de

0221 / 16 82 18 49

Baudriplatz 2 * 50733 Köln

🕐 MO-FR 10.oo-13.oo & 15.oo-18.3o
    SA 10.oo-16.oo

Kleine Füße in besten Händen: klassisch, retro oder sportlich - bei LIEBLINGSSCHUH steht eine riesige Auswahl an flexiblen und leichten Kinderschuhen für deinen Liebling bereit: Über Lauflern-, Krabbel- und Hausschuhe bis zu Sandalen, Halbschuhen sowie Leder- und Gummistiefeln, dazu Laufsocken, Accessoires und Geschenke.

Spielzeug, Bücher und Accessoires

Ein Baby zu bekommen ist eine gute Gelegenheit, selbst wieder in Spielzeugläden und Kinderbuchabteilungen zu stöbern. Es ist herrlich, sich zu erinnern wie es als Kind war, als ein Spielzeugladen einem wie das Paradies auf Erden vorkam. Wir stellen in diesem Kapitel schöne Kindergeschäfte mit jeder Menge Lieblingsspielzeugen und Lieblingsbüchern vor.

Shops

Spätestens ab dem Kleinkindalter gibt sich das Baby nicht mehr mit der Rassel zufrieden und dann geht sie los - die Suche nach dem richtigen Spielzeug oder dem passenden Buch. Alle Kaufhäuser in der Innenstadt haben eine umfangreiche Abteilung für Kinderspielzeug und -bücher. Wenn du jedoch individuelle Marken und ausgefallenes Spielzeug z.B. aus dem Ausland suchst, wirst du eher in den hier vorgestellten kleinen und individuellen Boutiquen und Läden fündig.

GUT ZU WISSEN

KINDERSPIELZEUG

* Kinderspielzeug sollte die Phantasie der Kinder anregen. Je vielfältiger die Formen, Materialien, Farben und Düfte sind, desto länger bleibt das Spielzeug interessant.

* Schön ist, wenn das Spielzeug einen Bezug zur Erlebniswelt des Kindes hat. Nach einem Urlaub am Meer eignet sich z.B. ein kleines Boot.

* Gutes Spielzeug ist langlebig und belastbar. Beim Spielzeugkauf sollte daher auf stabile und solide Verarbeitung geachtet werden.

* Je jünger das Kind, desto größer sollte das Spielzeug sein. Diese Regel ist wichtig, weil kleine Kinder alles in den Mund stecken und Spielzeuge leicht verschlucken können. Altersangaben auf der Spielzeugverpackung geben eine gute Orientierung.

* Scharfe Ecken und Kanten, Haken oder sich lösende Kleinteile haben an Spielzeug nichts zu suchen. Das CE-Zeichen kennzeichnet, ob das Produkt den geltenden Anforderungen entspricht. Außerdem lohnt ein regelmäßiger Blick in die Zeitschriften Stiftung Waren- und Ökotest.

Naturata Spiel + Kleid
(Innenstadt & Sülz)

spielundkleid.de

0221 / 33 77 34 22

Krebsgasse 5-11 * 50667 Köln

🕐 MO-FR 10.oo-19.oo * SA 9.oo-19.oo

0221 / 26 17 05 2

Berrenrather Str. 234 * 50937 Köln

🕐 MO-FR 9.oo-19.oo * SA 9.oo-15.oo

NATURATA SPIEL + KLEID ist Kölns Eldorado für Holzspielzeug und Kinder Ökotextilien. Der großzügige Laden ist mit vielen warmen Farben eingerichtet, die sofort eine Wohlfühl-Atmosphäre erzeugen. In NATURATA SPIEL + KLEID findest du eine große Auswahl naturbelassener Spielzeuge, natürliche Materialien wie Holz, Wachs, Perlen oder Wolle und bekommst immer wieder neue Ideen. Neben den Spielzeugen gibt es eine große Auswahl an Ökotextilien in schönen Designs. Lustige Idee ist der virtuelle Rundgang in der Filiale der Berrenrather Straße 234.

Bei NATURATA weiß ich einfach, dass ich immer alle Bio-Sachen in allen Größen bekomme – praktisch. (Nadine mit K.)

Maus & Co. - Der Laden mit der Maus
(Innenstadt)

wdrshop.de

0221 / 25 72 13 4

Breite Str. 6-26 * 50667 Köln

🕐 MO-FR 10.oo-19.oo * SA 10.oo-18.oo

Die Sendung mit der Maus kennt (fast) jedes Kind aus dem Fernsehen. In Köln kennt darüber hinaus fast jeder den Laden MAUS&CO, der die beliebten Produkte zu den WDR-Kindersendungen anbietet. Auf 75 qm präsentieren sich die Maus, der Elefant, der kleine Maulwurf und Shaun das Schaf jeweils mit einem eigenen kleinen Showroom, der regelmäßig mit Neuheiten bestückt wird. Die ansprechende, kindgerechte Präsentation der Klassiker macht den Besuch zu einem Erlebnis für Jung und Alt.

LEGO Store (Innenstadt)

stores.lego.com

0221 / 42 07 56 3

Hohe Str. 68-82 * 50667 Köln

🕐 MO-SA 10.oo-20.oo

Im LEGO Laden in der Innenstadt bekommen Kinder alles von LEGO was das Herz begehrt und können direkt vor Ort die kleinen bunten Steinchen ausprobieren.

AURA - Holzspielzeug und mehr (Neustadt-Nord)

0221 / 12 06 15 0

Balthasarstr. 48 * 50670 Köln

🕐 MO-FR 10.oo-18.3o * SA 10.oo-15.oo

In einer Seitenstraße befindet sich etwas versteckt dieser gut sortierte Spielwarenladen. Der Schwerpunkt von AURA liegt auf Holzspielzeug und weiteren pädagogisch hochwertigen Spielwaren für kleine Entdecker. Die Spielwaren sind rundum mit viel Liebe ausgewählt und verzaubern kleine Kinderherzen. Hier kommen Forscher, Bastler, Puppenfans oder Eisenbahnliebhaber auf ihre Kosten. Bei AURA macht das Spielzeugkaufen Spaß und auch die Verkäufer sind mit Herzblut dabei.

UNSER TIPP

SPIELZEUG ZUM AUSLEIHEN

* Über die Webseite meinespielzeugkiste.de kann man Spielzeuge, z.B. von HABA, Selecta oder Brio individuell aussuchen, online in eine Kiste packen und sich schicken lassen. Die Idee dahinter ist, dass Kinder ihre Spielzeuge häufig erst heiß lieben und dann nicht mehr beachten. Abhilfe schafft „die Spielzeugkiste", über die man das Spielzeug in regelmäßigem Turnus austauschen kann. Das Kind hat so oft etwas Neues und es stapeln sich weniger große Spielzeugberge zu Hause. Es gibt die Kisten in den Größen S, M und L zu unterschiedlichen Preisen.

Ich gehe immer ins AURA, wenn ich ein Geschenk suche. Man merkt, dass die Inhaberin Wert auf Qualität legt – der ganze Laden ist wohltuend natürlich. (Sonja mit M. & L.)

Spielbrett (Neustadt-Süd)

spielbrett-koeln.de

0221 / 23 14 89

Engelbertstr. 5 * 50674 Köln

🕐 MO-FR 10.oo-19.oo * SA 10.oo-16.oo

Ein echter Klassiker unter den Kölner Spieleläden: In der Abteilung für die Kleinen gibt es neben Brettspielen auch eine große Auswahl an Spielzeug, wie z.B. Piratenschiffe, Holzschwerter oder Kasperltheaterfiguren, die du nicht in jedem Kaufhaus bekommst. Für alle älteren Spielbegeisterten geht das Sortiment bis hin zu Phantasy-Rollenspielen.

Jedem echten Spielefan geht hier das Herz auf und man vergisst beim Stöbern und Ausprobieren der Spiele Zeit und Raum – egal, wie alt man ist. (Constanze mit H.)

Wort Spiel (Neustadt-Süd)

0221 / 24 09 07 1

Zülpicher Str. 5 * 50674 Köln

🕐 MO-FR 10.oo-19.oo * SA 10.oo-14.oo

Im WORT SPIEL findest du auf kleiner Fläche ein tolles Sortiment an Büchern und Spielzeugen. Im hinteren Ladenbereich gibt es eine gute Kinder- und Jugendbuchabteilung, Spiele und allerhand Krimskrams – ideal, wenn du ein Geschenk brauchst. Die Beratung ist exzellent, egal ob du ein Kinderbuch oder etwas für dich selbst suchst.

Im WORT SPIEL bekommst du gute Empfehlungen, kannst aber auch in Ruhe stöbern. (Sonja mit M. & L.)

Hampelmann (Südstadt)

hampelmann-spielwarenkoeln.de

0221 / 32 82 13

Merowinger Str. 37 * 50677 Köln

🕐 MO-FR 10.oo-18.3o * SA 10.oo-14.oo
   Schulferien ab 11.oo

Der HAMPELMANN ist das Highlight vieler Kinder auf der Merowingerstraße. In dem individuellen Spielzeugladen gibt es Spiele, bunte Stifte, Piratenaufkleber, Prinzessinnen-Krönchen oder kleine Spieluhren, die schöne Musik erklingen lassen, wenn man kurbelt.

Der HAMPELMANN ist viel schöner als diese Riesenkaufhäuser, in denen es nur Massenprodukte gibt. (Natalie mit M.)

Wundertüte (Bayenthal)

0221 / 34 00 57 3

Goltsteinstr. 41 * 50968 Köln

🕐 MO-FR 9.oo-19.oo * SA 10.oo-15.oo

Ein kleiner, aber feiner Laden mit tollen Spielsachen und jeder Menge Schnick-Schnack. Kunterbunt bietet er Geschenkartikel, Schulbedarf und Spielzeuge aller Art. Kinder werden in der WUNDERTÜTE immer fündig und auch Eltern möchten bei so vielen schönen Artikeln am liebsten nochmal Kind sein.

Berre' 176 Kinderbuchladen (Sülz)

berre176.de

0221 / 29 99 45 18

Berrenratherstr. 176 * 50937 Köln

🕐 MO 14.oo-18.3o * DI-FR 10.oo-18.3o
   SA 10.oo-15.oo

Vom Stoffbilderbuch übers Pappbilderbuch bis hin zum 500 Seiten Schmöker und von 0 bis 17 Jahren – aus der Flut des bestehenden Angebots und der jährlichen Neuerscheinungen präsentiert BERRE' 176 eine sorgfältig zusammengestellte Auswahl neuer Kinderbücher zum Normalpreis ebenso wie preisreduzierter Mängelexemplare – auch neu, aber eben mit leichten äußeren Schönheitsfehlern. Persönliche Beratung und „richtig gute Bücher" für jedes Lesealter und jedes Lesebedürfnis.

Nautilus (Sülz)

nautilus-koeln.de

0221 / 16 90 76 50

Lotharstr. 36, 50937 Köln

🕐 MO-FR 10.oo-18.3o * SA 10.oo-15.oo

Spaß, Entdecken und Forschen wird bei NAUTILUS groß geschrieben. Das Ziel ist es, Kindern Lust auf „Wissenschaft" zu machen und selbst zum Entdecker zu werden. Neben klassischen Spielzeugmarken gibt es bei NAUTILUS auch spannende Experimentierkästen oder Erlebnis-Sets zu Themen wie Pflanzen und Tieren jenseits der Kaufhaus- und Spielzeugdiscounter.

Beim NAUTILUS bekommt man immer tolle Kleinig-keiten z.B. für die Mitgebsel-Tüten bei Geburtstagen. (Martina mit L.)

Pattevugel Freizeitsport und Spielzeug (Sülz)

pattevugel.de

0221 / 28 27 28 67

Zülpicher Str. 314, 50937 Köln

🕐 MO-FR 10.oo-18.3o * SA 10.oo-15.oo

Das Spezialgeschäft PATTEVUGEL ist kein klassischer Kinderspielzeugladen, dafür verkauft er Drachenutensilien, ausgefallene Frisbees und individuelles Holzspielzeug. Für kleine Baumeister gibt es spannende Bausets z.B. von Fisher Technik.

Coole Drachen und ausgefallenes Spielzeug. Außerdem ist die Beratung super. (Gerburgis mit L. und V.)

Der Rabe (Lindenthal, Bensberg)

derrabe.de

0221 / 27 78 40 66

Dürener Str. 225

50931 Köln-Lindenthal

🕐 MO-FR 10.oo-18.3o * SA 10.oo-15.oo

02204 / 57 24 0

Schloßstr. 76

51429 Bergisch Gladbach

🕐 MO-FR 9.3o-18.3o * SA 9.3o-14.oo

DER RABE verkauft schöne Holzspielzeug, Bücher, spannende Spiele und geschmackvolle Saisonartikel z.B. für Ostern oder Weihnachten.

Wir haben beim RABE tolle Holzautos gekauft oder auch mal einen Tischkicker aus Holz. Alles dort ist sehr geschmackvoll und pädagogisch wertvoll. (Martina mit L.)

KÖLNER STADTBIBLIOTHEKEN

stadt-koeln.de/stadtbibliothek

0221 / 22 12 38 28

* In allen Kölner Stadtbibliotheken kannst du nach Belieben Bücher, CDs, Kassetten oder Kinderzeitschriften ausleihen. Erst nach einigen Wochen müssen die Medien zurückgegeben werden, genug Zeit, um sie ausführlich anzusehen oder durchzulesen. Ein tolles Angebot, das allen Kindern den Zugang zu spannenden Büchern ermöglicht.

* Ein eigener Bibliotheksausweis ist für Kinder umsonst. Falls Mahngebühren für eine zu späte Rückgabe anfallen, bezahlt man mit dem Kinderausweis geringere Mahngebühren.

* In der Zentralbibliothek im Josef-Haubrich-Hof 1 gibt es eine extra Kinder- und Elternbibliothek. Sie ist modern und unbedingt empfehlenswert.

* Neben der persönlichen Ausleihe vor Ort besteht die Möglichkeit, gegen Entgelt Medien bei der Stadtbibliothek zu bestellen und sich diese liefern und abholen zu lassen. Die Details zu diesem Angebot kann man bei der Stadtbibliothek erfragen.

* Mit der Mitgliedschaft bei der Kölner Stadtbibliothek ist auf www.onleihe.de die kostenfreie Online-Ausleihe von elektronischen Medien wie Hörbüchern für Kinder möglich. Diese können für einen gewissen Zeitraum auf das Smartphone oder Tablet heruntergeladen und danach ohne Internetverbindung angehört werden. Besonders für längere Autofahrten ein prima Unterhaltungsprogramm.

Balloni (Ehrenfeld)

balloni.de

0221 / 51 09 10

Ehrenfeldgürtel 88–94 * 50823 Köln

🕐 MO-FR 9.30-19.00 * SA 9.30-17.00

Wie der Name BALLONI schon sagt, kannst du in diesem Laden tolle Ballons in allen Größen und Formen kaufen. Zusätzlich gibt es geschmackvolle Deko für jede Jahreszeit.

Bungarten GmbH (Ehrenfeld)

bungarten.com

0221 / 50 60 99 0

Wilhelm-Mauser-Str. 45 * 50827 Köln

🕐 MO-FR 8.00-17.00 * SA geschlossen

Im BUNGARTEN findest du Bastelbedarf, Spielwaren, Bücher, Möbel wie Hochstühle, Regale oder Schränke und Turn- und Fahrgeräte für Kinder. Das Geschäft ist eher wie ein Lagerverkauf und du solltest dir vorher genau überlegen, was du kaufen möchtest – denn sonst können wir garantieren, dass du mit weitaus mehr Einkäufen aus diesem Geschäft herausgehst, als du geplant hast.

Spielwerk (Neu-Ehrenfeld)

spielwerk-shop.de

0221 / 42 34 70 02

Fridolinstr. 70 / Ecke Landmannstraße

50825 Köln

🕐 MO-FR 9.30-18.00 * SA 10.00-14.00

SPIELWERK ist ein charmantes Kindergeschäft mit einem breiten Spektrum an Spielsachen, Kindergeschirr und geschmackvoller Markenkleidung. Das Café Emi und Herr Landmann ist direkt um die Ecke und lohnt einen Abstecher, wenn du die Kinder dabei hast.

> *Im SPIELWERK finde ich für jeden Geburtstag garantiert ein hübsches Geschenk.*
> *(Gerburgis mit L. und V.)*

. . . .

Spielinsel - Spielwaren und mehr (Zündorf)

spielinsel.info

02203 / 90 95 77 3

Schmittgasse 39 * 51143 Köln

🕐 MO-DI 9.3o-13.oo & 15.oo-18.oo
    MI-DO 9.3o-13.oo * FR 9.3o-18.oo
    SA 9.3o-13.oo

In der SPIELINSEL bekommst du Spielwaren z.B. von HABA, Schleich und trendige Marken wie StarWars oder TopModel. Eine Besonderheit des Ladens ist die Geburtstagskiste. In diese packt sich das Kind seine Lieblingsspielzeuge und aus ihr können sich Freunde und Verwandte dann die Geburtstagsgeschenke auswählen.

. . . .

einzigundartig (Dellbrück)

einzigundartig-shop.com

0221 / 27 90 75 5

Dellbrücker Hauptstr. 131 * 51069 Köln

🕐 MO-FR 9.oo-19.oo * SA 9.00-15.oo

EINZIGUNDARTIG ist ein Kleinod im Rechtsrheinischen. Der Laden ist eine traditionelle Buchhandlung in Dellbrück, der neben Büchern eine gute Auswahl an Kinderspielzeugen anbietet. So sind z.B. Figuren von StarWars oder Schleich im Programm, genauso wie kleine Kuscheltiere oder Fili-Pferde. Gute Beratung von freundlichen Mitarbeitern runden das sympathische Konzept ab.

Do it yourself

Ob Wimpelketten, hübsche Applikationen auf dem Shirt oder selbst genähte Kissen, „Do it yourself – DIY" heißt der neue Trend in Köln. Gerade die Elternzeit kannst du gut nutzen, um zu nähen, zu stricken, zu schneidern oder zu hämmern. Auf unzähligen Internetseiten warten tolle Inspirationen und DIY-Anleitungen. Der Fantasie sind keine Grenzen gesetzt und täglich stellen Blogger aller Nationen neue Ideen ins Internet.

Der Charme von Selbstgemachtem ist das nicht ganz Perfekte. Die Nähte sind leicht schief und hier und da schimmert der Kleber durchs Papier. Aber das macht nichts. Das T-Shirt mit lustigem Froschmotiv und dem Namen deines Kindes ist selbstgemacht und einzigartig. Das gezeichnete Bild im Stoff-Bilderrahmen sieht toll aus und du bist stolz, mit individuellen Gegenständen Freude zu bereiten. Also ran an die Nähmaschine oder raus mit der Heißklebepistole und los geht's!

Für einfaches Nachnähen bringt das NÄHMAGAZIN OTTOBRE Kinderausgaben mit tollen Schnittmustern heraus. Bei jedem Schnittmuster wird jeweils genau beschrieben, welche Stoffe sich eignen und wo man diese kaufen kann. Die Fachzeitschrift OTTOBRE erscheint viermal pro Jahr – aktuell für 11,95 Euro pro Heft. ▲▲

Shops

Stofferia (Innenstadt)

stofferia.de

0221 / 25 74 04 8

Hohe Str. 1 * 50667 Köln

🕐 MO–FR 10.oo–19.oo * SA 10.oo–18.oo

Die STOFFERIA bietet Stoffe in allen Variationen. Neben einer großen Auswahl an normalen Stoffen führt der Laden auch hübsche Kinderstoffe.

pottery art café (Südstadt, Sülz)

pottery-art-cafe.de

0221 / 27 17 56 9

Arndtstr. 2 * 50676 Köln-Südstadt

0221 / 29 88 85 54

Luxemburger Str. 271 * 50939 Köln-Sülz

🕐 MI, FR 14.oo–20.oo
   DO, SO 12.oo–18.oo * SA 12.oo–20.oo

Die POTTERY ART CAFÉs mit zwei Standorten in der Südstadt und Sülz sind sympathische Geschäfte, in denen du mit deinem Nachwuchs Keramik selbst bemalen und brennen lassen kannst. Die Mitarbeiter sind freundlich, geben Tipps und helfen dabei, individuelle Keramik-Schmuckstücke zu kreieren. Die Auswahl an weißen, noch nicht bemalten Keramikgegenständen ist vielfältig.

LILLYED (Sülz)

lillyed.de

0221 / 71 90 67 6

Berrenrather Str. 163 * 50937 Köln

🕐 MO–FR 10.3o–14.oo & 15.oo–19.oo
   SA 12.oo–15.oo

Die Besitzerin des schnuckeligen, kleinen Ladens hat eine große Auswahl an ausgefallenen, farbenfrohen und geschmackvollen Kinderstoffen im Programm. Außerdem bietet sie regelmäßig Nähkurse an und verkauft Schnittmuster, Borten, bunte Bänder, Knöpfe und bereits fertig Genähtes für Kinder. Zusätzlich gibt es die Möglichkeit, nach deinen Maßgaben Dinge schneidern zu lassen. Die Stoffe und das Nähzubehör kannst du auch online ansehen und bestellen.

Alles ist sehr verspielt und romantisch angehaucht. Ein toller Laden, für den ich mich begeistern kann und aus dem ich immer mit einer Kleinigkeit komme. (Sonja mit M. & L.)

MYO Stoffe (Sülz)

myo-stoffe.de

0221 / 16 81 47 01

Gustavstr. 16 * 50937 Köln

🕐 DO 9.3o–15.oo
   gelegentlich SA 11.oo–16.oo

MYO STOFFE ist ein kleiner Stoffladen in Köln Sülz. Dort gibt es viele bunte Kinderstoffe von amerikanischen und skandinavischen Designern, Bändchen, Bündchen und jede Menge gute Tipps.

KERAMIKKUNST

* Das POTTERY ART CAFÉ hat auch sonntags geöffnet. Das Keramikbemalen dort ist eine schöne Schlechtwetter-Aktivität mit Kindern
* Eine schöne Geschenkidee für Großeltern, Freunde und Verwandte ist es, Babyfußabdrücke auf einem Teller zu verewigen.

Du liebst es - Das Stoffatelier (Neu-Ehrenfeld)

duliebstes.de

0221 / 16 92 69 29

Landmannstr. 5 * 50825 Köln

🕐 MI 10.oo–18.oo * DO, FR 14.oo–18.oo
SA 10.oo–14.oo

Das Stoffatelier DU LIEBST ES hat eine wunderschöne Auswahl an Modestoffen, Kinderstoffen, Patchworkstoffen, Borten, Bändern, Reißverschlüssen, Taschengurten und Nähgarnen auf 150 qm Verkaufsfläche. Weitere 100 qm sind für Näh-Camps und Workshops reserviert und es gibt eine eigene Kinderecke. Dort stehen u.a. ein selbstgenähtes Tipi und ein Schaukelpferd, so dass sich die Mamas entspannt umschauen können.

Libelle (Ehrenfeld)

libelle-koeln.de

0221 / 94 64 40 12

Körnerstr. 32 * 50823 Köln

🕐 DI, MI, FR 11.oo–18.3o
DO 11.oo–18.oo * SA 11.oo–16.oo

Im ehemaligen „Wohnzimmer" näht die Inhaberin Doro Gress-Heppelter die Accessoires selbst. Passend zum Do-it-yourself Trend sind neuerdings auch bunte Stoffe im Programm, die das Schneiderherz höher schlagen lassen. Daneben verkauft sie Produkte von Kölner Designern, z.B. die Brettchen von „Köln Hoch Neun" oder Postkarten von „Seebrise West".

Bubble Bunt (Nippes)

bubblebunt.de

0221 / 29 43 63 51

Merheimer Str. 154 * 50733 Köln

🕐 DI-MI 10.oo–14.oo
DO-FR 15.oo–18.3o * SA 10.oo–14.oo

BUBBLEBUNT ist der gemütliche Stoff- und Kreativshop von Esther Nüttgens. Dort kannst du dich in Ruhe von Stoffen und Schnittmustern inspirieren lassen. Im Anschluss heißt es entweder selbst kreativ werden oder die Schneiderin nach deinen Wünschen beauftragen. Daneben gibt es handgemachte Produkte für Kinder und Babys, z.B. Lätzchen, Kissen, Decken oder witzige Stofftiere.

Secondhand und Kinder-Flohmärkte

Schöne Kleidung muss nicht immer neu sein. Dies gilt besonders bei Babys und Kleinkindern, da diese unglaublich schnell wachsen. Wir empfehlen daher, auch in Secondhandläden oder auf Kinderflohmärkten nach Kleidung für den kleinen Schatz zu schauen. Häufig bekommst du dort für günstiges Geld schöne Kindersachen. Zusätzlicher Vorteil von bereits getragener Kleidung: durch das häufigere Waschen sind bedenkliche Schadstoffe wie Chemikalien nicht mehr in den Fasern vorhanden.

Secondhand

Lollipop (Mauritiusviertel)
lollipop-koeln.de

0221 / 24 08 94 0

Mauritiussteinweg 98 * 50676 Köln

🕐 MO-SA 10.oo-18.oo

LOLLIPOP ist Kölns ältester und größter Kinder-Secondhand Laden. Auf zwei Etagen und 280 m² findest du alles, was zu einer kompletten Kinderausstattung gehört und zwar vom Baby- bis zum Teeniealter. Neben einer guten, spielplatz-tauglichen Grundausstattung gibt es gebrauchtes Spielzeug, Bücher, Fahrräder, BobbyCars und vieles mehr. Da der Laden stark frequentiert wird, ändert sich das Angebot laufend - ein häufiges Vorbeischauen lohnt sich. Parkplätze findest du nur schwer, daher solltest du lieber auf öffentliche Verkehrsmittel umsteigen.

Am Anfang fand ich den Laden etwas unübersichtlich und dunkel, aber nachdem ich ein paar Mal dort war und jedes Mal etwas gefunden habe, bin ich großer Fan geworden. (Natalie mit M.)

Fritz & Fritzi (Rodenkirchen)
fritzundfritzi.de

0221 / 94 53 85 5

Ringstr. 6 * 50996 Köln

🕐 MO-FR 10.oo-12.3o
DI-FR 15.oo-18.oo * SA 11.oo-14.oo

FRITZ & FRITZI ist eine gute Adresse für Kinder Secondhand Mode in Rodenkirchen. Dort gibt es Umstandsmode, Sportkleidung, hochwertige Kindermode und Kinderschuhe. FRITZ & FRITZI führt z.B. die Marken Benetton, Cyrillus, Diesel, Käthe Kruse, Petit Bateau und Schuhe von Timberland, Elefanten oder Naturino.

Dreikäsehoch (Sülz)
dreikaesehoch.com

0221 / 47 58 22 6

Zülpicherstr. 316 * 50937 Köln

🕐 MO-FR 9.oo-13.oo & 15.oo-18.oo
(MI nur Vormittag) * SA 10.oo-14.oo

Das DREIKÄSEHOCH ist bereits seit 15 Jahren eine beliebte Secondhand-Adresse, seit 2011 mit neuer Besitzerin. Diese legt Wert auf tadellose und einwandfreie Ware, besonders gern von bekannten Marken. Erweitert wird das Sortiment durch Neuware der Firma Playshoes und individuell hergestellte Krabbelschuhe. In den zwei tollen Verkaufsräumen wirst du bestimmt fündig. Als besonderes Extra bietet DREIKÄSEHOCH seinen Kunden einen Hol- und Bring-Service an. Nach Absprache werden Waren, die die Kunden in Kommission geben möchten, direkt von zu Hause abgeholt – das spart Weg und Zeit. Dieser Service, sowie die freundlich, kompetente Beratung machen DREIKÄSE-HOCH zu etwas Besonderem.

In diesem Secondhandladen finde ich immer einwandfreie Kleidung, viel Markensachen und schönes Spielzeug. (Martina mit L.)

Two Hands for Kids (Lindenthal)
facebook.com/kindersecondhand.two-handsforkids

0221 / 40 60 83 7

Dürener Str. 103 * 50931 Köln

🕐 MO-FR 10.oo-18.oo * SA 10.oo-14.oo

TWO HANDS FOR KIDS verkauft Secondhandkleidung und selbstgenähte Kleinigkeiten wie U-Heft-Schutzhüllen, Windeltaschen, Waschlappen, usw. Die Bedienung ist stets freundlich und gibt gerne Tipps an die Kundschaft weiter.

JOAHANNA – JÄTTEFINT

Bei Jättefint, dem kunterbunten Kinderladen von Johanna Gruber, findest du schöne und ungewöhnliche Sachen und Bekleidung, die nicht zu den üblichen Mainstream-Produkten gehören. Die meisten der Produkte kommen von kleinen skandinavischen Firmen. Viele der Kinderkleidungsmarken sind aus Biobaumwolle.

WAS ZEICHNET JÄTTEFINT AUS?

Mir ist es sehr wichtig unseren Kunden schöne und hoch-qualitative Produkte anzubieten, die aber trotzdem für jedermann bezahlbar sind. Ein Besuch bei Jättefint sollte wie eine kleine Reise nach Skandinavien sein, eine Auszeit vom Alltag. Alle Mitarbeiter kommen aus Skandinavien oder haben etwas mit Skandinavien zu tun. Ich möchte meinen Kunden bunte Waren anbieten, die gute Laune machen und einfach „jättefint" (= superschön auf Schwedisch) sind.

WANN UND WIE BIST DU AUF DIE IDEE FÜR JÄTTEFINT GEKOMMEN?

Ich bin Finnin, wohne aber seit fast 20 Jahren in Köln. Die Idee des Ladens kam mir, als meine Tochter klein war und mich Freunde immer wieder fragten, woher ich all die tollen bunten Klamotten habe, die sie damals trug. So kam mir der Einfall, einen skandinavischen Laden zu eröffnen. Das ist jetzt sieben Jahre her. Mittlerweile ist meine Tochter 14 Jahre alt und hilft mir inzwischen ab und zu hinter der Ladentheke.

WAS SCHÄTZEN FAMILIEN AN DEINEM LADEN AM MEISTEN?

Viele Familien finden es einfach schön, bei uns hereinzu-schauen und sich überraschen zu lassen, welche neuen Produkte wir anbieten. Die Kunden mögen es, ungewöhn-liche Dinge zu finden, die man sonst nirgendwo kaufen kann. Wir bekommen jede Woche Ware und haben immer etwas Neues da. Niemand von uns ist eine ausgebildete Verkäuferin, vielmehr kommt mein ganzes Team aus unterschiedlichen Branchen. Wir sind aber alle Mütter, lieben Kinder und es macht uns Spaß, mit unseren Kunden über den Alltag zu plaudern. Wir beraten gern, lassen unsere Kunden aber genauso einfach rumstöbern und eine kleine Entdeckungsreise durch die bunten Sachen machen.

NENNE MIR DEINE AKTUELLEN LIEBLINGS-PRODUKTE.

Ich liebe die Sneakers mit Blaubeer-Muster von FLORYD-SWEDEN (für Erwachsene). Wir sind im Moment der einzige deutsche Laden, der diese Schuhe in Größe 35-41 verkauft (jaettefint.de/mama/klei-dung). Auch die verschiedenen Produkte von OMM Design sind toll. Die bunten Teller mit den Tier-Motiven gehören definitiv zu den Jättefint Best-Sellern. Wir haben viele Kunden, die die Teller sammeln und die Kinder dürfen sich, wenn sie uns besuchen, einen neu-en Teller aussuchen (jaettefint.de/essen/geschirr/). Mein drittes Lieblingsprodukt ist die schwedische Marke EJVOR mit ihrer Belohnungstafel für Kinder. Wenn man z.B. die Zähne geputzt hat, kann man einen Aufkleber auf einen Mund kleben und so wird das Kind motiviert jeden Tag die Zähne zu putzen. Die verschiedenen Tafeln kommen sehr gut an (jaettefint.de/spielen/kinderspielzeug).

JOHANNA GRUBER

WAS MACHT DIR AN DEINEM JOB ALS GESCHÄFTSFÜHRERIN VON JÄTTEFINT AM MEISTEN SPASS?

h finde es toll meine Arbeit so gestalten zu können, wie h es will. Entscheidungen zu treffen macht mir Spaß, und ist schön, von niemandem abhängig zu sein. Die Kinder- d Babywelt ist natürlich eine sehr positive, angenehme anche, und es macht viel Spaß, in diesem Bereich zu ar- eiten, man lernt ständig neue Menschen kennen und es rd nie langweilig.

DEIN LIEBLINGSPLATZ MIT KIND IN KÖLN?

ir finden den kleinen Tierpark in Lindenthal klasse. Hier nn man das ganze Jahr spazieren gehen und es gibt im- er Neues zu entdecken.

NOCH EIN TIPP FÜR JUNGE MÜTTER / FAMILIEN IN KÖLN?

h empfehle das neue Köln-Buch von City Kids. Hier be- ommt man jede Menge Tipps und kann viel Neues in Köln ntdecken.

Der Blaue Koffer (Neu-Ehrenfeld)

derblauekoffer.de

0221 / 55 06 07 3

Simarplatz 11 * 50825 Köln

🕐 MO, DI, DO, FR 10.oo-16.oo
  MI 15.oo-18.oo

Auf 85 m² in drei Verkaufsräumen (inklusive Spielecke) findest du Kinder- und Babykleidung, Markenspielwaren, Fahrzeuge, Auto-und Fahrradsitze, Buggys und Kinderwagen. Darüber hinaus gibt es handgemachte Lederschuhe von Größe 16/17 bis 25/26. Neben dem vorhandenen Sortiment kannst du individuelle Farbkombinationen und Sonderwünsche bezüglich Länge und Weite bestellen, die innerhalb einer Woche angefertigt werden.

FroschKönigin (Holweide)

froschkoenigin-koeln.de

0221 / 63 67 80 8

Maria-Himmelfahrt-Str. 2 * 51067 Köln

🕐 MO-SA 9.oo-13.oo
  DI & FR 15.oo-18.oo * DO 15.oo-19.oo

Ulrike Schreurs hat sich mit Leib und Seele Kindern verschrieben und viele Jahre lang Spielkreise oder Babyschwimmkurse geleitet. Ende 2012 hat sie den Secondhand-Laden DIE FROSCHKÖNIGIN übernommen und bietet Kinderkleidung, Laufräder, Bücher und Spielwaren an. Einige Neuwaren wie Fliesen Flitzer oder Lederpuschen ergänzen das Sortiment. Für die Kinder gibt es eine kleine Spielecke.

Kinder-Flohmärkte und Basare

Kölner Jung-Mamas streifen jeden Frühling und Herbst begeistert über Flohmärkte und Basare, immer auf der Jagd nach dem schönsten Stück und dem besten Schnäppchen. Denn Secondhand-Mode für Kinder ist in, schließlich tragen die Kleinen ihre Anziehsachen oft nur wenige Monate, bevor sie zu klein werden. Häufig sieht die Secondhand-Mode tip-topp aus und zusätzlich sind alle schädlichen Stoffe aus den Textilien bereits ausgewaschen. Daher veranstalten inzwischen viele Kindercafés, KiTas, Schulen und Gemeinden Kinderflohmärkte oder Kinderbasare.

Auf Kinder-Flohmärkten bezahlen die Verkäufer für einen Standplatz einen Unkostenbeitrag an den Veranstalter des Flohmarkts und verkaufen selbst an den bunt gemischten Verkaufstischen. An den über den ganzen Flohmarkt verteilten Tischen wird gestöbert, entdeckt und gehandelt. Im Gegensatz dazu geben die Verkäufer auf Kinderbasaren die Waren im Vorfeld mit genauer Preisangabe an den Veranstalter ab. Dieser organisiert den gesamten Verkauf, sortiert die Waren nach Größe und Art des Angebots und stellt sie z.B. nach Größen oder Thema geordnet, aus. Die Basargänger stöbern zielgerichtet auf den sortierten Tischen und bezahlen die ausgewählten Schätze an Kassen im Eingangsbereich. Etwa 10% der Erlöse gehen an den Veranstalter, nicht verkaufte Dinge gehen an die Eltern zurück.

Kindercafés, KiTas oder Kölner Gemeindehäuser

Viele Kindergärten, Kindercafés oder Kölner Gemeindehäuser veranstalten über die ganze Stadt verteilt spezielle Kinderflohmärkte und Basare. Eine Übersicht über Kinderflohmärkte gibt es auf der Webseite kidsgo.de/termine/babybasar.php nach Stadtteilen sortiert. Dies ist eine gute Möglichkeit, die Flohmärkte in deiner Nähe auf einen Blick zu erfassen. Auch die Stadt Köln bietet ein Informationsportal zu Flohmärkten unter koeln.de/koeln/einkaufen/flohmaerkte.

KINDERFLOHMARKT

* Als Schwangere kommt man bei vielen Kinderflohmärkten eine halbe Stunde früher rein, um mit Babybauch in Ruhe stöbern zu können. Als Nachweis ist der Mutterpass erforderlich.

Hinterhof-Flohmärkte

Hinterhof-Flohmärkte sind eine wahre Fundgrube für Kindersachen. In Köln werden sie seit Sommer 2015 organisiert und haben Potenzial, Kult zu werden. Im Rahmen dieser Nachbarschaftsprojekte verkaufen die Hausbewohner ihre alten Schätze. Häufig wechseln Kinderkleidung, Spielzeug oder Kinderbücher ihre Besitzer. Neben dem originellen Angebot ermöglichen die Hinterhof-Flohmärkte einen spannenden Blick in die Hinterhöfe und Gärten der Anwohner.

Wenn du dich für die Hinterhof-Flohmärkte interessierst, lohnt es auf der Webseite hofflohmaerkte.de/koeln vorbeizuschauen. Dort gibt es eine gute Übersicht über alle Hof-Flohmärkte der Saison mit Stadtteilplänen zur Standortbestimmung der teilnehmenden Häuser.

Jugendpark-Flohmarkt

Ein Flohmarkt-Pflichttermin ist der große Flohmarkt im Jugendpark, der offiziell ab 11.00 Uhr öffnet. Wer jedoch bereits um 9.00 Uhr da ist, macht oft die besten Schnäppchen. Verkäufer sind Privatleute mit einer bunten Mischung aus Kleidung und allerlei Krimskrams für Klein und Groß. Schöne Sachen gibt es auch auf der Winterversion des Flohmarkts, dem Spielzeugmarkt. Er ist Indoor und hier öffnen sich die Türen wirklich erst um 11.00 Uhr. Die aktuellen Termine findest du unter koelner-jugendpark.eu/flohmarkte.

Onlineshops mit kölschen Wurzeln

Kleidung, Schuhe & Spielwaren

annaundpaul.de

ANNA UND PAUL entwickelt mitten in Köln coole, urbane und stylische Lauflernschühchen. Auf der Suche nach bequemen Babyschühchen setzte sich die Modedesignerin irgendwann selbst an ihre Nähmaschine und fertigte im Jahr 1997 die ersten Modelle für ihre eigenen Kinder. Gesund sollten sie sein und auch noch cool aussehen. Der Spagat gelang und inzwischen werden die Lauflernschühchen von ANNA UND PAUL in ganz Deutschland verkauft. Wer Lust hat, kann die online gekauften Schuhe in der Hülchratherstr. 6 in der Kölner Nordstadt abholen.

lottaslable.de

Du bist auf der Suche nach individuellen Kinderprodukten? Dann ist das Kölner Label LOTTAS LABEL das Richtige, denn es bietet eine große Produktpalette an tollen Kindersachen. Tanja Werner, Besitzerin des Labels, gestaltet alle

Teile selbst und legt hohen Wert auf Qualität. Sie fertigt z.B. Kuscheltiere, Kissen oder Sitzsäcke mit hübschen Motiven und liebevollen Details. Die Motive zeichnen sich durch verspielte Muster und eine tolle Farbharmonie aus, ohne dabei kitschig zu wirken.

anton-und-sophie.de

Das Kölner Baby- und Kinderlabel ANTON & SOPHIE wurde 2014 gegründet. Es entstand aus der Feststellung, dass man im Alltag mit Kindern oft praktische und zugleich schöne Dinge braucht – und diese oft nicht findet. ANTON & SOPHIE entwirft Produkte mit zauberhaft schönen Designs und durchdachten Funktionen – damit der Alltag ein bisschen einfacher wird. Die Produktpalette reicht dabei von Bio-Schnuffeltüchern, Mützen, Gürteln, Schlüsselanhängern bis hin zu Autotaschen. Eine bunte Vielfalt für Eltern und Kinder, die ein Auge für schöne Dinge haben.

miffystore.de

Miffy, das niedliche kleine weiße Hasenmädchen mit den Knopfaugen aus der Feder von Dick Bruna, kennen viele von uns noch aus ihrer eigenen Kindheit – oder aus dem Holland-Urlaub. Seit über 60 Jahren begeistert es Groß und Klein auf der ganzen Welt. Ein Kölner hat das Hasenmädchen 2010 in die Domstadt gebracht und verschickt es von hier aus gerne zu dir nach Hause. Im MIFFYSTORE findest du Spielklassiker aus deiner Kindheit wie Lottino und bunte Ballons, kuschelige Plüschmiffys, tolle Bücher für Kleinkinder, Lampen, Kindergeschirr, Kleidung und vieles mehr.

kolumne

....

AUS DEM LEBEN EINER MAMA

UNSERE KOLUMNISTIN KAROLINA BERICHTET VON IHREM PERFEKTEN TAG MIT KLEINKIND

KOLUMNISTIN
KAROLINA SCHNEIDER

Heute steht bei uns Sport auf dem Programm! Mami-Baby Yoga. Das Beste, um die Figur von „vorher" wieder zu bekommen. Neun Monate kommt der Bauch, neun Monate geht er – angeblich ... Okay, Promimütter scheinen dieses Problem nicht zu haben, denn allem Anschein nach bestehen deren Bäuche aus Gummi, leiern nicht aus und springen sofort nach der Geburt wieder in die alte, straffe Form zurück.

Bei mir aber ... nun gut, ich muss Sport machen. Hilft nix. Aufs Yogatraining freue ich mich aber jedes Mal, denn hier kann ich wirklich entspannen und für den kleinen Mann gibt es auch ein paar Übungen: Wir singen sein Lieblingslied (The wheels on the bus) und bewegen dazu Ärmchen und Beinchen. Er liebt es.

Nach einem kurzen Zwischenstopp zu Hause geht`s am Nachmittag in den Volksgarten. Der kleine Mann und ich haben einen Lieblingsplatz: Unter einem tiefhängenden Ast eines Baumes schlagen wir unsere Picknickdecke auf. Er liebt es nämlich, die Blätter im Wind zu beobachten. Und ist dann zufrieden und strampelt und freut sich. Da kann ich meine Füße sonnen und ein bisschen Zeitung lesen.

Männer sind nicht multitaskingfähig, steht da. Das kann ich seit der Geburt unseres Sohnes unterschreiben! Hat ein Mann ein Kind auf dem Arm, kann er sonst nichts machen. Punkt. Der zweite Arm? Welcher zweite Arm? Bei Frauen dagegen: Links das Kind, rechts der Pürierstab, zwischen Ohr und Schulter noch das Telefon mit der Oma dran und gefühlt bereits die tausendste Maschine Wäsche gewaschen ...

Am praktischsten wäre freilich, wenn einem mit dem Babybauch zusammen ein dritter Arm wachsen würde. Dann wäre man gegenüber dem Kind in der Überzahl, arm- und händetechnisch betrachtet. Ich stelle mir das so vor: mit dem linken Arm das Baby auf dem Schoß halten, mit dem rechten den Babybrei-Löffel zum Mündchen führen und mit dem dritten Arm verhindern, dass die Babyhände den Löffel wegpatschen und die Tapete ein schönes Möhrchen-Muster erhält.

Hach ja, schöne Idee, jetzt muss ich aber mit meinen zwei Armen unseren Kram zusammenpacken. Es wird Abend und der kleine Mann muss ins Bett. Und dann werde ich mich mit dem Papa zusammen auf den Balkon setzen und die Abendsonne bei einem Glas Wein genießen. ♥

teil 3

KINDER- & ELTERNKURSE

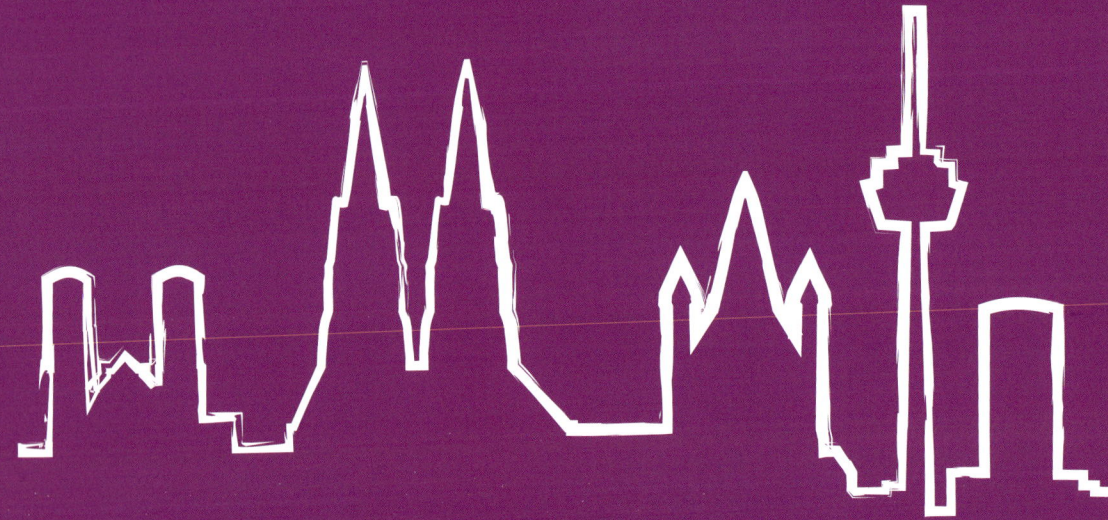

Quality time.

Familienbil-
dungsstätten

Rückbil-
dungskurse

Yoga & Pilates

PEKiP

Eltern- &
Kinderkurse

Baby- & Kinder-
schwimmen

Mein Top-Guide

SCHÖNE ZEIT

FAMILIEN- UND KURSZENTREN

Die Kindererziehung, Beruf und Familie unter einen Hut zu bringen und gleichzeitig allen gerecht zu werden, wirft oftmals viele Fragen auf. Da helfen die Familien- und Kurszentren mit vielen Standorten in allen Kölner Stadtteilen. Sie sind Treffpunkte für junge Eltern mit ihren Kindern, an denen sich (fast) alles um die Familie dreht. Mütter, Väter und ihre Kinder finden dort Zeit und Raum, um gemeinsam wertvolle Stunden zu verbringen.

Eltern können in den Familien- und Kurszentren aus einem bunten Programm aus Aktivitäten und Kursen wählen. Das Kursprogramm reicht von Geburtsvorbereitung, über Baby- und Kinderkurse, Kreativ- und Musikangebote, Basteltreffs, Mini-Kindergarten bis hin zu Vorträgen zu Erziehungs- und Gesundheitsthemen. Zusätzlich veranstalten viele Familienzentren beliebte Kinderflohmärkte und Basare.

Elternschulen der Geburtskliniken,
z.B. Neue Kölner, Hohenlind, Weyertal
(mehrere Standorte)

An die meisten Geburtskliniken sind ELTERNSCHULEN angegliedert, die werdenden und jungen Familien eine Reihe von Freizeitangeboten und Kursen bieten.

Evangelische Familienbildungsstätten
- FBS (Altstadt-Süd)

fbs-koeln.org

0221 / 31 48 38

Kartäuserwall 24b * 50678 Köln

Die EVANGELISCHE FAMILIENBILDUNGSSTÄTTE (FBS) ist eine staatlich anerkannte Weiterbildungseinrichtung mit einem breit gefächerten Angebot von vorgeburtlichen Kursen, Eltern-Kind-Kursen vom ersten bis zum sechsten Lebensjahr, Elternkompetenz-Kursen und offenen Treffs zu bestimmten Themen.

FKS-Institut (Bayenthal)

fks-institut.de

0221 / 16 90 20 24

Goltsteinstr. 94/96 * 50968 Köln

Das Team der kompetenten Kursleiterinnen bietet in gemütlicher Atmosphäre Babymassage, Spielgruppen, Rückbildung, Geburtsvorbereitung, musikalische Früherziehung, Trageberatung und sogar einen Kurs für Großeltern. Angegliedert ist der kleine Shop GLÜCKSKÄFERCHEN.

FamilienForum (Agnesviertel,
Südstadt, Vogelsang, Mülheim)

familienbildung-koeln.de

0221 / 77 53 46 0

Weißenburgstr. 14

50670 Köln-Agnesviertel

0221 / 93 18 40 0

Arnold-von-Siegen-Str. 7

50678 Köln-Südstadt

0221 / 95 85 96 0

Rotkehlchenweg 49

50829 Köln-Vogelsang

0221 / 88 04 40

An St. Urban 2 * 51063 Köln-Mülheim

Verschiedene Elternkind-Kurse, Spielkreise, Musik und Rhythmik-Kurse, Vorträge zu Spezialthemen, etc.

Familienladen (Sülz)

drk-koeln.de/was-wir-tun/fuer-familien/familienladen.html

0221 / 16 82 02 50

Berrenrather Str. 181 * 50937 Köln

Der FAMILIENLADEN SÜLZ ist ein Projekt des Deutschen Roten Kreuzes und des Bezirksjugendamtes Lindenthal. Eltern- und Familienkompetenz soll gestärkt und die gesunde seelische und körperliche Entwicklung der Kinder frühzeitig gefördert werden.

mas - Institut für ganzheitliches Training GmbH (Lindenthal)

mas-training.de

0221 / 40 63 12 1

Klosterstr. 79 * 50931 Köln

Vielfältiges Kursangebot bestehend aus Baby- und Kinderschwimmen, Babymassage, Baby-Musikgarten, Eltern-Kind-Turnen, Erste Hilfe am Kind, Fit nach der Geburt, Geburtsvorbereitung ab dem 2. Kind, Judo für Kinder, Kinderballet, Kreativer Kindertanz, PEKiP, Pilates in der Schwangerschaft, Pilates nach der Geburt oder Yoga für Schwangere.

Pusteblume (Ehrenfeld)

pusteblume.koeln

0221 / 95 59 37 7

Hosterstr. 1-5 * 50825 Köln

Das Kurszentrum PUSTEBLUME bietet eine große Bandbreite an Familienkursen in den Bereichen Bewegung, Musik, Tanz und Theater. In hellen Räumen und einer angenehmen Atmosphäre finden diverse Baby-, Kinder- und Erwachsenen-Kurse statt.

Cranachzentrum (Nippes)

cranachzentrum.de

0221 / 28 07 99 4

Cranachstr. 21 * 50733 Köln

Die zur Praxisgemeinschaft gehörende Hebamme bietet Babymassage und Spielgruppen, Geburtsvorbereitung für Schwangere und Paare, Rückbildung sowie Yoga für Schwangere. Weitere Angebote der Praxis umfassen Gynäkologie und Geburtshilfe.

FIB e.V. - Frauen in Bewegung (mehrere Orte)

fibev.de

0221 / 97 77 46 90

Leskan-Park * Gebäude 32

Waltherstr. 49-51 * 51069 Köln

Freundliche Anlaufstelle für Familien, die diverse Eltern- und Kinderkurse anbietet. Auf dem Programm stehen zum Beispiel Babymassage, Kinderturnen, kreativer Kindertanz, Hip Hop, Zumba oder Kinderzirkus.

FITTE MAMA

Du willst möglichst schnell wieder in Form kommen und sehnst den Moment herbei, in dem du nach der Geburt wieder in deine Lieblingsjeans passt? Das geht vielen Frauen so und daher kann man nach der Geburt langsam und in Absprache mit dem Arzt wieder mit Sport beginnen. Viele junge Mütter erleben sportliche Betätigung nach der Geburt als entspannend, da sie in der Zeit ganz bewusst etwas für sich selbst tun. Die Bewegung baut den täglichen Stress ab und das ist auch für die Zeit mit Baby positiv.

Für den Anfang eignet sich Rückbildungsgymnastik. Du solltest dir jedoch im Klaren darüber sein, dass es dabei noch nicht gezielt an die Problemzonen geht, sondern viel mehr Übungen für den Beckenboden, die Bauchmuskulatur und den Rücken im Vordergrund stehen. Auch nach dem Rückbildungskurs hast du wahrscheinlich noch etwas mehr Gewicht, als vor der Schwangerschaft. Versuche geduldig zu sein, denn das geht fast allen Frauen so. Mache einen Aufbaukurs, beginne langsam mit Yoga oder einer anderen sanften Sportart und gehe viel mit deinem Kind spazieren.

Erst nach etwa drei bis fünf Monaten haben deine Gelenke und Bänder ihre gewohnte Festigkeit wieder, bis dahin ist dein Verletzungsrisiko erhöht. Du solltest daher nicht zu früh wieder mit „erschütternden" Sportarten wie Joggen, Aerobic oder Ballsport anfangen, da der Beckenboden dabei einer hohen Stoßbelastung ausgesetzt ist. ▲▲

Der Bauchbereich und Beckenboden werden durch Schwangerschaft und Geburt stark beansprucht. Daher sollte jede frisch gebackene Mutter nach der Geburt an einem Rückbildungskurs teilnehmen, um alles wieder in Form zu bringen. Beginne mit gezielter Rückbildung etwa sechs Wochen nach einer normalen Geburt und etwa acht Wochen nach einem Kaiserschnitt, da sich dein Körper erst wieder stabilisieren muss.

Rückbildungsgymnastik trainiert alle Muskelgruppen, die während der Schwangerschaft und Geburt besonders beansprucht wurden, also die Beckenmuskulatur, den Beckenboden und den Bauch. Das Beckenbodentraining dient als effiziente Vorsorge gegen Inkontinenz und ist weit mehr als eine „kosmetische" Maßnahme. Zusätzlich tust du etwas für die jetzt stark geforderten Schultern, Rücken und Arme.

Neben der körperlichen „Ertüchtigung" lernst du in den Kursen andere Frauen in der gleichen Lebenssituation und mit ähnlich alten Kindern kennen. Das ist angenehm, denn mit ihnen kannst du Geburts- und Babyerlebnisse austauschen und neue Freundschaften schließen.

Die Rückbildungskurse variieren hinsichtlich Intensität, Dauer und Teilnehmerzahl. Sie finden normalerweise einmal pro Woche statt und laufen über etwa zehn Wochen. Während bei einigen Rückbildungskursen der sportliche Aspekt im Vordergrund steht, geht es in anderen Kursen eher um den Erfahrungsaustausch mit der Kursleiterin und anderen Teilnehmerinnen. Vormittags- und Nachmittags-Kurse bieten häufig Kinderbetreuung an oder beziehen das Baby in den Kurs ein. Abendkurse finden in der Regel ohne Kinder statt. Dies ist für viele Mütter das erste Mal, dass sie von ihrem Baby getrennt sind. Als Vorteil der Kurse ohne Kind empfinden wir, dass man sich komplett auf die Übungen und den eigenen Körper konzentrieren kann. Außerdem sind die Kurse ohne Kind eine gute Möglichkeit, um Papa und Baby gemeinsame Zeit verbringen zu lassen und dem Partner für kurze Zeit die alleinige Verantwortung zu übertragen.

In Köln bieten Geburtskliniken, Hebammenpraxen, Physiotherapeuten und Fitnessstudios Rückbildungskurse an. In der Regel erstatten die Krankenkassen die Kursgebühren von Rückbildungskursen. Voraussetzung ist häufig, dass die Kursleiter eine gewisse Qualifikation mitbringen und der Kurs bis neun Monate nach der Geburt beendet ist. Details sollte man bei der Krankenkasse erfragen.

Yoga & Pilates

Yoga und Pilates nach der Geburt sind ein sanftes, aber effektives Ganzkörpertraining, welches Körper und Geist hilft, wieder in Einklang zu kommen. Die Übungen geben dir Ruhe und Kraft für die erste Zeit mit Baby.

Yogaübungen fördern den Körper nach einer Geburt sinnvoll und lindern dadurch Beschwerden. Verspannte Körperpartien werden wohltuend gedehnt und ein Gefühl von Weite im Körper geschaffen. Einige Übungen aus dem Yoga wirken darüber hinaus belebend und kräftigend auf den Beckenbereich. Die Pilatesübungen zielen auf die Kräftigung des Rückens, der schrägen Bauchmuskulatur und des Beckenbodens ab. Außerdem trainierst du die Oberschenkel- und Gesäßmuskulatur. Während der Schwangerschaft und Geburt überdehnte Muskeln und Bänder erhalten ihre Funktion zurück.

Viele der Elternschulen und Hebammenpraxen bieten Yogakurse in und nach der Schwangerschaft an. Weitere Yoga- und Pilateskurse, die uns besonders empfohlen wurden, stellen wir hier vor. ▲▲

UNSER TIPP

YOGA & PILATES

* Da viele der Yoga und Pilates Kurse als Präventionskurse von den gesetzlichen Krankenkassen anerkannt sind, werden die Kurskosten größtenteils durch die Krankenkassen übernommen. Wichtig ist, dass die Kursleiter zertifiziert und entsprechend anerkannt sind. Dies sollte man am besten bereits bei der Anmeldung erfragen.

Postnatal Yoga bei Lord Vishnus Couch (Belgisches Viertel, Südstadt, Ehrenfeld)

vishnuscouch.de

0221 / 25 85 08 3

Aachener Str. 23

50674 Köln-Belgisches Viertel

0221 / 92 35 50 5

Maria-Hilf Str. 15-17

50677 Köln-Südstadt

0221 / 69 03 99 33

Stammstr. 8 * 50823 Köln-Ehrenfeld

Gezieltes Bauch, Beckenboden und Rückentraining: In lockerer Atmosphäre ist Platz für eine etwa 75 Minuten dauernde knackige Yogaklasse, dazu Stillen, Wickeln, Babytalk und alles was das junge Mutter-und Babyherz begehrt. Geeignet auch für Mamas ohne Yogaerfahrung.

Die Atmosphäre bei Vishnus Couch ist Wellness für die Seele. (Constanze mit H.)

Postnatales Yoga bei geborgen geboren (Südstadt)

hebammenpraxis-geborgengeboren.de

0221 / 16 99 67 11

Karolingerring 3 * 50678 Köln

(am Chlodwigplatz)

Die Körper- und Atemübungen in diesem Kurs fokussieren auf den Wiederaufbau der Muskulatur und die Rückbildung der Körpermitte nach der Geburt. Durch bewusstes, tiefes Atmen werden Kraft und Stabilität gefördert genauso wie die Fähigkeit, innere Ruhe und Gelassenheit für dich und dein Kind zu finden. Gerne kannst du dein Baby zum Kurs mitbringen.

Postnatal Yoga im Yoga Inn (Bayenthal)

yogainn.de

0221 / 30 07 35 29

Goltsteinstr. 87A * 50968 Köln

Das YOGA INN bietet in schönen Räumlichkeiten abwechslungsreiche YOGA- UND PILATESKURSE an. Viele der Kurse finden abends statt, so dass auch berufstätige Eltern teilnehmen können. Darüber hinaus gibt es Kidsyoga für Kinder ab etwa sechs Jahren.

Yoga - Fit nach der Geburt mit dem DRK Kreisverband (Ehrenfeld)

drk-koeln.de/was-wir-tun/fuer-famili-en/familienbildungswerk.html

0221 / 54 87 44 0

Oskar-Jäger-Str. 40 * 50825 Köln

Dieser Hatha Yoga Kurs kann im Anschluss oder zusätzlich zu einem Rückbildungskurs besucht werden und ist auch für Anfängerinnen geeignet. Sanfte, effektive Hatha Yoga Übungen unterstützen deinen Körper nach der Geburt langsam wieder zu Kräften zu kommen. Babys sind willkommen und werden achtsam einbezogen.

Yoga im Neptunbad (Ehrenfeld)

neptunbad.de

0221 / 71 00 71

Neptunplatz 1 * 50823 Köln

Erstaunlich, welche Oase der Ruhe du im NEPTUNBAD ganz nahe der belebten Venloer Straße findest. Dort gibt es eine ganze Reihe toller Indoor- und Outdoorkurse für Fitness-Fans. Auch junge Eltern sind herzlich willkommen und können sich mit oder ohne Kind in Kursen wie Freies Schwimmen, Eltern-Kind-Turnen, Kinderturnen, Pilates, Yoga, Zumba oder Cycling auspowern.

Postnatal-Yoga bei Openlotus (Porz)

openlotus.de

0221 / 97 23 35 5

Poller Kirchweg 101 * 51105 Köln

OPENLOTUS ist ein schönes Yoga-Studio mit einem großen, lichtdurchfluteten Kursraum und netten Lehrern. Aktuell werden zwei POSTNATAL-YOGA Kurse angeboten – ein Kurs mit und ein Kurs ohne Baby.

Frauen Fitness und Walking mit Baby ♥

Fit mit dem Kinderwagen ist ein neuer Outdoor-Fitnesstrend für junge Mütter, die gesund und gezielt wieder in Form kommen möchten. Praktischerweise kannst du dein Baby im Kinderwagen oder Tragetuch dabei haben und dich trotzdem richtig auspowern. Die Kosten pro Kurseinheit liegen zwischen 10 und 15 Euro. Wenn du einen festen Kurs buchst, erstatten viele Krankenkassen die Kurskosten als Präventionsmaßnahme anteilig zurück.

Blücherpark, den Beethovenpark, den Forstbotanischen Garten, den Longericher Park, den Volksgarten oder den Adenauer Weiher. Das BUGGYFIT Workout für Schwangere und frisch gebackene Mamas ist speziell auf diese Zielgruppe zugeschnitten. Auch in Spaziergänge mit deinem kleinen Schatz kannst du die Übungen nach Lust und Laune einbauen und so ganz nebenbei in Form kommen. Zum Ausprobieren gibt es eine Gratisstunde.

In diesem Kurs bewegt man sich viel und ist an der frischen Luft. Das Programm ist abwechslungsreich und es ist interessant, in verschiedenen Parks unterwegs zu sein. (Natalie mit M.)

Physioworkout (Innenstadt)
geburtshaus-koeln.de

0221 / 72 44 48

Venloerstr. 41 * 50672 Köln

(im Cologne Dance Center * Studio 5)

Im Kurs PHYSIOWORKOUT des Geburtshauses wirst du eine Stunde zu Musik powern, dabei die Basics der Rückbildung beachten und trotzdem schwitzen. Bekannte Übungen aus den vorangehenden Rückbildungskursen werden wiederholt. Beendet wird die Stunde mit Dehnübungen und Muskelausgleich zum Entspannen.

Buggy-Fit und Walken mit Baby (mehrere Standorte)
buggyfit.de/koeln.html

Das BUGGYFIT Trainingsprogramm bietet einfache Übungen, die du in verschiedenen Kölner Parks mit der BUGGY-FIT-Gruppe und deinem Baby im Kinderwagen ausprobieren kannst. Routen führen z.B. durch den Stadtwald, den

LaufMamaLauf (mehrere Standorte)
laufmamalauf.de/staedte/koeln

Bei den LAUFMAMALAUF Kursen machst du unter Anleitung einer Trainerin mit deinem Baby im Kinderwagen eine Mischung aus Ausdauertraining und gezielten Kraftübungen. Fester Bestandteil des Kurses ist ein abwechslungsreiches Zirkeltraining. Die Kurse finden ganzjährig statt. Ergänzend zu den Outdoor-Kursen bietet LAUFMAMALAUF Indoor-Kurse an. Dabei sind die Kinder in einer Tragehilfe dabei und sorgen durch ihr Eigengewicht für eine Intensivierung des Workouts. Da es für die Kölner Stadtteile unterschiedliche Kursleiter gibt, am besten auf der Webseite nach dem richtigen Ansprechpartner suchen.

Kangatraining (mehrere Standorte)
kanga-koeln.de

Ein weiterer Fitness-Anbieter für Sport mit Baby ist das KANGATRAINING. Das ist Workout speziell für Mütter mit ihren Babys in der Trage. Eine Schnupperstunde mit vorheriger Anmeldung ist jederzeit möglich.

ELTERN- UND KINDERKURSE

Stellst du dir auch regelmäßig Fragen, die sich rund um das Thema Kinder drehen? Welche Spielangebote sind richtig für welches Alter? Was macht meinem Kind Spaß? Wann soll mein Kind schwimmen lernen? Wie kann ich mein Kind fördern ohne es zu überfordern? Fragen über Fragen, die sich junge Eltern stellen und über die man sich wunderbar mit anderen Eltern in einem der vielen Kölner Eltern- und Kindkurse austauschen kann. Neben den Kontakten, die du dort knüpfst, bekommst du wertvolle Tipps und Anregungen rund um die Entwicklung deines Kindes.

Baby- und Kinder- schwimmkurse ♥

Ein neugeborenes Kind kennt das Element Wasser bereits aus dem Mutterleib. Wasser stimuliert die Bewegungs- und Sinnesfähigkeit, es vermittelt neue Eindrücke und fördert die geistige Aufnahmefähigkeit.

In Köln ist Babyschwimmen einer der beliebtesten Babykurse und entsprechend früh solltest du dich um einen Platz kümmern, wenn du einen regelmäßigen Babyschwimmkurs machen möchtest. Neben diesen festen Kursen bieten viele städtische Hallenbäder offene Babyschwimmkurse an, zu denen du jederzeit dazukommen kannst. Dort bezahlst du den regulären Schwimmbadeintritt zuzüglich einer moderaten Kursgebühr. In den privaten Bädern kosten die Babyschwimmkurse zwischen 15 und 25 Euro pro Kursstunde.

Doch wann ist der richtige Zeitpunkt, mit dem Babyschwimmen zu beginnen? Die Babys können ab einem Alter von etwa drei Monaten an Schwimmkursen teilnehmen, da sie dann weniger anfällig für Infekte sind und ihr Köpfchen schon stabiler halten können. In den Babyschwimmkursen geht es vor allem darum, das Element Wasser zu erleben, Spaß am Planschen zu entwickeln und sich im engen Körperkontakt mit den Eltern fließend zu bewegen. Im Wasser gelingen den Säuglingen schon früh Bewegungen, die sie an Land erst zu einem späteren Zeitpunkt lernen. Das Strampeln und Bewegen im Wasser regt zudem die Durchblutung und den Kreislauf an.

Als Faustregel gilt: je jünger die Babys, desto kürzer die Unterrichtsstunde. Für Säuglinge reichen anfangs 15 bis 20 Minuten, ältere Babys machen normalerweise eine halbe Stunde gut mit. Wärme ist für Babys besonders wichtig, denn die Kleinen können ihren Wärmehaushalt noch nicht gut regulieren. Säuglinge empfinden eine Wassertemperatur von 32 bis 34 Grad als angenehm, ältere Kinder fühlen sich bei 29 bis 30 Grad wohl.

Bei Kindern ab vier Jahren geht es häufig um das Schwimmen lernen. Bei unserer Recherche haben wir festgestellt, dass es eine Reihe von Kinderschwimmkursanbietern über ganz Köln verteilt gibt. Die meisten bieten einmal pro Woche zu festen Zeiten einen Kinder-Schwimmkurs an. ▲▲

Schwimm-Oase (mehrere Standorte)
babyschwimmoase.de
0221 / 34 05 05 6

Martina Wingen und ihr Team führen Babys, Kleinkinder und Kinder mit viel Spaß, Spiel und Leichtigkeit an das Element Wasser heran. Jedes Kind wird individuell, entsprechend seiner Vorkenntnisse und seines Wesens, begleitet. Für etwas ältere Kinder werden Schwimmlernkurse angeboten. Kurse finden in ganz Köln, z.B. in Braunsfeld, Ehrenfeld, Innenstadt, Kalk, Niehl, Nippes, Neubrück, Porz, Rodenkirchen, Südstadt, Hürth und Brühl statt.

Krieler Welle (Lindenthal)
krieler-welle.de/babys-kinder.htm
0221 / 43 04 74 7
Krieler Str. 15 * 50935 Köln

Ab acht Wochen können Babys gemeinsam mit ihren Eltern in Babyschwimmkursen das warme Wasser der KRIELER WELLE genießen. Der Clou ist die anschließende Babysauna, die das Immunsystem stärkt und entspannt (eine bis zehn Minuten bei 60 Grad). Kleinkindern bietet die KRIELER WELLE Minikids-Kurse an, in denen die Kinder auf selbstständiges Schwimmen ohne Hilfsmittel vorbereitet werden. Für ältere Kinder werden neben den regulären Schwimmkursen über mehrere Wochen auch Intensiv-Ferienkurse angeboten. Alle Kurse finden in kleinen Gruppen statt und während die Kinder schwimmen lernen, relaxen die Eltern im Wartebereich und beobachten ihre Kinder durch große Fenster beim Schwimmen.

Medicoreha – Baby- und Kinderschwimmen (Lindenthal)

medicoreha.de/kinderwelt

0221 / 46 78 78 00

Werthmannstr. 1c * 50935 Köln

(im medcampus Hohenlind)

Das Kursangebot der MEDICOREHA umfasst zahlreiche Aktivitäten an Land und im Wasser und ist für Kinder ab dem dritten Lebensmonat ebenso geeignet wie für Schulkinder. Angeboten werden beispielsweise Babyschwimmkurse, der Erlebniskurs Wasserspielwiese oder Schwimm-Lernkurse. Neben diesen Wasserkursen gibt es eine Kinderrückenschule und diverse Kurse zur Entspannung und Förderung der Konzentration.

Kleines und sehr ruhiges Schwimmbad, ideal für Kinder. Das Ambiente hat Wellness-Flair. (Susanne mit M.)

Babyschwimmen Seelöven (Lövenich)

seelöven.de

02234 / 94 81 78

Hertzstr. 2 * 50859 Köln

In Kleingruppen von maximal sechs bis sieben Babys erleben die Kinder das Element Wasser in angenehm warmen 32°C. Die Kurse dauern 30 Minuten und bieten abwechslungsreiche Übungen und Spiele. Die Gruppen werden nach dem Alter der Babys zusammengestellt, so dass die vielseitigen Erfahrungsmöglichkeiten im Wasser entwicklungsgerecht vermittelt werden können.

Aqualand Kinderschwimmkurse (Chorweiler)

aqualand.de/badewelt/fuer-kids

0221 / 70 28 0-0

Merianstr. 1 * 50765 Köln

Das AQUALAND bietet Schwimmkurse für jedes Alter. Um die Fähigkeiten der Babys optimal zu fördern, werden die Kurse je nach Alter deines Babys in „unter acht Monate" und „über acht Monate" unterteilt. Häufig kommt

der Unterwasserfotograf in die Kurse, der auf Wunsch die Babys im Wasser ablichtet. Es folgen Kurse für Kinder ab einem Jahr mit Tauchen und ersten Schwimmbewegungen. Kinder ab fünf Jahre erlernen in den professionellen Kinderschwimmkursen das Schwimmen. Die Besonderheit ist, dass die Kurse zweimal pro Woche über fünf Wochen am Nachmittag stattfinden. Kinder können so innerhalb eines Monats das Seepferdchen-Abzeichen erhalten. Über ein Panoramafenster können die Eltern ihrem Nachwuchs während des Schwimmkurses ungestört zusehen.

UNSER TIPP

BABYSCHWIMMEN MIT PAPA

* Viele Väter nehmen mit ihren Kindern gerne an Baby-Schwimmkursen teil. Besonders am Wochenende sind viele der Teilnehmer Papas. Eine gute Möglichkeit, sich von Vater zu Vater auszutauschen und einen festen Termin mit dem Nachwuchs am Wochenende zu haben. Auch die Mamas schätzen ein paar Stunden für sich allein.

PlitschPlatsch im Krankenhaus der Alexianer (Porz)

koeln.plitsch-platsch-schwimmschule.de

06441 / 44 91 24 4

Kölner Str. 64 * 51149 Köln

Die Schwimmschule PLITSCHPLATSCH bietet Babyschwimmkurse für unterschiedliche Altersgruppen bis drei Jahre an. Die Kursinhalte wie Tauchen oder durchs Wasser gleiten machen den Kindern viel Spaß.

physio vital (Porz)

physio-vital-porz.de

02203 / 21 59 0

Tiergartenstr. 47 * 51145 Köln

In der PHYSIO VITAL planschen, gleiten und spielen Kinder mit ihren Eltern während der Schwimmkurse im warmen Wasser. Die 45-minütigen Kurse gefallen Kindern und Eltern gleichermaßen.

AGGUA.Babies & Blubbies (Troisdorf)

aggua.de

02241 / 98 45 0

Aggerdamm 22 * 53840 Troisdorf

Im AGGUA ist für jede Altersgruppe ein Schwimmkurs vorhanden. Die AGGUA.Babies starten ab drei Monaten in einer angenehmen Gruppengröße von sechs bis neun Babys. Ziel ist es, die Freude der Babys an der Bewegung im Wasser zu fördern. Eltern lernen ihr Kind sicher durch das Wasser zu bewegen und vielfältige Spiel- und Bewegungsmöglichkeiten zu nutzen. In den Folgekursen AGGUA.Blubbies I und II machen die Kinder erste Bewegungsspiele und werden langsam an das Schwimmen herangeführt. Es folgen die Minis, die Fische oder die Kids.

Spiel- und Krabbelgruppen

Häufig kommen Kleinkinder in Babykursen oder Spiel- und Krabbelgruppen das erste Mal intensiv mit anderen Kindern zusammen, schauen sich Dinge von Gleichaltrigen ab und erlernen spielerisch neue Fähigkeiten. Der Spaß steht beim gemeinsamen Krabbeln, Spielen und Hochziehen sowie einfachen Liedern an erster Stelle.

Für Eltern sind die Kurse eine gute Möglichkeit, sich auszutauschen und aktuelle Themen wie z.B. das Schlaf- oder Essverhalten der Kinder zu besprechen. Du wirst feststellen, dass viele andere Eltern genau die gleichen Fragen und Dinge beschäftigen und es gut tut, sich über Erfahrungen auszutauschen.

Beliebte Kurse im Babyalter sind PEKiP, Pikler, Elba oder Fabel. Sie haben gemeinsam, dass sie bereits kleine Babys darin fördern, mit allen Sinnen sich selbst, ihre Eltern und ihre Umwelt aktiv zu erkunden (s. Gut zu wissen – PEKiP S. 123). Die Spiele und Anregungen eignen sich schon für die Kleinsten und bereits mit wenigen Wochen kannst du mit deinem Neugeborenen starten. Die Gruppen werden nach dem Alter der Babys zusammengestellt.

Während die Kursgebühren für Babykurse und Krabbelgruppen bei städtischen bzw. kirchlichen Einrichtungen bei etwa 5 bis 10 Euro pro Kursstunde liegen, verlangen die privaten Anbieter zwischen 10 und 20 Euro pro Einheit. Die Kurse und Gruppen finden in der Regel wöchentlich statt und dauern je nach Anbieter ein bis zwei Stunden.

Aber wie findest du einen guten Eltern-Baby-Kurs in Köln und was ist eigentlich gut? Unsere Erfahrung ist: Ein Kurs steht und fällt mit der Leitung! Daher nutze entweder unsere Erfahrungen oder frage in deinem Freundeskreis nach Tipps für einen guten Kurs.

Tante Astrid (Innenstadt)
tante-astrid.de
0221 / 22 20 02 10
Aachener Str. 48 * 50674 Köln

Spiel- und Krabbelkurse, Babymassage, PEKiP, Das erste Jahr, Babymassage, Rückbildung, Kängufit, Workout mit Baby.

Jumanju – Kindersport & Events
(Neustadt-Süd & Neustadt-Nord)
jumanjukinder.de
0176 / 24 51 02 11
Mozartstr. 18 * 50674 Köln
(Freistätte)
Kreutzerstr. 5-9
50672 Köln (Quäker Nachbarschaftsheim)

Die Kursleiterin Manju leitet im nach ihr benannten Kurszentrum JUMANJU eine Reihe beliebter Baby- und Kinderkurse. Von Babymassage über kreativen Kindertanz bis hin zu Ringen und Raufen findet jede Familie den richtigen Kurs. Das Feedback zu den Kursen und der Atmosphäre ist exzellent.

PEKIP

PEKiP ist unter den Eltern-Kind-Angeboten bei jungen Eltern besonders beliebt und steht für Prager-Eltern-Kind-Programm. Es geht auf den tschechischen Psychologen Dr. Jaroslav Koch zurück. Er entwickelte in den 60er-Jahren Spiel- und Bewegungsanregungen für Babys im ersten Lebensjahr, die als intensive Stimulation die gesamte Entwicklung des Säuglings fördern sollen. Die erste PEKiP-Gruppe in Deutschland wurde 1973 mit großem Erfolg gegründet. Inzwischen ist PEKiP ein geflügeltes Wort unter frisch gebackenen Kölner Müttern und viele Familien nehmen an einem PEKiP- oder ähnlichen Baby-Entwicklungskursen teil.

Ziel eines PEKiP-Kurses ist es, das Baby durch Bewegungs-, Sinnes- und Spielanregungen in seiner Entwicklung zu fördern und zu begleiten. Gleichzeitig sollen Eltern und Baby gemeinsam eine schöne Zeit erleben und ihre Beziehung zueinander stärken. Nicht nur das Kind kommt hier in Kontakt zu Gleichaltrigen, auch die frischgebackenen Eltern lernen Gleichgesinnte kennen und nutzen dies für einen intensiven Erfahrungsaustausch. PEKiP unterscheidet sich von anderen Kursen auch darin, dass die Babys bei Kursbeginn komplett ausgezogen werden, um ihre Körperwahrnehmung zu schärfen. PEKiP-Gruppenleiterinnen sind ausgebildete Sozialpädagogen oder pädagogische Fachkräfte. Für einen guten Überblick über PEKiP-Kurse gehe auf die Plattform des gemeinnützigen PEKiP e.V. im Internet pekip.de, auf der du dich über das Programm und mit Hilfe einer Postleitzahlensuche über Kurse in deiner Nähe informieren kannst.

Rappelkistchen - Babys 1. Jahr (Neustadt-Süd)

steffsrappelkiste.de

Mozartstr. 18 * 50674 Köln

(Freistätte)

Der Kurs RAPPELKISTCHEN ist für Mamas und Papas und ihre Babys ab der achten Woche bis zum 1. Lebensjahr. Jede Kursstunde dauert 75 Minuten, in denen Eltern und Babys mit der Kursleiterin Stefanie erste Lieder und Fingerspiele erlernen. Außerdem steht der Austausch zu allen Themen im ersten Lebensjahr im Fokus, z.B. das Stillen, Schlafen oder Impfen. Schön ist die bleibende Erinnerung wie ein Handabdruck in Salzteig, die gemeinsam mit den Kindern in jedem Kurs gebastelt wird.

· ·

PEKIP & Pikler bei geborgen geboren (Südstadt)

hebammenpraxis-geborgengeboren.de

0174 / 70 68 84 6

Karolingerring 3

50678 Köln (am Chlodwigplatz)

Die Hebammenpraxis GEBORGEN GEBOREN bietet mehrere PEKiP-Kurse an. Die Kurse sind klein und persönlich, es gibt reichlich Möglichkeit für den Austausch mit den anderen Teilnehmern. Neben dem PEKiP-Kurs findet auch der Kurs „Kind im ersten Lebensjahr" nach Pikler statt.

Eltern-Kind-Spielgruppe ab 1 Jahr in der FBS (Südstadt)

fbs-koeln.org

0221 / 47 44 55 0

Kartäuserwall 24b * 50678 Köln

Die FBS – EVANGELISCHE FAMILIENBILDUNGSSTÄTTE bietet offene Eltern-Kind-Gruppen für Kinder ab einem Jahr an. Die Miniclubs sind lockere Gruppen ohne festes Programm, vielmehr erkunden die Kinder verschiedene Spielangebote und bauen langsam Kontakte zu anderen Kindern auf. Außerdem werden von der Kursleiterin altersgemäße Bewegungs- und Singspiele sowie erste Materialerfahrungen, z.B. mit Farben, Papier oder Ton angeboten. Die Eltern haben die Möglichkeit, sich bei einer Tasse Kaffee oder Tee mit anderen Eltern zu unterhalten. Die Gruppe findet 14tägig am Nachmittag statt. Da es sich um ein offenes Angebot handelt, ist keine Anmeldung erforderlich.

· ·

Pusteblume (Ehrenfeld)

pusteblume.koeln

0221 / 95 59 37 7

Hosterstr. 1-5 * 50825 Köln

Im Kurszentrum PUSTEBLUME findest du eine Vielfalt an Kursen in den Bereichen Bewegung, Musik oder Tanz und Theater. In Licht durchfluteten Räumen und in einer angenehmen Atmosphäre bekommen Jung und Alt die Möglichkeit, sich zu entspannen und gemeinsam Spaß zu haben. Dabei reichen die Kinder-Kurse von der Musikwiese für Babys oder der Bewegungsbaustelle für Kleinkinder bis hin zu HipHop oder Jazzdance für ältere Kinder.

Pri&Pri, the Place to be for Mummy, Daddy and Baby (Bayenthal)

pri-pri.de

0221 / 78 96 39 48

Schönhauser Str. 55 * 50968 Köln

Bei PRI & PRI kann die ganze Familie gemeinsam das tolle Kursangebot entdecken und in die zauberhafte Welt für kleine Prinzen und Prinzessinnen eintauchen wie z.B. **Babys erstes Jahr, Babymassage** oder **Musikgarten**.

· ·

PEKiP mit dem DRK Kreisverband (Braunsfeld, Sülz, Porz)

drk-koeln.de/was-wir-tun/fuer-famili-en/familienbildungswerk.html

0221 / 54 87 44 0

Oskar-Jäger-Str. 40

50825 Köln-Braunsfeld

Berrenrather Str. 181

50937 Köln-Sülz (im Familienladen)

Oberstr. 96 * 51149 Köln-Porz

(im Bürgerzentrum Engelshof)

Der DRK KREISVERBAND bietet mehrere **PEKiP-Kurse** an, in denen du mit deinem Baby ab der sechsten Lebenswoche startest. Die Kurse sind klein und persönlich. Während der 1,5 Stunden gibt es ausreichend Gelegenheit, in der Gruppe und mit der Kursleitung über Babythemen zu diskutieren.

FABEL Kurs im Zentrum Familienbeglei-tung Angelika Sehringer (Nippes)

familienbegleitung.com

0221 / 13 97 09 56

Baudristr. 8 * 50733 Köln

Die Atmosphäre in den **FABEL Kursen** der FAMILIENBE-GLEITUNG ist nett und du bekommst viele Anregungen, mit welch einfachen Dingen die Kinder begeistert spielen. In den Kursen geht es darum, auf das Kind einzugehen und voneinander und miteinander zu lernen. Außerdem wird gesungen und die Kursleiterin gibt gute Tipps, wie du im täglichen Leben mit dem Baby richtig umgehst. Der FABEL Baby-Kurs beginnt ab der 8. Lebenswoche des Kindes und erstreckt sich über acht Einheiten zu je 1,5 Stunden. Wem es gefällt, kann bis zum Ende des 1. Lebensjahres Folgekurse besuchen.

· ·

Hebammenhaus Holweide (Holweide)

hebammenhausholweide.de

0221 / 89 07 27 92

Neufelder Str. 40 * 51067 Köln

Das HEBAMMENHAUS HOLWEIDE bietet ein breites Spektrum an Kursen bereits ab der 6. Lebenswoche, z.B. Babymassage, PEKiP oder fitdankbaby. Zusätzlich gibt es das Angebot **Raum für stillende Mütter**, in dem sich Hebammen und Mütter über Fragen zum Stillen austauschen. Das HEBAMMENHAUS HOLWEIDE zeichnet sich durch erfahrene Hebammen, kleine Gruppen und eine angenehme Atmosphäre aus.

INTERVIEW

NADINE NEUNEIER

KÖLNER KINDER-FOTOGRAFIN & BLOGGERIN

Nadine Neuneier ist Mutter eines kleinen Sohnes und gleichzeitig, Kamerafrau, Fotografin und Bloggerin. Sie hat für uns einige der schönen Köln-Bilder in diesem Buch geschossen und über ihre Freude am Fotografieren und das Teilen von Momenten über ihren Blog gesprochen.

HALLO NADINE, SCHÖN, DASS DU DIR ZEIT FÜR EIN INTERVIEW NIMMST. ERZÄHLE DOCH ERSTMAL, WIE DU AUF DIE IDEE FÜR DEINEN BLOG GEKOMMEN BIST?

In meiner Schwangerschaft habe ich mich natürlich über alles, was mit Kindern zu tun hat, informieren wollen und bin dadurch auf schöne amerikanische Blogs gestoßen. Dort erzählten Mütter sehr charmant von ihrem Alltag und zeigten gleichzeitig tolle Fotos ihrer Kinder. Da ich selber Kamerafrau bin, haben mich vor allem die Bilder gefesselt. Solche Momentaufnahmen des Alltags wollte ich auch fotografieren. Als mein Sohn auf der Welt war, habe ich viele Fotos gemacht. Aber ich merkte schnell, dass ich mir die Bilder auf der Festplatte selten anschaute. Da meine Verwandtschaft über ganz Deutschland und der Welt verteilt lebt, wollte ich sie ebenfalls daran teilhaben lassen. Aus diesem Grund habe ich angefangen den Blog zu schreiben. Irgendwann kamen Anfragen nach Familienfotos und so ging es mit der Arbeit als Fotografin los.

WAS MACHT DIR BEIM FOTOGRAFIEREN VON FAMILIEN UND DEM BLOGGEN AM MEISTEN SPASS?

Die Chemie zwischen den einzelnen Familienmitgliedern zu spüren und in Bildern festzuhalten, hat jedes Mal eine faszinierende Wirkung auf mich. Man weiß sofort, wenn man den Moment erwischt hat. In meinem Fall machen mir am Bloggen die Fotos sehr viel Spaß und wenn ich ein Thema habe, was mir besonders am Herzen liegt, fällt mir das Schreiben sehr leicht. Aber ich war schon immer ein sehr visueller Mensch und finde es leichter Geschichten mit Bildern zu erzählen als seitenlange Texte zu verfassen.

WIE SIEHT EIN TYPISCHES FAMILIEN-SHOOTING AUS?

Also in der Regel unterhalte ich mich erst mit den Familienmitgliedern und bereite währenddessen die Technik vor. Ich beginne beiläufig das eine oder andere Foto zu schießen, dann noch eins und auf einmal sind wir mitten im Shooting. Ich lasse die Familien zunächst alltägliche Sachen machen, damit die Barriere fällt. Ich finde, dass sich in genau diesen Situationen das Familienleben abspielt und dort die Interaktion der Partner oder Eltern mit Kindern

NADINE NEUNEIER

deutlich wird. Das sind die Situationen, die wunderbare Momente hervorbringen. Wichtig ist, dass sich alle wohl fühlen und keiner Dinge tut, die er normalerweise nicht machen würde. Danach gehen wir meist gemeinsam nach draußen. Je nachdem was gerade passt: in den Garten, den Park oder auch einfach auf den Markt. Wichtig ist mir dabei, dass es authentisch bleibt.

WO KÖNNEN SICH FAMILIEN DEINE FOTOS ANSEHEN UND FÜR EIN FOTO-SHOOTING KONTAKT MIT DIR AUFNEHMEN?

Auf meiner Webseite sind Fotobeispiele zu sehen und dort kann man auch Kontakt zu mir aufnehmen, um ein Angebot für ein Shooting zu bekommen oder einen Termin auszumachen.

DEIN LIEBLINGSORT MIT KIND IN KÖLN?

Eigentlich mein Hinterhof, aber der bleibt geheim ;). Nach der Kita gehe ich gerne zu einem kleinen Platz „An der Eiche" in der Südstadt. Dort gibt es es einen großen Spielplatz, im Sommer sogar mit Wasser, viel Platz zum Sitzen und obendrein bekommt man auf der Severinstraße ein gutes Eis.

DEIN STATEMENT ZU KÖLN MIT KIND?

Köln ist eine nette Stadt für Eltern mit Kind. Es gibt viel Grün, den Rhein und keiner wundert sich, wenn die Kinder das ganze Jahr verkleidet sind.

HAST DU EINEN LETZTEN FOTO-TIPP FÜR UNSERE FAMILIEN?

Ich mache das ganze Jahr Fotos, nicht alle sind wichtig und oftmals ähneln sie sich auch. Daher setze ich mich vor Weihnachten hin und sortiere nur die schönsten und wichtigsten Bilder unseres Familienlebens aus. Die lasse ich dann klassisch bei einem guten Dienstleister ausdrucken und klebe sie in ein Fotoalbum. Auf jede Seite nur ein oder zwei Bilder. Aber das reicht aus, um eine Erinnerung an alles Wichtige zu haben.

Kindermusik und Kunstkurse

Langzeitstudien haben gezeigt, dass Musik und Kunst die ganzheitliche Entwicklung der Kinder fördern. Musik schult die Fähigkeit, aufmerksam zuzuhören und weckt Freude, sich schöpferisch auszudrücken. Musikalische Frühförderung lässt Kinder erleben, wie viel Spaß gemeinsames Singen, Musizieren und Tanzen macht. In Kleingruppen lernen sie verschiedene Lieder und Instrumente wie Klangstäbe, Rasseln oder Trommeln kennen und werden kindgerecht an die Musik herangeführt. Durch Lieder mit integrierten Bewegungen wie z.B. dem Lied „Die Maus auf Weltraumreise" lernen die Kinder neben dem Gesang auch Bewegungen und Gesten kennen, die sie mit Begeisterung imitieren und dadurch ihre motorischen Fähigkeiten trainieren.

In Kinderkunstkursen arbeiten die Kinder mit verschiedenen Materialien und dürfen ihrer Kreativität freien Lauf lassen. Bereits Kleinkinder lieben es mit Fingerfarben und Stiften zu experimentieren. In professionellen Werkstätten bekommen sie dazu die Gelegenheit, ohne dass dabei die eigenen Wände leiden. Auch Malen, Bildhauen, Töpfern oder Experimentieren sind schöne künstlerische Angebote der Kölner Kunstschulen, die Kinder begeistert annehmen.

PHILHARMONIEVEEDEL & MIT BABY INS MUSEUM

Schon Babys können Kunst und Musik mit den Eltern in speziellen Angeboten genießen.

PhilharmonieVeedel

koelner-philharmonie.de/philharmonie-veedel

PHILHARMONIEVEEDEL heißt das Projekt, in dem Kölner aller Altersstufen unterschiedliche Konzerte zu einem familien- und veedelgerechten Preis genießen können. Die Kinderkonzerte finden z.B. im Bürgerhaus Kalk oder in verschiedenen Bürgerzentren statt. Querbeet musizieren drei Musiker für die Babys: von Georges Bizet bis Dave Brubeck. Dabei stehen sie in engem Kontakt mit den kleinen Zuhörern, die sie zum Staunen, Träumen, Lachen, Glucksen und Bewegen animieren.

familie & kunstfreunde

museumsfreunde-koeln.de

Das Projekt FAMILIE UND KUNSTFREUNDE richtet sich an Eltern mit Babys im ersten Lebensjahr. Es bietet 45 Minuten Kunstgenuss für Eltern und das Baby wird einfach mitgenommen. Abwechselnd werden Highlights aus den Sammlungen und Sonderausstellungen des Museums Ludwig und des Wallrafs vorgestellt. Wenn du im Anschluss Lust auf mehr Kunst hast, kannst du allein durch die Ausstellung gehen oder dich bei einer Tasse Kaffee mit anderen frischgebackenen Eltern austauschen.

KUM & LUK Bildungseinrichtung (Innenstadt)

kum-und-luk.de

0221 / 13 90 55 1

Hamburger Str. 17 * 50668 Köln

Einer der Schwerpunkte des KUM & LUK liegt auf der musikalisch-künstlerischen Früherziehung: ob **Ballett**, **Saxophon-Unterricht**, **Manga-Zeichnen** oder die **offene Kreativ-Werkstatt** – hier findet jedes Kind bestimmt einen zu seinen Neigungen und Interessen passenden Kurs. In der Kunstwerkstatt kannst du auch Geburtstage feiern und Ferienangebote buchen.

Musikkurse FamilienForum (Agnesviertel, Südstadt, Vogelsang, Mülheim)

familienbildung-koeln.de

Adressen s. S. 109

Kirchlicher Träger, der Musikkurse für unterschiedliche Altersgruppen anbietet. In den Kursen der fünf FAMILIEN-FOREN wird gesungen und es werden verschiedene Instrumente ausprobiert.

Malort Ellen Hantsch (Neustadt-Süd)

malort.ellen-hantsch.de

0151 / 11 18 28 57

Beethovenstr. 27 * 50674 Köln

Der MALORT ist mit Malwänden und einer bunten Malpalette ausgestattet. Im Malprozess geht es um den eigenen inneren Malprozess, nicht um das, was der Nachbar malt oder um dekorative Ergebnisse und vor allem nicht um Bewertung. Ab vier Jahren (am besten mit Bezugsperson) ohne Altersbeschränkung nach oben. Je unterschiedlicher sich die Gruppe zusammensetzt, desto natürlicher entsteht ein kleiner Kosmos.

Ein ganz wundervoller Ort, bei dem mein Sohn es 90 Minuten schafft, bei sich zu bleiben und begeistert zu malen. (Niko mit L. und F.)

Kinder-Kunst-Werkstatt (Südstadt)

kinderkunstwerkstatt.de

01578 / 85 44 43 9

SPZ - Loreleystr. 7 * 50677 Köln

In der KINDER-KUNST-WERKSTATT erlernen Kinder die Anwendung von verschiedenen bildnerischen und plastischen Ausdrucksformen und entdecken die vielfältigen Möglichkeiten des kreativen Tuns.

eigenArt – mobile Kunstwerkstatt für Kinder (Sülz)

eigenart-koeln.de

0173 / 23 73 16 2

Marsiliusstr. 57 * 50937 Köln

EIGENART bietet verschiedene Kunstkurse für Kinder ab drei Jahren in einem schönen Atelier mitten in Sülz an.

Malfreude Atelier (Sülz)

malfreude.de

0221 / 24 08 31 4

Luxemburger Str. 199 * 50939 Köln

Das MALFREUDE-ATELIER bietet einen leistungsfreien, inspirierenden Ort, an dem sich auf malerische Weise entfaltet, was im Inneren lebendig ist. Das kreative Spiel mit Farben und Formen weckt Neugierde und Spaß und macht Lust auf mehr. Die Wirkungen sind spontan und nachhaltig.

Musikgarten mit dem DRK Kreisverband (Sülz, Ehrenfeld)

drk-koeln.de/was-wir-tun/fuer-famili-en/familienbildungswerk.html

0221 / 54 87 44 0

Berrenrather Str. 181

50937 Köln-Sülz (Familienladen)

Oskar-Jäger-Str. 40

50825 Köln-Ehrenfeld

Im Babymusikgarten und den darauf aufbauenden Kursen MUSIKGARTEN I und II erkunden die Kleinen erste Instrumente und werden durch Klänge, Lieder sowie rhythmische Bewegung an die Musik herangeführt.

Freie Kunstschule Köln (Ehrenfeld)

kunstschule-koeln.de

0221 / 25 93 40 1

Helmholtzstr. 6-8 * 50825 Köln

Die FREIE KUNSTSCHULE Köln hat Kurse ab dem Vorschulalter im Programm. Als Special gibt es einen JUNIOR ART CLUB in englischer Sprache.

Fidelio (Sülz, Marsdorf)

fidelio-koeln.de

0221 / 50 29 06 3

Gustavstr. 4 * 50937 Köln-Sülz

02234 / 43 07 74 5

Horbellerstr. 2-4

50858 Köln-Marsdorf

Das Kurszentrum FIDELIO bietet diverse Musikangebote für Null- bis Zwölfjährige, die beliebt und entsprechend gut besucht sind.
Neben den Musikkursen kannst du im FIDELIO weitere Kinder- und Elternkurse besuchen, z.B. kreativer Kindertanz, Kinderturnen oder FitDankBaby.

Im Fidelio in Sülz sind wir bereits seit vier Jahren in verschiedenen Kursen. (Peggy mit J.)

Colonia Akademie (Mülheim)

colonia-akademie.de

0221 / 62 09 88 8

Wiener Platz 2 * 51063 Köln

Die COLONIA AKADEMIE hat eine schöne Bandbreite aus Musik- und Tanzkursen im Programm. Die musikalische Früherziehung ist bereits etwas für Kinder ab drei Jahren, denen ein spielerischer Umgang mit Musik ermöglicht werden soll. Die Colonia Kids ab sechs Jahren singen, tanzen und schauspielern gemeinsam.

Musikschule Haake (Dellbrück)

musikschule-haake.de

0221 / 68 72 29

Mühlenhofsweg 2b * 51069 Köln

Gabriele Haake führt Kinder jeden Alters an die Musik heran. Die Kurse reichen vom Musikgarten über die musikalische Früherziehung kontinuierlich weiter zum Instrumentalunterricht wie Klavier, Blockflöte oder Gesang. Alle Gruppen werden persönlich von Gabriele Haake betreut, so dass eine vertrauensvolle und freundschaftliche Bindung entsteht.

Kölner Philharmonie

FAMILIENSACHE – GEMEINSAM INS KONZERT

Konzert mit einer Einführung für Kinder

Während die Eltern die erste Konzerthälfte an einem Sonntagnachmittag allein im Konzertsaal in der Kölner Philharmonie erleben, bereiten sich die Kinder kreativ auf den gemeinsamen Besuch der zweiten Konzerthälfte vor.

Weitere Informationen zur Familiensache gibt es unter koelner-philharmonie.de/familiensache/

17.09.2017
22.10.2017
10.12.2017
14.01.2018
11.03.2018
13.05.2018

special topic

VEEDELSTOUR IN EHRENFELD

*** ADRESSÜBERSICHT ***

1. Kitsch Deluxe, Libelle, Utensil, Drahtflechterei * Körnerstraße
2. Give Box * Körnerstr. 101
3. Eisfeld * Hansemannstr. 49
4. Balloni * Ehrenfeldgürtel 88-92
5. Emi und Herr Landmann * Landmannstr. 4
6. Du liebst es * Landmannstr. 5
7. Buchhandlung Feussner * Landmannstr. 7
8. Spielwerk * Fridolinstr. 70
9. Der Blaue Koffer * Simarplatz 11
10. Brandtsplatz * 50825 Köln
11. Lenauplatz * 50825 Köln
12. Caffé Mondo * Lenauplatz 10
13. Blücherpark * Parkgürtel
14. Biergarten Kahnstation * Im Blücherpark

Wir beginnen unsere Veedelstour durch Ehrenfeld in der Körnerstraße, die wie keine andere für das besondere Flair im Veedel steht: Neues neben Altem, Schickes und Alternatives, hippes Café oder kölsche Familienkneipe, Mode und Kunst - hier gibt es immer was in den kleinen Läden wie **Kitsch Deluxe**, **Libelle**, **Utensil** oder der **Drahtflechterei** zu entdecken. Auf jeden Fall solltest du einen Blick in die **Give Box** vor dem Hochbunker werfen: In diesem bunten Schuppen kann jeder gut erhaltene aber aussortierte Dinge für Nachbarn als Geschenk deponieren - hier mit Kindern zu stöbern ist wie der Blick in ein Überraschungsei.

Nach so viel urbanem Streetfeeling ist es Zeit für eine Verschnaufpause: an der Ecke Hansemannstraße kann man sich im **Eisfeld** köstliches, selbstgemachtes Eis ohne jeglichen künstlichen Schnickschnack, dafür in ungewöhnlichen Geschmacksrichtungen wie Salz-Karamell gönnen. Klingt komisch? Ist aber unglaublich lecker!

Frisch gestärkt geht es im benachbarten **Balloni** auf die Jagd nach Deko-Artikeln für jede Gelegenheit und weiter zur Landmannstraße. Sie ist familiengeprägter und so kommst du direkt am Kindercafé **Emi und Herr Landmann** vorbei, einem beliebten Treff bei den ansässigen Familien. Der Stoffladen **Du liebst es** lässt die Herzen aller DIY-Fans höher schlagen, die gut sortierte Buchhandlung **Feussner** hat eine schöne Kinderbuchecke und das **Spielwerk** führt bunte Kinderkleidung und Holzspielwaren. In einer Seitenstraße befindet sich der Kinder-Secondhandladen **Der Blaue Koffer**.

Von der Landmannstraße aus lohnt sich der Abstecher auf den beliebten **Spielplatz am Brandtsplatz** um das dortige Piratenschiff zu erstürmen, bevor es weiter zum **Lenauplatz** geht, dem Herzen von Neu-Ehrenfeld. Hier tummelt sich bei schönem Wetter Groß und Klein: Großeltern üben mit den Enkeln Radfahren, Kleinkinder planschen im maximal knöchelhohen Wasser des **Max- und Moritz-Brunnen**, Schulkinder machen Deckenflohmarkt. Getränke, kleine Kuchen und Sandwiches zum Mitnehmen gibt es im **Caffé Mondo** direkt am Platz. Wer den Veedelstag im Grünen ausklingen lassen möchte, der sollte unbedingt im etwa 1 km entfernten **Blücherpark** vorbeischauen, auch wenn dieser offiziell nicht mehr zu Ehrenfeld gehört. Abseits vom städtischen Treiben lässt sich die Natur genießen und im kleinen **Biergarten Kahnstation** findet der Ehrenfeld-Tag bei Kölsch oder Rhabarberschorle ein wunderbares Ende. ♥

hot topic

· ·

KINDERGEBURTSTAG

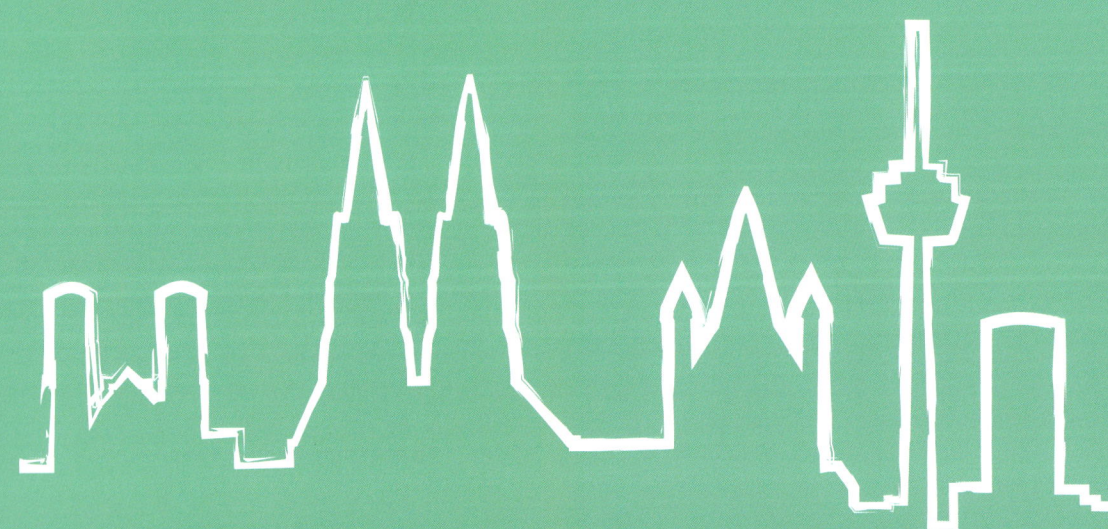

KINDERGEBURTSTAG

Bei deinem Kind steht der Geburtstag vor der Tür? Das ist für jedes Kind ein besonderer Ehrentag, der gebührend gefeiert werden will. Daher haben wir in diesem Kapitel viele tolle Geburtstags-Ideen für dich zusammengestellt. Egal, ob du den Kindergeburtstag in großer oder kleiner Runde, zu Hause oder in einem gemieteten Raum, mit oder ohne Programm feiern willst – hier findest du viele Anregungen und Ideen für den großen Tag deines Kindes. Pänz jeden Alters erleben ihren Geburtstag so mit viel Spaß und guter Laune.

Entdecker  Geburtstag

....

Bilderbuchmuseum (Troisdorf)

bilderbuchmuseum.de

02241 / 88 41 42 7

Burgallee 1 * 53840 Troisdorf

❂ *Entdeckt, wie Bilderbücher zum Leben erweckt werden und feiert mit dem netten Team euren Kindergeburtstag.*

....

Flughafen Köln / Bonn (Grengel)

koeln-bonn-airport.de

02203 / 40 40 01

Kennedystraße * 51147 Köln

❂ *Unvergesslicher Nachmittag am KÖLN BONN AIRPORT: altersgerechte Tour und auf Wunsch Tischreservierung in einem der Flughafen-Restaurants.*

....

GripsClub Köln (Bocklemünd/Mengenich)

gripsclub.org

0221 / 93 36 58 5

Ikarosstr. 2 * 50829 Köln

❂ *Nachmittag voller Experimente und naturwissenschaftlicher Phänomene. Außerdem Kostümtruhen & Mottokisten im Verleih.*

UNSER TIPP — PARTYDEKORATION

Die richtige Partydekoration macht den Kindergeburtstag zu etwas Besonderem und sollte gut überlegt werden. Toll ist es, Einladungen, Spiele, Girlanden, Kuchen oder Luftballons passend zum Geburtstagsmotto auszuwählen. Unsere zwei Kölner Favoriten in Sachen Partyausstattung sind:

* Van Harte (vanharte.de, Brüsseler Str. 56, 50674 Köln): originelle Party- und Deko-Ideen. Ob du eine wilde Piraten-Party feiern möchtest oder ein Einhorn-Fan bist – bei VAN HARTE findest du die individuelle und passende Dekoration. VAN HARTE ist auch Partner im Buch „Köln für Familien – ideen & gutscheine" und gibt dort satte Rabatte auf das Partyzubehör.

* Balloni (balloni.de/laden, Ehrenfeldgürtel 88, 50823 Köln): Wie der Name BALLONI schon sagt, kannst du in diesem Laden witzige Ballons in allen Formen und tolle Geburtstagsdekoration kaufen.

....

inside Cologne (Mülheim)

insidecologne.de

0221 / 52 19 77

Düsseldorfer Str. 47 * 51063 Köln

❂ *Führungen, Stadtspiele und Workshops, bei denen die selbst gemachten Werke als Andenken mitgenommen werden.*

Kindergeburtstag im Museum –
Museumsdienst Köln (mehrere Orte)

museumsdienst.wordpress.com

0221 / 22 12 45 44

Leonhard-Tietz-Str. 10 * 50676 Köln

✿ *Museumspädagogen gestalten
spannende Geburtstagsfeiern mit
verschiedenen Themenschwerpunkten in
den Kölner Museen. Es wird gefeiert,
die Ausstellung besucht und getöp-
fert, gespielt, gemalt oder gebaut.*

Kölnzeit (mehrere Orte)

koelnzeit.de

02237 / 60 38 77 7

Classen-Kappelmann-Str. 26

50931 Köln

✿ *Ralleys, Expeditionen und Schatzsuche, Hexen und Zauberer - das
spannende GPS Abenteuer für Jungen
und Mädchen.*

Odysseum (Kalk)

odysseum.de

0221 / 69 06 82 00

Corintostr. 1 * 51103 Köln

✿ *Geburtstagsspaß im Entdeckermuseum
mit vielen Mottofeiern.*

Sportlicher Geburtstag

Glowing Rooms - Indoor-Minigolf
(Ehrenfeld)

glowingrooms.com

0221 / 58 98 33 85

Venloer Str. 383 * 50825 KölnC

✿ *Geburtstag feiern in den coolen,
neonfarbenen Spielwelten der Glowing
Rooms. Vorherige Anmeldung erforderlich, spezielle Kindergeburtstags-
pakete gibt es nicht. Tipp: Feiere
unter der Woche, da es am Wochenende
sehr voll ist.*

Aqualand Köln (Chorweiler)

aqualand.de

0221 / 70 28 0

Merianstr. 1 * 50765 Köln

✿ *Badespaß mit Animation und Geburts-
tagsmenü.*

BMX mit Infaction (Kalk)

infaction.de

0221 / 20 42 94 98

Taunusstr. 47 * 51105 Köln

✿ *Feier deine BMX-Party in einem Skatepark deiner Wahl! Inklusive BMX-Kurs für deine Gäste.*

BRONX ROCK Kletterhalle (Wesseling)

bronxrock.de

02236 / 89 05 70

Vorgebirgsstr. 5 * 50389 Wesseling

✿ *Klettergeburtstage auf kindgerechten Kletterrouten und die Themengeburtstage wie „Action is possible" und „Indiana Jones" im Abenteuerbereich sorgen für maximalen Spaß.*

Canyon Chorweiler (Chorweiler)

canyon-chorweiler.de

0221 / 53 43 67 3

Weichselring 6a * 50765 Köln

✿ *Kletterspaß mit professioneller Geburtstags-Betreuung.*

chimpanzoDrome Kletterhalle (Frechen)

chimpanzodrome.de

02234 / 27 34 10

Ernst-Heinrich-Geist-Str. 18

50226 Frechen

✿ *Spannende Kletter-Kindergeburts-*

tage. Getränke und Geburtstagskuchen können mitgebracht werden.

City Bowling (Innenstadt)

city-bowling.de

0221 / 23 92 75

Moselstr. 44 * 50674 Köln

✿ *Geeignet für Kids ab 4 Jahren, mit altersgerechter Einführung damit jeder Wurf zum Treffer wird.*

Junior Racing auf der Kartbahn (Kerpen)

ms-kartcenter.de/kartcenter/kinder-bahn.html

02273 / 60 19 0

Michael-Schumacher-Str. 5

50170 Kerpen

✿ *Fahrspaß für die kleinen Motorsportfreunde - auf einem kleinen Parcours wird erste Rennluft geschnuppert.*

Move Artistic Dome (Ehrenfefd)

move-artistic.com

0221 / 93 33 37 0

Girlitzweg 30 * 50829 Köln

✿ *Zwei Stunden Spaß und Action erwarten dich in bei Trendsportarten wie Parkour, Tricking, Slacklining sowie in der Trampolin-Halle.*

Overdrive Slotshop (Opladen)

overdrive-shop.com

02171 / 34 14 20

Kölner Str. 144 * 51379 Leverkusen

✿ Rennen auf der 4-spurigen Carrera-bahn für Kinder ab 10 Jahren.

Schwimm-Geburtstag in der Krieler Welle (Lindenthal)

krieler-welle.de

0221 / 43 04 74 7

Krieler Str. 15 * 50935 Köln

✿ Wasserball, Wettschwimmen oder Wellen erzeugt mit großen Matten – hier gibt es zweimal 45 Minuten Wasserspiele und dazwischen Pause zum Kuchenessen.

Soccer Treff (Pesch)

soccertreff-pesch.de

0221 / 96 53 56 3

Waffenschmidtstr. 10 * 50767 Köln

✿ Soccerhalle für Fußballfans aller Altersgruppen.

Soccer World (Lövenich)

soccerworld-koeln.de

02234 / 98 84 88

Ottostr. 7 * 50859 Köln

✿ Erlebe jede Menge Spaß beim Kicken und Spielen. Danach wartet ein großer Geburtstagstisch. Die passen-den Einladungen für die Fußball-Party gibt's auch. Tipp: unbedingt Postleitzahl ins Navi eingeben, die Ottostraße gibt es 4x in Köln.

Sportmuseum Köln (Neustadt-Süd)

sportmuseum.de/kids-corner/dein-ge-burtstag.html

0221 / 33 60 90

Rheinauhafen * 50678 Köln

✿ Im Mittelpunkt steht eine spannende Zeitreise durch die Dauerausstellung mit abwechslungsreichen sportlichen Aktivitäten. Verschiedene Geburts-tagsprogramme auf Wunsch mit Essen und Getränken.

TanzBreuer (Innenstadt)

tanzbreuer.de

0221 / 21 61 61

Mauritiussteinweg 90-92 * 50676 Köln

✿ Kinderballett und Dancing-Kids ab 3 Jahren, Dance4Fans-Kids ab 7 Jahren.

Wasserski am Bleibtreusee (Brühl)

wasserski-bleibtreusee.de

02232 / 22 68 1

Luxemburger Straße * 50321 Brühl

✿ Im Sommer ein Hit – Geburtstag mit Wasserski-Fahrt auf dem See.

PIÑATAS

* Piñatas haben ihren Ursprung vor allem in Mexiko und sind bunte Pappmaché-Figuren, die bei Kindergeburtstagsfeiern mit Süßigkeiten und kleinen Goodies gefüllt sind. Kleine Kinder mögen sie wegen ihrer bunten Farben und lustigen Formen. Sie hängen an der Decke und machen bereits beim ersten Anblick gute Laune. Das Schicksal einer jeden Piñata ist, dass sie im Laufe der Party zerschlagen wird und ihre kleinen Überraschungen herausfallen. Die hübschen Figuren sind eine bunte Raumdekoration und die Vorfreude auf das Zerschlagen und die Süßigkeiten schwebt während der ganzen Feier in der Luft. Du bekommst die bunten Piñatas am einfachsten online, z.B. unter geburtstagsfee.de oder vanharte.de.

Kreativer ♥ Geburtstag

Basti Bus (dein Wunschort)

basti-bus.de/html/der_basti_bus_kommt_.html

✿ *Der Basti-Bus ist eine rollende Geburtstags-Kinderwerkstatt. Eine kreative Idee, die Klein und Groß Spaß macht und zu dir nach Hause kommt.*

eigenArt – mobile Kunstwerkstatt für Kinder (Sülz)

eigenart-koeln.de

0173 / 23 73 16 2

Marsiliusstr. 3 * 50937 Köln

✿ *Im Atelier der mobilen Kunstwerkstatt werden unterschiedliche Gestaltungs-Techniken ausprobiert.*

Keramik bemalen Pottery Art Café (Südstadt, Sülz)

pottery-art-cafe.de

0221 / 27 17 56 9

*Arndtstr. 2 * 50676 Köln-Südstadt*

0221 / 29 88 85 54

*Luxemburger Str. 271 * 50939 Köln-Sülz*

✿ *Malen was das Zeug hält. Egal ob Keramiktasse oder -teller, die kleinen Kunstwerke sind ein tolles Andenken für zu Hause. Ab etwa 7 Jahren.*

Kinder-Kunst-Werkstatt (Neustadt-Süd)

kinderkunstwerkstatt.de

0221 / 34 15 65

Bonner Str. 87 * 50677 Köln

✿ *Gemeinsam mit Pädagogen stimmt man ab, welches Thema und welche Materialien während der Feier zum Einsatz kommen.*

Malfreude Atelier (Neustadt-Süd)

malfreude.de

0221 / 24 08 31 4

Steinstr. 49 * 50677 Köln

✿ *Kinder ab etwa 6 Jahren können während der Geburtstagsfeier Ausdrucksmalerei ausprobieren.*

Töpferwerkstatt des Jugendfreizeit-werks Köln (Chorweiler)

jugend-freizeitwerk-koeln.de

0221 / 97 01 94 8

Athener Ring 3a * 50765 Köln

✿ *Anmietung der Töpferwerkstatt und töpfern was das Zeug hält.*

Tierisch-natür-licher Geburtstag ♥

Bauernhof Gut Schiff (Bergisch Gladbach)

gut-schiff.com

02202 / 32 12 0

Schiff 1 * 51465 Bergisch Gladbach

✿ *Geburtstag auf dem Bauernhof - Tiere entdecken und streicheln in-klusive. Auf Wunsch mit Ponyreiten und Führung über den Hof. Kinder-fuhrpark, Zelt mit Bierzeltgarni-turen und ein Grill stehen zur Verfügung.*

Bergisches Freilichtmuseum (Lindlar)

bergisches-freilichtmuseum.lvr.de

02266 / 47 19 20

51789 Lindlar

✿ *Kindergeburtstage zwischen restau-rierten Häusern, dem Naturspielplatz und tierischen Akteuren wie Pferden, Schweinen und Kaninchen.*

Gertrudenhof (Hürth)

erlebnisbauernhof-gertrudenhof.de

02233 / 72 81 6

Lortzingstraße * 50354 Hürth

✿ *Spannende Geburtstagsprogramme für Kinder ab 3 Jahren - individuell auf eure Wünsche und das Alter der Kinder abgestimmt.*

Glessener Mühlenhof (Bergheim)

glessener-muehlenhof.de

02238 / 96 93 50 12 9

Glessener Mühlenhof 1 * 50129 Bergheim

✿ *Bei einer Schatzsuche im Freien die Natur erforschen, im Stroh toben, Pizza backen und vieles mehr!*

Jugendfarm Wilhelmshof e.V. (Heimersdorf)

jugendfarm-wilhelmshof.de/index.php?page=geburtstagsfeiern

0221 / 59 92 92 6

Bergheimer Weg 27 * 50737 Köln

✿ *Kindergeburtstagsfeiern ab drei Jahren, z.B. ‚Wellness-Party‘, ‚Manege frei‘ oder ‚Indianer‘.*

Kölner Zoo (Riehl)

koelnerzoo.de/index.php/feiern-im-zoo#geburtstag

0221 / 56 79 91 00

Riehler Str. 173 * 50735 Köln

✿ *Von „Geheimnisvolles Afrika" bis „An den Ufern der Regenwaldflüsse" - ihr habt die Wahl zwischen unterschiedlichen Themen bei jedem Wetter. Die ZooGastronomie übernimmt gern die Verpflegung der Kinderschar.*

Krewelshof (Lohmar)

krewelshof.de

02205 / 89 77 05

Krewelshof 1 * 53797 Lohmar

✿ *Der KREWELSHOF bietet Kindergeburtstags-rund-um-glücklich-Pakete: Spaß in der Spielscheune, auf dem Spielplatz oder der Hüpfburg inklusive.*

Ponyhof Stiller (Bergheim)

team-stiller.de/glessen/kindergeburtstage.php

0178 / 58 22 28 3

Alte Windmühle 1 * 50129 Bergheim

✿ *Mehrere betreute Stunden Pony-Spaß im Sommer und Winter, Kinderbegeisterung garantiert.*

Reitschule Ötting (Bergisch Neukirchen)

reitschule-oetting.de

0177 / 41 94 82 0

Zum Claashäuschen 37a

51381 Leverkusen

✿ *Geburtstagsfeier auf dem Reiterhof, je nach Geburtstagspaket inklusive Kutschfahrt und Ponyreiten.*

GUT ZU WISSEN

KLEINKINDER-GEBURTSTAGE

* Es ist eine goldene Regel „So alt wie das Kind wird, so viele Kinder darf es einladen". Sie passt für die ersten Lebensjahre gut, um ein vernünftiges Maß an kleinen Geburtstagsgästen zu finden.

* Für Einjährige sind ein bis zwei Stunden und für Zweijährige zwei bis drei Stunden Kindergeburtstag ideal, um die Aufmerksamkeitsspanne des Geburtstagskindes und seiner Gäste nicht zu überfordern.

* Plane und erledige im Vorfeld möglichst viel, um Stresssituationen während des Geburtstags zu reduzieren.

* Ein tatkräftiger Partner oder eine Freundin sind während der Feier unverzichtbare Helfer.

* Bunte Smarties oder Streusel machen jeden Kuchen zu etwas Besonderem.

* Geschwisterkinder helfen oft gerne bei den Vorbereitungen und freuen sich über kleine Aufmerksamkeiten.

* Wenn Kleinkinder feiern, sind Papp- oder Plastikgeschirr und abwaschbare Oberflächen angesagt.

* Genügend freie Flächen erlauben es den Kindern, sich gefahrlos auszutoben.

* Kerzen gehören nur an Stellen, die für die Kleinen unerreichbar sind.

* Über ein gemeinsames Ständchen, z.B. „Happy Birthday" oder „Hoch sollst du leben" freut sich jedes Geburtstagskind.

* Die gesunde Mischung aus ruhigen Phasen und altersgerechtem Spiel machen den Kindergeburtstag zu einem Erfolg.

* Wenn kleine Gäste nicht mitspielen wollen, sollte man ihnen eine Pause gönnen und nach einigen Minuten wieder versuchen, sie in das Geschehen zu integrieren.

* Gastgeschenke sind beim Kindergeburtstag eine Tradition, die Menge und der Wert sollten allerdings im Rahmen bleiben. Um Eifersucht zu vermeiden, ist es ratsam an alle Kinder die gleichen Mitbringsel zu verteilen.

* Eine nette Erinnerung an das Geburtstagsfest ist, wenn Kinder und Eltern gemeinsam etwas basteln und später mit nach Hause nehmen dürfen. Bei Kleinkindern kann das z.B. eine bunt bemalte Stofftasche oder ein Fingerfarbenbild sein.

Tobe Geburtstag ♥

....

Bubenheimer Spieleland (Nörvenich)

bubenheimer-spieleland.de

02421 / 71 19 4

Burg Bubenheim 1 * 52388 Nörvenich

✿ Hier lassen sich Kindergeburtstage
Indoor und Outdoor stressfrei gestalten. Egal ob im Maislabyrinth,
beim Bowling, der Allwetterhalle
oder auf dem Abenteuerspielplatz.

....

Jackelino Safari (Godorf)

jackelino-safari.de/de

02236 / 88 18 22 2

Otto-Hahn-Str. 6-8 * 50997 Köln

✿ Viel Platz zum Feiern, Klettern,
Hüpfen und Spielen.

Jackelino (Niederkassel)

jackelino.de

02208 / 40 27

Jackelino * Gladiolenweg 100

53859 Niederkassel

✿ Geburtstag feiern bei jedem Wetter
auf abwechslungsreichen Spielgeräten.

....

Okidoki-Kinderland (Gremberghoven)

okidoki-koeln.de

02203 / 10 11 90 3

Hansestr. 74-76 * 51149 Köln

✿ In extra Geburtstagsräumen könnt ihr
ungestört die Geburtstagstorte essen
und danach auf den Spielgeräten
toben. Selbstverpflegung oder Nutzung
der Gastronomie sind möglich.

....

Pippolino (Kerpen)

pippolino.com

02273 / 95 36 00

Hermann-Löns-Str. 30-38 * 50170 Kerpen

✿ Geburtstagstische könnt ihr im
PIPPOLINO kostenlos reservieren und
zahlt nur den normalen Eintritt.
Essen und Getränke könnt ihr
selber mitbringen oder vor Ort ein
großes Pizzablech bestellen.

Silly Billy (Lövenich)

silly-billy.org

02234 / 94 44 28

Ottostr. 14 * 50859 Köln

✿ *Drei verschiedene Geburtstagspakete mit bunt dekoriertem Geburtstagstisch und viel Spaß auf den Spielgeräten.*

Stuntwerk (Mülheim)

stuntwerk.de/stuntwerk-kurse/kinder

0221 / 88 89 39 0

Schanzenstr. 6-20 * 51063 Köln

✿ *Das STUNTWERK verspricht einen tollen Geburtstag im charmanten Kinderbereich mit Dschungel, Baumhaus und Lianen.*

Tummel Dschungel (Bergisch Gladbach)

tummel-dschungel.de

02204 / 61 60 8

Rathenausstr. 9

51427 Bergisch Gladbach

✿ *Party feiern im TUMMEL DSCHUNGEL mit Geburtstagstisch und auf Wunsch Catering aus dem Dschungelrestaurant. Geburtstagsspaß garantiert.*

Zirkus & Zaubergeburtstage ♥

Alissa Aladino (mehrere Orte)

kunterbuntevents.de

02236 / 62 55 4

Bergstr. 33 * 50999 Köln

✿ *Mottoparty mit individuellem Programm, das aus Zaubershow, Schminken, Ballons u.v.m. kombiniert werden kann.*

Badelli's Magic Show (mehrere Orte)

hans-bader.magix.net/public/index.htm

02238 / 47 22 03

Lucas-Cranach-Str. 5 * 50259 Pulheim

✿ *Zaubershow am Kindergeburtstag.*

Interface-Studios (Innenstadt)

interface-studios.de

0178 / 30 86 88 8

Lindenstr. 32 * 50674 Köln

✿ *Hier werden die Kleinen zu Musik-stars: Beim einzigartigen Kinder-geburtstag im Tonstudio!*

Kölner Spielecircus (Vogelsang)

spielecircus.de/kindergeburtstag.html

0221 / 35 58 16 80

Am Wassermann 5 * 50829 Köln

✿ *Mitmachen und Ausprobieren in den Zirkusbereichen: Balancieren, Clowns, Akrobatik, Trapez, Seil-tanzen, Jonglieren, Feuertricks und Fakirgeheimnisse für max. 14 Kinder ab 6 Jahren.*

ZAK Zirkus- und Artistikzentrum Köln (Nippes)

zak-koeln.com

0221 / 70 21 67 8

An der Schanz 6 * 50735 Köln

✿ *Ein Nachmittag voll Hochspannung und Zirkusfieber.*

Zauberer Minimax (mehrere Orte)

zauberer-minimax.de

0163 / 62 01 26 4

Georg-Weerth-Str. 46 * 50829 Köln

✿ *Zauber-Profi für Kindergeburtstage.*

Geburtstagsprofis

herzens-wunsch (dein Wunschort)

herzens-wunsch.de

0221 / 75 91 59 8

✿ *Organisation von Kinderfesten aller Art, ob Kindergeburtstag, Mottopar-tys, Schatzsuchen, u.v.m. Es können Spielekisten ausgeliehen werden.*

Kölner Spielewerkstatt (dein Wunschort)

spielewerkstatt.de

0221 / 97 65 72 0

✿ *Die SPIELEWERKSTATT organisiert kreative Kinderfeste oder verleiht auf Wunsch spannende Spielgeräte.*

Märchenkinder (dein Wunschort)

märchenkinder.de

✿ *Feiere deinen Geburtstag mit deiner eigenen Eiskönigin, Eisprinzessin und Schneemann Oli!*

Wirbelwind Kinderparty (dein Wunschort)

wirbelwind-kinderparty.de

02208 / 93 39 73 1

Espenweg 8 * 53859 Niederkassel

✿ *Tolle Kindergeburtstagsideen für jedes Wetter und mit qualifiziertem Personal.*

INTERVIEW

DIANA & NICOLA – BACKGAUDI

DIANA & NICOLA

Auf der Webseite BackGAUDI schreiben Diana und Nicola mit Herzblut rund um die Themen Backen und Kochen für Kinder. Dort bekommst du tolle DIY-Ideen, Tipps für Kinderpartys oder Einblicke in das Leben mit Kind. Alle Inspirationen und Ideen rund ums Backen, Kochen oder Feiern sind selbst ausprobiert und einfach nachzumachen. Abgerundet wird das Ganze mit tollen Fotos.

WIE SEID IHR AUF DIE IDEE FÜR BACKGAUDI GEKOMMEN?

Meine Partnerin und ich organisieren tolle Programme und Highlights für Kindergeburtstage und haben daher schon eine ganze Menge Kinderpartys gefeiert. Da fiel uns immer wieder auf, dass die Eltern die Geburtstagstorte oft nur noch liefern lassen. Das finden wir total schade, denn Backen kann wirklich jeder! So haben wir uns entschlossen, den Blog backgaudi.de zu gründen und ein Buch zu veröffentlichen, in denen es rund ums Backen für den Kindergeburtstag geht. Den Inhalt des Buches haben wir durch nette Spielideen und Dekotipps abgerundet.

Auf dem Blog gibt's regelmäßig tolle Bastelanleitungen, Experimente und leckere Kochrezepte. Alles kinderleicht nachzumachen ohne viel Aufwand.

WAS KOMMT BEI EUREN LESERN AM BESTEN AN?

Unsere Leser lieben die Einfachheit unserer Rezepte und Ideen. Mit wenigen Zutaten, die man üblicherweise in der Vorratskammer und im Kühlschrank hat, lassen sich mit einfachen Kniffen die tollsten Kuchen backen. Das macht Spaß, denn auch die ganz Kleinen können schon mithelfen.

EUER LIEBLINGS-KINDERKUCHEN?

Das ist wirklich eine schwierige Frage, denn wir lieben Kuchen in jeder Form. Aber speziell für Kinder ist unser Favorit der Fantakuchen. Der gelingt immer und lässt sich wirklich ruckzuck zubereiten. Ob auf dem Blech oder in der Springform ist ganz egal und auch bei der Deko sind keine Grenzen gesetzt. Zuckerguss, Schokoglasur, Puderzucker, Smarties, Gummibärchen oder ein Frosting mit Frischkäse, beim Kindergeburtstag ist alles erlaubt.

EUER TIPP FÜR EINEN GELUNGENEN KINDERGEBURTSTAG?

Gute Planung ist alles. Man sollte immer einen Plan B haben, falls das Wetter oder auch die Stimmung kippt. Wer daheim feiert, darf sich ruhig Hilfe von einer Freundin oder der Nachbarin holen, denn schließlich kann einen die wilde Rasselbande ganz schön auf Trab halten. Kuchen und Partyfood lässt sich teilweise schon am Vortag vorbereiten. Vor allem beim Programm ist weniger oft mehr. Kinder lieben es zu toben und zu spielen, also ab auf den Spielplatz oder in den Garten. Dann noch die Checkliste aus unserem BackGAUDI Buch und es kann nichts mehr schiefgehen.

teil 4

FREIZEITAKTIVITÄTEN

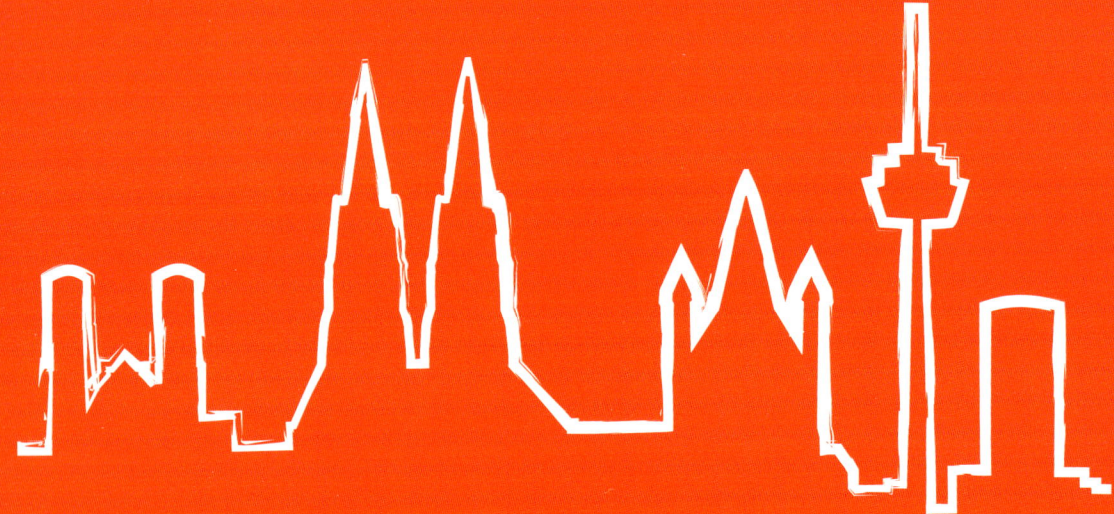

Entdeckertour!

Mein Top-Guide ♥

Indoor-Spaß

Kinder-
cafés

Winter-
zeit

Sommerzeit

Spielplätze

Reisen mit
Kind

SPASS HABEN

ESSEN UND TRINKEN MIT KINDERN

In Köln gibt es glücklicherweise eine ganze Reihe Cafés für kölsche Pänz und ihre Eltern. Gut so, denn wir mögen es entspannt mit Kindern Kaffee trinken zu gehen und dabei eine schöne Zeit zu verbringen. Neben den klassischen Kleinkindcafés mit Spielecken und Kinderausstattung haben wir für dich einige gemütliche Restaurants ausfindig gemacht, in denen Familien ebenfalls herzlich willkommen sind. Außerdem zeigen wir dir die besten Frühstücks-Cafés mit Kindern in und um Köln. ▲▲

Kindercafés

Familienfreundliche Cafés gesucht, in denen Kinder spielen können? Dann bist du hier richtig, denn wir stellen dir in diesem Kapitel unsere Kindercafé-Favoriten mit Spielecke, Kinderausstattung und besonders kinderfreundlichem Personal vor.

. . . .

Agathe (Innenstadt)

agathe-koeln.de

0221 / 16 99 71 04

Schaafenstr. 12 * 50676 Köln

🕐 MO-SA 9.3o-18.oo * SO 10.oo-18.oo
(Ferienzeiten abweichend)

Das geschmackvolle Familiencafé AGATHE im Herzen Kölns bietet Frühstück und gute Mittagssnacks. Nachmittags gibt es leckere hausgemachte Waffeln und selbst gebackene Kuchen. Eine Kinderspeisekarte sorgt dafür, dass auch die Kleinsten immer etwas Leckeres finden. Nach dem Kaffee kannst du einen Blick auf die netten Accessoires und schöne Kindermode werfen, die das Café AGATHE verkauft. Die Kinder haben viel Platz zum Spielen, besonders beliebt ist das große Bällebad in der Mitte des Cafés. Im großzügigen Kursraum im hinteren Teil des Cafés finden Kurse für Familien statt. Ob Rückbildung, Pilates, Babys erstes Jahr oder Musikkurse, im AGATHE ist für jeden etwas dabei.

HalliGalli (Innenstadt)

cafe-halligalli.de

0221 / 60 60 19 19

Mozartstr. 39 * 50674 Köln

🕐 MO-SA 9.3o-18.oo * SO 10.oo-17.oo

Bei HALLIGALLI können Kinder in liebevoller und kindgerechter Atmosphäre spielen, toben und krabbeln. Währenddessen trinkst du in Ruhe deinen Kaffee oder genießt die hausgemachten Kuchen und Waffeln. Besondere Highlights für die Kinder sind der Indoor-Sandkasten, die Motorikspielwand, der Spielturm mit Rutsche und die Baby-Hängeschaukel.

. . . .

Tante Astrid (Innenstadt)

tante-astrid.de

0221 / 22 20 02 10

Aachener Str. 48 * 50674 Köln

🕐 MO-FR 9.3o-18.oo
    SA-SO 14.3o-18.oo

TANTE ASTRID ist Familiencafé und familienfreundliches Seminarhaus in einem. Neben vielen Kursen für werdende oder junge Mütter gibt es ein schönes Café. Im Sommer lockt der nette Outdoor-Spielbereich mit Sandkasten. TANTE ASTRID ist besonders mit kleineren Kindern eine tolle Anlaufstelle nahe der Kölner Innenstadt. Neuerdings findet auch ein Schwangerencafé statt.

Familiencafé Baumhaus (Südstadt)

cafe-baumhaus.de

0221 / 78 95 36 00

Karl-Korn-Str. 18 * 50678 Köln

(Eingang über Severinswall)

⏰ MO-FR 10.oo-14.oo * 15.oo-18.0o
   SO 10.oo-14.oo * 15.oo-18.oo
   SA Ruhetag

Das CAFÈ BAUMHAUS ist ein gemütliches Eltern-Kind-Café in der Kölner Südstadt. Hier treffen sich besonders gerne Baby- und Kleinkind-Eltern, denn am Eingang werden die Schuhe ausgezogen, damit die Kinder Straßendreck-frei krabbeln können. Das CAFÈ BAUMHAUS ist ideal für einen Kaffee mit Kindern nach einem Rheinspaziergang. Für das leibliche Wohl ist in Form von Frühstück, Mittagessen und Kuchen gesorgt. Im Sommer kannst du vor dem CAFÈ BAUMHAUS draußen sitzen.

Das Baumhaus ist schön eingerichtet und hat seinen Namen von der Waldwand im Café. In dem Kleinkindcafé ist immer was los, aber es ist trotzdem nie so laut, dass du das eigene Wort nicht mehr verstehst. (Sonja mit M. & J.)

Café Kleks (Zollstock)

cafe-kleks.de

0221 / 16 85 75 50

Irmgardstr. 19 * 50969 Köln

⏰ DI-FR 10.oo-18.3o * SA 11.oo-18.3o
   SO 14.oo-18.3o

Im CAFÉ KLEKS fühlen sich Familien wohl. Während sich die Kinder im großzügigen, etwas abgetrennten Spielzimmer vergnügen, erfreuen sich die Eltern an leckeren Kuchen und herzhaften Snacks. Wickelmöglichkeiten für die Kleinsten sind vorhanden. Regelmäßig finden beliebte Events wie Kasperltheater, Kinderflohmärkte, Bastelaktionen und Kochkurse für Groß und Klein statt. Direkt gegenüber des CAFÉ KLEKS liegt ein Kinderspielplatz. Bei gutem Wetter kannst du dort nach dem Cafébesuch oder mit Coffee-To-Go die Kinder toben lassen.

Für die Besitzer des Café Kleks steht das Wohl der Gäste absolut im Mittelpunkt. Sie gehen toll auf die Kinder ein und machen gern mal ein Gläschen warm. (Susanne mit M.)

COFFEE-TO-GO

* Im Café Rosemarie gibt es leckeren Coffee-To-Go, Frappés oder andere Kaltgetränke, die du mit auf den Spielplatz nehmen kannst.

Café Rosemarie (Sülz)

0221 / 16 91 89 78

Hirschbergstr. 28 / Honnefer Platz

50939 Köln

🕐 DI-SO 10.oo-18.3o * MO Ruhetag

Das CAFÉ ROSEMARIE bietet Platz für die ganze Familie. Besonders beliebt sind die leckeren Pfannkuchen für Groß und Klein. Das Café wird von einem netten Ehepaar betrieben und wird von Eltern aufgrund der Weitläufigkeit des Lokals geschätzt. Der Spielbereich mit Teppich, schwarzem Kuschelsofa, Wickeltisch und Brio-Eisenbahn ist vom restlichen Gastraum etwas abgegrenzt. Der gegenüberliegende Spielplatz zieht die Kleinen bei gutem Wetter magisch an.

Café Emi und Herr Landmann (Ehrenfeld)

emiundherrlandmann.de

0221 / 16 91 14 36

Landmannstr. 4 * 50825 Köln

🕐 DO-DI 9.oo-18.oo * MI Ruhetag

Das EMI UND HERR LANDMANN ist ein helles, stilvolles Familiencafé in Ehrenfeld. Seit August 2015 wird es mit viel Herzblut von Katharina und Dave betrieben. Du kannst zwischen Frühstück, Mittagsgerichten, Snacks und leckeren Kuchen wählen – alles zu fairen Preisen. Eltern mit Babys sitzen gern auf den breiten Sofas im hinteren Teil des Cafés, bei größeren Kindern steht die Spielecke hoch im Kurs. Bei gutem Wetter stehen Tische vor dem Café, die sind herrlich, um das Treiben auf der Landmannstrasse zu beobachten und echtes Ehrenfelder Straßenflair zu genießen. Liebevolle Details wie eine schöne Fotowand, coole Tierkopf-Garderobenhaken oder dezente Karomuster auf den Spiegeln gefallen Eltern und Kinder gleichermaßen. Das Café EMI UND HERR LANDMANN ist durch und durch eine empfehlenswerte Anlaufstelle für Familien.

Fräulein Frida (Ehrenfeld)

fraeulein-frida.de

0221 / 96 26 00 35

Subbelrather Str. 179 * 50823 Köln

🕐 MO-FR 09.3o-18.oo * SO 10.oo-18.oo

Das FRÄULEIN FRIDA ist „Vintage Style" pur und ein toller Familientreffpunkt in Ehrenfeld. Dort wird gekrabbelt, gespielt, gerannt, gebaut und gelacht, während sich die Eltern unterhalten. Die Einrichtung ist mit liebevollen Details geschmackvoll zusammengewürfelt. In einer offenen Küche werden vor deinen Augen hausgemachte Speisen und frische Säfte zubereitet. Im hinteren Café-Bereich gibt es eine Spielecke für die Kids. Dort stehen eine kleine Küche, Spielzeug und viele Bücher. Bei gutem Wetter ist der Spielgarten geöffnet, ein schöner Außenbereich mit Sandkasten und Spielhaus. Morgens steht häufig Caro, die Besitzerin des FRÄULEIN FRIDA, selbst im Café.

Querbeet (Niehl)

querbeet-koeln.de

0221 / 76 67 33

Stammheimer Str. 108 * 50735 Köln

🕐 MO-FR 9.oo-13.oo + 15.oo-18.oo
   (MI nur vormittags) * SA 10.oo-13.oo

Bei QUERBEET ist alles genau durchdacht, denn es ist viel mehr als ein Familiencafé. Neben Heiß- und Kaltgetränken oder leckeren Waffeln gibt es einen Kinderladen mit Secondhandwaren, selbst gemachten Produkten und nützlichen Dingen rund ums Kind. Der Gartenbereich mit Bällebad und die Spielecken laden zum Verweilen im Laden ein. Dazu bietet das QUERBEET regelmäßige Kurse und offene Spielgruppen für Babys, Krabbelkinder und ihre Eltern an.

Tante Käthe (Zündorf)

facebook.com/familiencafe.tantekaethe

02203 / 18 69 12 5

Houdainer Str. 2 * 51143 Köln

🕐 MO-FR 9.oo-18.oo * SA Ruhetag
   SO 9.3o-13.oo

Das Familiencafé TANTE KÄTHE lädt zum familienfreundlichen Kaffeetrinken und Snacken ein. In diesem Kindercafé kannst du gut frühstücken (sonntags mit Frühstücksbuffet, Reservierung notwendig), Mittag essen oder leckeren Kuchen genießen. Neben den Parkplätzen vor der Tür befinden sich die Außengastronomie sowie ein toller Spielbereich für die Kinder.

Kulturarena (Dellbrück)

diezirkusfabrik.com

0221 / 47 18 92 62

Bergisch Gladbacher Str. 1007a

51069 Köln

🕐 MO-SO 10.oo-18.oo

Neben verschiedenen Kursen und Workshops lädt die ZIRKUSFABRIK KULTURARENA täglich zum Eltern-Kind-Café mit Spielecke ein. Zusätzlich gibt es einen Laden mit neuen und gebrauchten Kinder-, Spiel- und Zirkussachen sowie spezielle Angebote für Kindergeburtstage.

Familienfreundliche Cafés, Restaurants und Biergärten ♥

Neben den klassischen Kinder- und Familiencafés gibt es in Köln viele weitere kinderfreundliche Restaurants, in denen Familien herzlich willkommen sind. Sie punkten mit ausreichend Platz für Kinderwagen, Hochstühlen und vor allem durch kinderfreundliches Personal, was durch eine hohe Familien-Dichte belohnt wird. Im Sommer kommen schöne Biergärten hinzu, in denen du mit Kindern wunderbar eine Auszeit nehmen kannst. In vielen unserer Gastro-Tipps bekommst du leckere Snacks oder Mittagsmenus, wenn du mittags mal aufs Kochen verzichten möchtest. ▲▲

Alte Feuerwache (Innenstadt)

feuerwache.lokal-koeln.com

0221 / 73 73 93

Melchiorstr. 3 * 50670 Köln

🕐 täglich 10.oo–24.oo

Das Lokal ALTE FEUERWACHE besitzt einen großen Innenhof, in dem Kinder schön spielen können. Das Personal ist kinderfreundlich und bringt gerne Stifte zum Malen vorbei. Neben dem eigenständigen Restaurantbetrieb bietet das Bürgerzentrum ALTE FEUERWACHE ein Familienprogramm, z.B. Hausaufgabenhilfe oder den Sommer-Spieletreff im Hof. Regelmäßig finden im Innenhof Flohmärkte statt.

Alteburg Biergarten (Südstadt)

alteburg.com

0221 / 93 78 32 9

Alteburgerstr. 139 * 50968 Köln

🕐 Biergarten: MO–FR ab 16.oo
SA ab 14.oo * SO ab 12.oo

Mit Frühlingsanfang und den ersten Sonnenstrahlen beginnt die Biergartenzeit in der ALTEBURG. In dem kleinen Biergarten treffen sich Jung und Alt. Er ist bei Familien besonders beliebt, da er aufgrund seiner Größe und mit nur einem Ausgang angenehm überschaubar ist. Im Sommer ein toller Ort mit Kindern.

Stadtgarten – Restaurant (Belgisches Viertel)

stadtgarten.de

0221 / 95 29 94 0

Venloer Str. 40 * 50672 Köln

🕐 Café-Restaurant: MO–DO 12.oo–1.oo
FR–SA 12.oo–2.oo * SO & feiertags
10.3o–1.oo

🕐 Biergarten: MO–SO 12.oo–24.oo
(wetterabhängig)

Der STADTGARTEN-Biergarten mitten im belgischen Viertel ist mit Kindern eine tolle Anlaufstelle. Der direkte Zugang zur Parkanlage STADTGARTEN ermöglicht es den Kindern rumzulaufen, während die Eltern im Biergarten das schöne Wetter genießen. Laufrad dabei? Dann ab in den kleinen Park.

Jules Coffee (Sülz)

julescoffee.de

0221 / 29 97 79 59

Berrenrather Str. 315 * 50937 Köln

🕐 MO-FR 9.oo-20.oo
   SA-SO 10.oo-20.oo

JULES COFFEE ist ein nettes Café, das Familien herzlich willkommen heißt. Es bietet sich für einen Kaffee- und Spielestopp an, wenn du auf der Berrenrather- oder Zülpicherstraße einkaufen warst. Im Innenhof gibt es einen schönen Sitzbereich, den man von außen gar nicht erwartet.

Jules Coffee ist ideal mit Kindern, denn sie können innen und außen toll spielen. (Susanne mit M.)

Café Franck (Ehrenfeld)

cafe-franck.de

0221 / 71 67 21 0

Eichendorffstr. 30 * 50825 Köln

🕐 DI-SO 10.oo-19.oo

Retro-Ambiente, genug Platz für Kinderwagen und im Sommer ein schöner Außenbereich, genau dafür steht das CAFÉ FRANCK in Ehrenfeld. Kein Wunder, dass viele Kinderwagen-Mamis hier morgens gerne ihren Kaffee trinken. Den gibt es im CAFÉ FRANCK in allen Variationen. Egal ob klassischer Cappuccino, mit Soyamilch oder laktosefrei – dort bekommst du den Kaffee, den du dir wünschst. Dazu noch einen guten Kuchen – man sagt, den besten in ganz Ehrenfeld. Dieses Café solltest du mit oder ohne Kinder ausprobieren.

Die Sessel sind super gemütlich und ideal zum Stillen. Dazu gibt es spitzenmäßigen Kaffee, natürlich auch koffeinfrei. (Gerburgis mit L.)

ALTENBERGER HOF

* Hinter dem Lokal liegt das NIPPESER TÄLCHEN (s. S. 180), ein herrliches Fleckchen Erde, um die Picknickdecke auszubreiten und einen schönen Tag zu verbringen.

Altenberger Hof (Nippes)

altenberger.lokal-koeln.com

0221 / 53 48 07 7

Mauenheimer Str. 92 * 50733 Köln

🕐 MO-SA 12.oo-23.oo * SO 10.oo-23.oo

Der ALTENBERGER HOF in Nippes punktet mit einem großen Innenhof, auf dem die Kinder gerne rennen und toben. Nebenan befinden sich das Bürgerzentrum Nippes und ein eingezäunter Spielplatz, auf dem größere Kinder alleine spielen können, während die Eltern im Restaurant oder Biergarten essen und trinken. Der ALTENBERGER HOF ist gerade im Sommer ein toller Ort mit Kindern, um sich auf Bierbänken gesellig zu unterhalten. Im Innenbereich des Restaurants gibt es eine kleine Spielecke und die Bedienungen sind kinderfreundlich.

Café Kommödchen (Nippes)

0221 / 72 58 78

Merheimer Str. 53 * 50733 Köln

🕐 MO-DO 9.oo-22.oo * FR 9.oo-23.oo
SA-SO 10.oo-20.oo

Das KOMMÖDCHEN ist ein kinderfreundliches Café in Köln Nippes. Mit zusammengewürfelten antiken Sesseln und Couches ist es gemütlich eingerichtet. Im hinteren Café-Bereich befindet sich ein Wintergarten, der im Sommer geöffnet ist und vorne gibt es eine tolle Kleinkinder-Spielecke. Im KOMMÖDCHEN sind stillende Mütter und spielende Kinder gern gesehene Gäste.

Kaffeekiosk Wilhelmsplatz (Nippes)

facebook.com/Kaffeekiosk-173701726136783

Wilhelmsplatz 1a * 50733 Köln

🕐 MO-SA ab 6.3o * an Flohmarkt-Sonntagen ab 8.oo

Der KAFFEEKIOSK liegt mitten auf dem Nippeser Wilhelmsplatz und ist zu jeder Jahreszeit eine beliebte Anlaufstelle für Familien. Die Atmosphäre ist unaufgeregt und im Sommer scheint die Sonne herrlich lange auf den beliebten Platz. Vormittags triffst du dort viele Mütter mit Kinderwagen, die von diversen Babykursen kommen, nachmittags kommen gerne Familien mit etwas älteren Kindern, z.B. nach dem Kindergarten. Zwei nette Frauen haben den KAFFEEKIOSK eröffnet und verkaufen selbst gemachte Stullen, Bio-Eis, Bio-Kaffee oder leckere Limonaden. Kein Schickeria-Treff, sondern echte kölsche Büdchen-Kultur.

Beim Kaffeekiosk sitzen die Eltern in der Sonne und trinken Kaffee, während die Kinder glücklich spielen, Rollschuh fahren oder ihre Laufräder ausprobieren. Einfach schön. (Nadine mit K.)

Poller Fischhaus (Poll)

poller-fischerhaus.com

0221 / 82 91 32 2

Weidenweg 46 * 51105 Köln

🕐 MO-FR 12.oo-24.oo * SA, SO, feiertags 12.oo-22.oo

Das POLLER FISCHHAUS liegt etwas abseits, jedoch mit wunderbarem Blick auf den Rhein. Es grenzt an einen Campingplatz an den Poller Wiesen und serviert schmackhaftes Essen. Für Familien hauptsächlich im Sommer ein Geheimtipp, denn der Biergarten ist wunderschön und punktet mit einem eigenen Kinderspielplatz.

Café Liberté (Mülheim)

facebook.com/Café-Liberté-1003575346325596

0174 / 93 23 11 1

Dünnwalder Str. 5 * 51063 Köln

🕐 DI-SO 10.oo-18.oo

Im CAFÉ LIBERTÉ kannst du mit Kind ein gutes Frühstück oder einen leckeren Kuchen genießen und dabei in den aktuellen Tageszeitungen blättern. Währenddessen vergnügen sich die Kinder im eigenen Spielezimmer beim Malen, Bauen und Spielen. Die Inhaberin backt selbst – das schmeckt man.

Café Vreiheit (Mülheim)

cafe-vreiheit.de

0221 / 99 17 79 3

Wallstr. 91 * 51063 Köln

🕐 MO-SA 9.oo-24.oo * SO 10.oo-24.oo

Das CAFÈ VREIHEIT ist ein gemütliches kleines Café zum Wohlfühlen. Familien schätzen es wegen der kinderfreundlichen Atmosphäre, des guten Frühstücks und leckeren Bioessens. Im Sommer lockt der dazugehörige Biergarten neben der Friedenskirche.

WOYTON (mehrere Standorte)

woyton.de

🕐 variieren je nach Standort

Mütter treffen sich bei WOYTON gern mit anderen Müttern auf einen Kaffee oder Salat. Der Kaffee stammt aus verschiedenen Ländern und es wird Wert auf kontrollierten Anbau der Bohnen gelegt. Neben der großen Auswahl an Heißgetränken kannst du dir deinen Salat selbst zusammenstellen. Diese Salate sind WOYTONS großer Pluspunkt, denn sie sind frisch, lecker und für einen angemessenen Preis zu haben.

Starbucks (mehrere Standorte)

starbucks.de

🕐 variieren je nach Standort

STARBUCKS bietet über ganz Köln verteilt leckere Kaffee-Kreationen und Wohlfühl-Oasen an. Sie sind bei Eltern beliebt, um dort eine Shoppingpause einzulegen, zu stillen oder sich einen Coffee-to-go für einen Spaziergang zu holen.

Frühstück mit Kindern 💜

Mit Familie fragst du dich am Wochenende bestimmt häufig, wo du mit Kindern gut frühstücken kannst. Idealerweise an Orten, an denen Eltern und Kinder gleichermaßen Spaß haben, um relax die kostbare Familien-Wochenend-Zeit zu verbringen. Wir zeigen dir in diesem Kapitel eine Auswahl unserer Lieblings-Familienfrühstücksorte. Einige Tipps sind neu und andere der genannten Cafés haben wir bereits im Bereich familienfreundlicher (Kinder)cafés (s. S. 153) oder bei den Freizeittipps (s. S. 192) aufgelistet und verweisen hier nur auf die entsprechenden Locations.

Frühstück im Agathe (Innenstadt)

agathe-koeln.de

Details s. S. 153

🕐 Frühstück: MO-SA ab 9.3o * SO ab 10.oo

Im Familiencafé AGATHE gibt es täglich ein gutes Frühstück. Sonntags ab 10.oo Uhr lädt ein tolles Frühstückbuffet mit jeder Menge Köstlichkeiten zum Schlemmen ein. Während du frühstückst, vergnügen sich Kinder im Bällebad oder mit diversen Spielzeugen.

Bäckerei Bastian's (Innenstadt)

bastians-baecker.de

0221 / 25 08 34 12

Auf dem Berlich 3-5 * 50667 Köln

🕐 Frühstück: täglich 8.oo-19.oo

Das BASTIAN'S ist ein kinderfreundliches Café plus Bäckerei am Neumarkt. Dort kannst du im Innenbereich oder in einem hübschen Hinterhof die leckeren Brote und Kaffeesorten ausprobieren. Das BASTIAN'S ist geräumig und bietet ausreichend Platz für Kinderwägen. Auf der Toilette steht ein Wickeltisch.

Sonntagsbrunch im Henkelmännchen (Deutz)

lanxess-arena.de/gastronomie/sonntagsbrunch-mit-kinderbetreuung.html

0221 / 80 23 45 6

Willy-Brandt-Platz 2 * 50679 Köln

🕐 SO 10.3o-14.3o

Sonntags gibt es im großen Restaurant HENKELMÄNNCHEN einen reichhaltigen Brunch. Die Kinder können sich am eigenen Kinderbuffet bedienen und im Anschluss in der HENKELMÄNNCHEN Kinderwelt spielen. Dort steht eine professionelle Betreuung bereit, die mit den Kindern bastelt, Luftballontiere knotet oder schminkt. Da es keinen Außenbereich gibt, ist dieser Frühstücks-Tipp besonders etwas für die kalt-nassen Monate.

Sonntagsbrunch im Oasis (Deutz)

restaurantoasis.de

0221 / 81 44 41

Kennedy-Ufer 1 * 50679 Köln

🕐 Frühstück: SO ab 10.oo

Das griechische Restaurant OASIS liegt in Traumlage direkt am Rhein. Seit 2016 gibt es sonntags ab 10.00 Uhr ein leckeres Brunchbuffet – ein Prosecco und eine schöne Aussicht inklusive. Die abgetrennte Spielecke für Kinder garantiert einen stressfreien Vormittag.

Wochenend-Frühstück im Tante Käthe (Zündorf)

facebook.com/familiencafe.tantekaethe

Details s. S. 156

🕐 Frühstück: SA-SO ab 9.3o

Im Kindercafé TANTE KÄTHE kannst du samstags und sonntags ein liebevoll zubereitetes Frühstücksbuffet genießen. Für die Kinder gibt es innen und außen Spielbereiche.

Frühstück im Balthasar (Sülz)

balthasar-cafe.de

0221 / 47 58 11 0

Euskirchener Str. 9 * 50937 Köln

🕐 Frühstück: MO-SA 9.oo-16.oo
   SO & feiertags 10.oo-16.oo

Das BALTHASAR in der Euskirchener Straße ist ein nettes Café mitten in Sülz. Dort kannst du auch mit Kind problemlos frühstücken. Praktisch ist der Spielplatz direkt gegenüber des Cafés. Während du in Ruhe deinen zweiten Kaffee genießt, können die Kinder dort bereits toben.

Pfannkuchen im Café Rosemarie (Sülz)

Details s. S. 155

🕐 Frühstück: DI-SO ab 10.oo

Im familienfreundlichen CAFÉ ROSEMARIE können Familien prima frühstücken – im Sommer gerne auf der Terrasse. Gegenüber des Cafés lockt ein Spielplatz die Kinder, das gibt Zeit für einen zusätzlichen Cappuccino.

Frühstück im Café Emi und Herr Landmann (Ehrenfeld)

emiundherrlandmann.de

Details s. S. 155

🕐 Frühstück: DO-DI ab 9.oo

Das Familiencafé EMI UND HERR LANDMANN lädt Familien zum gemütlichen Frühstück ein. Jeden Morgen tischt der gelernte Koch Dave seinen Gästen kleine Köstlichkeiten auf.

Guter Kaffee im Fräulein Frida (Ehrenfeld)

fraeulein-frida.de

Details s. S. 155

🕐 Frühstück: MO-FR ab 9.3o
    SO ab 10.oo

Zur Frühstückszeit steht häufig Caro, die Besitzerin des Familiencafés FRÄULEIN FRIDA, selbst im Café und serviert euch Schamong-Kaffee, frische Säfte und kleine Snacks zum Frühstück.

Der Innenhof im Fräulein Frida ist toll zum Frühstücken – hier vergisst man die Zeit. (Sonja mit M. & J.)

Herbrands Familienbrunch (Ehrenfeld)

herbrands.de

0221 / 95 41 62 6

Herbrandstr. 21 * 50825 Köln

🕐 Brunch: SO 10.oo-14.oo

Das HERBRANDS ist vielen Kölnern als Veranstaltungsort und Biergarten bekannt – als Familie bekommt es mit dem Familienbrunch eine neue Facette. In einer großen Halle werden Tische mit vielen Köstlichkeiten aufgebaut. Die Kinder können selbst Waffeln backen oder sich die Zeit in der Spielecke mit Kinderbetreuung vertreiben.

Relaxte Kinder-Brunch-Location. Es kann wegen der relativ großen Halle und vielen Familien manchmal etwas lauter werden. Gut ist, dass man immer einen Platz bekommt. (Elli mit L.)

Brunch im Altenberger Hof (Nippes)

altenberger.lokal-koeln.com

Details s. S. 158

🕐 Brunch: SO & feiertags ab 10.oo

Der ALTENBERGER HOF ist am Wochenende für Familien ideal, denn dort brunchst du in Ruhe, während die Kinder im Innenhof spielen oder sich auf dem nebenan liegenden Spielplatz vergnügen. Im Sommer lädt die großzügige Sonnenterrasse zum Sitzen ein.

Bauernfrühstück am Clemenshof in der Zoo Gastronomie (Riehl)

zoo-event.com/bauernfruehstueck

0221 / 76 75 74

Riehler Str. 173 * 50735 Köln

🕐 Frühstück: SO 9.oo-12.3o

Mit Blick auf den neuen Bauernhof im Kölner Zoo bietet die ZOO GASTRONOMIE jeden Sonntag das BAUERNFRÜH-STÜCK AM CLEMENSHOF an. Eine tolle Frühstücks-Idee mit Kindern vor dem Zoobesuch. Du kannst dich nach Herzenslust an leckerem Bauernbrot, Brötchen, frischen Eierspeisen, Wurst- und Käsespezialitäten aus der Region, Müsli oder frischen bergischen Waffeln bedienen. Ausgewählte Getränke wie Kaffee, Tee, Kakao, Mineralwasser oder Orangensaft sind inklusive.

Frühstück im Café Liberté (Mülheim)

facebook.com/Café-Liberté-1003575346325596

Details s. S. 159

🕐 Frühstück: DI-SO ab 10.oo

Im CAFÉ LIBERTÉ genießen Familien ein gutes Frühstück. Während die Eltern einen zweiten Kaffee trinken, vergnügen sich die Kinder im eigenen Spielezimmer.

Monatlicher Brunch in der ZIRKUS-fabrik Kulturarena (Dellbrück)

diezirkusfabrik.com

Details s. S. 156

🕐 Frühstück: jeden letzten SO im Monat ab 10.oo

Die ZIRKUSFABRIK KULTARENA lädt Familien jeden letzten Sonntag im Monat zum großen Zirkusfrühstück ein.

Geboten werden ein klassisches Brunchbuffet, Bühnenprogramm, Livemusik und ein Mitmachzirkus für die Kinder. Eine Anmeldung ist erforderlich.

Frühstück im Glessener Mühlenhof (Bergheim)

glessener-muehlenhof.de

Details s. S. 195

🕐 Frühstück: SA-SO ab 9.oo

Im Hof-Café des GLESSENER MÜHLENHOFs gibt es täglich Frühstück, Kaffee und Kuchen sowie saisonale warme Speisen. Das reichhaltige Mühlenhof-Frühstück von 9.00-12.00 Uhr am Wochenende ist für Familien ein echtes Highlight.

Sonntagsbrunch im Krewelshof (Lohmar)

krewelshof.de

Details s. S. 142

🕐 Frühstück: SO & feiertags 9.oo-12.oo

An allen Sonn- und Feiertagen gibt es im KREWELSHOF ein tolles Kinderprogramm. In der Spielscheune wird von 9.00-12.00 Frühstück angeboten, warme Apfelpfannküchlein und Bauer Theos Apfelsaft sind bei Kindern besonders beliebt. Außerdem gibt es Kinder-Animation mit Basteln und Spielangeboten für die Kleinen.

KINDERMUSEEN UND –THEATER

Viele Kölner Museen haben sich auf junge Besucher eingestellt und bieten inzwischen spezielle Kinderbereiche oder spannende Touren für Familien an. Je nach Museum ist anfassen und ausprobieren ausdrücklich erwünscht und es sind interaktive Ausstellungen, Workshops, Spiel und Spaß für Kinder im Programm.

Auch die Kölner Theaterlandschaft ist bereits für Kinder interessant und spielt eine Vielzahl an Stücken für jedes Alter. Neben einigen kleineren Kindertheatern, führen viele Kölner Bühnen neben ihrem normalen Ewachsenen-Programm auch einzelne Kinderstücke auf.
Unsere Lieblingsmuseen und –theater für Familien stellen wir dir in diesem Kapitel vor.

Kinder-Museen in und um Köln

Wer bisher glaubt, Museen und Kinder passen nicht zusammen, wird im Rheinland eines Besseren belehrt. Nicht nur bei schlechtem Wetter sind Museen eine willkommene Alternative zu Spielplatz & Co. Wir zeigen dir die familienfreundlichsten Kölner und Bonner Museen inklusive einiger interessanter Freilichtmuseen wie Lindlar oder Kommern. In vielen davon haben Kinder und Jugendliche bis 18 Jahre freien Eintritt. Eine Übersicht aller Kölner Museen gibt es unter museenkoeln.de.

Das Ludwig (Innenstadt)

museum-ludwig.de

0221 / 22 12 61 65

Heinrich-Böll-Platz * 50667 Köln

DI-SO 10.oo-18.oo

Das MUSEUM LUDWIG zeigt moderne Kunst des 20. und 21. Jahrhunderts. Der Museumsdienst Köln bietet im LUDWIG Familienführungen für Eltern mit Kindern bis sieben Jahre an. Außerdem finden spezielle Kinderführungen für Kinder ab acht Jahren statt. In ihnen führt zum Beispiel der Rabe Kasimir die jungen Besucher durch die Ausstellung und stellt moderne Gemälde, große Installationen und Kunstobjekte kindgerecht vor. Die Eltern können währenddessen alleine durch die Ausstellung schlendern.

KÖLNER MUSEEN

* Der Eintritt in die ständigen Sammlungen der städtischen Kölner Museen ist jeden ersten Donnerstag im Monat bis 22.00 Uhr für Kölner gratis. Ausgenommen sind Feiertage. Als Eintrittskarte reicht der Personalausweis.

JuniorMuseum im Rautenstrauch-Joest-Museum (Innenstadt)

museenkoeln.de/juniormuseum

0221 / 22 13 13 56

Cäcilienstr. 29-33 * 50667 Köln

DI-SO 10.oo-18.oo * DO 10.oo-20.oo

Im JUNIORMUSEUM des RAUTENSTRAUCH JOEST MUSEUMs ist Anfassen und Ausprobieren erwünscht. In der Ausstellung werden Familien aus fünf Ländern mit fünf ganz unterschiedlichen Kulturen vorgestellt. Jede Kultur ist spannend und voller Geschichten. Kinder aus Japan, Kanada, Sierra Leone, der Türkei und Deutschland erzählen aus ihrem Alltag und wie sie älter werden. Durch die Erzählungen der Kinder entdeckst du im JUNIORMUSEUM fremde Traditionen, Bräuche, Feste, Musik oder Essen und trotz aller Unterschiede auch manche Gemeinsamkeit.

Das Schöne an diesem Museum ist sein moderner, interaktiver Ansatz. Die Kinder dürfen die Länder und Kulturen durch Anfassen, Riechen und Hören interaktiv erleben. (Gerburgis mit L.)

Kölnisches Stadtmuseum für Pänz (Innenstadt)

koelnmuseum.de

0221 / 22 12 23 98

Zeughausstr. 1-3 * 50667 Köln

🕐 DI 10.oo-20.oo * MI-SO 10.oo-17.oo

Das KÖLNISCHE STADTMUSEUM zeigt eindrucksvoll die Kölner Stadtgeschichte. Hier heißen dich Tünnes un Schäl, der Köbes und der kölsche Boor willkommen und du erfährst Spannendes über für Köln typische Dinge wie den Karneval oder das Kölnisch Wasser 4711. Schließe dich einer Führung an oder nimm einen Audioguide, um keine der interessanten, kölschen Details zu verpassen. Kinder ab sechs Jahren können sich an der Kasse ein Ralley-Heft und einen Entdeckergürtel mit Werkzeug ausleihen. An ausgewählten Objekten der Kölner Stadtgeschichte lösen die Kinder mit Hilfe des „Werkzeug-Gürtels" spannende Aufgaben und werden selbst zum Wappenschmied oder zur Dombaumeisterin.

Römisch-Germanisches Museum (Innenstadt)

roemisch-germanisches-museum.de

0221 / 22 12 44 38

Roncalliplatz 4 * 50667 Köln

🕐 DI-SO 10.oo-17.oo

Bereits der Anblick des RÖMISCH GERMANISCHEN MUSEUMs von außen ist ungewöhnlich, denn es befinden sich viele Exponate an den Außenwänden. Das Museum gibt tiefe Einblicke in die Geschichte der Römer in Köln bis zum frühen Mittelalter. Besonders beeindruckend sind die großen Bodenmosaike. Neben verschiedenen Veranstaltungen gibt es spezielle Kinderführungen, in denen die kleinen Besucher mehr über das Alltagsleben der Römer erfahren und ihre Fragen loswerden können.

UNSER TIPP

RÖMISCH GERMANISCHES MUSEUM

* Zu den Ausstellungen finden verschiedene, lohnenswerte Workshops für Kinder statt

* Wir empfehlen nach dem Museum einen Besuch des Kölner Doms, der in unmittelbarer Nähe zum Museum steht

Wallraf-Richards (Innenstadt)

wallraf.museum/junior

0221 / 22 12 11 19

Obenmarspforten * Am Kölner Rathaus

50667 Köln

🕐 DI-SO 10.oo-18.oo

Das WALLRAF besitzt die umfangreichste Sammlung impressionistischer und neoimpressionistischer Kunst in Deutschland. Manet, Monet oder Renoir sind einige der renommierten Künstler, die du dort bestaunen kannst. Die lustige Fliege Willi führt junge Besucher in Kinderführungen und Workshops durch die Kunstwerke. Außerdem gibt es im WALLRAF eine Kinderlounge mit einer Medienstation für Kunstfreunde ab drei Jahren. In ihr können Kinder Filme und Spiele zu Gemälden aus der WALLRAF-Sammlung spielerisch kennenlernen und sich dabei auf den Museumsbesuch vorbereiten.

Deutsches Sport & Olympia Museum (Südstadt)

sportmuseum.de

0221 / 33 60 90

Im Zollhafen 1 * 50678 Köln

🕐 DI-FR 9.00-18.00 * SA, SO, feiertags 11.00-19.00

Das SPORT MUSEUM bietet eine anschauliche Ausstellung zur Geschichte des Sports. In verschiedenen Bereichen des Museums werden unterschiedliche Sportarten präsentiert und durch interaktive Stationen und Kurzfilme interessant dargestellt. So kannst du z.B. das Fahrrad im Windkanal, den Boxring oder das Wellenreiten im Surf-Raum ausprobieren. Zusätzlich gibt es die Möglichkeit, Fußball oder Tennis auf dem Dach des Museums (= Kölns höchstem Sportplatz) zu spielen.

Schokoladenmuseum Köln (Südstadt)

schokoladenmuseum.de

0221 / 93 18 88 0

Am Schokoladenmuseum 1a * 50678 Köln

🕐 MO-FR 10.00-18.00 * SA, SO, feiertags 11.00-19.00

Direkt am Rhein liegt das SCHOKOLADENMUSEUM. Es präsentiert die Geschichte der Kakaobohne und ihres Weges bis zur Schokolade. Eine wahre Berühmtheit ist der Schokobrunnen, aus dem die flüssige Schokolade genascht werden darf. Am Wochenende gibt es Führungen für Familien. Wer lernen möchte, wie Schokolade hergestellt wird, kann an den beliebten Kursen der Schokoschule teilnehmen.

Die geniale heiße Schokolade und den leckeren Kuchen im Café des Schokoladenmuseums solltest du auf keinen Fall verpassen. Der Blick auf den Rhein ist genial. (Elli mit L.)

Odysseum - Abenteuer-Wissenspark (Kalk)

odysseum.de

0221 / 69 06 81 11

Corintostr. 1 * 51103 Köln

🕐 DI-FR 9.00-18.00 * SA, SO, feiertags & Schulferien 10.00-19.00

Das Abenteuermuseum ODYSSEUM zeigt spannende Ausstellungen in den Bereichen Erde, Leben, Cyberspace und Kinderstadt. An 200 Erlebnisstationen für unterschiedliche Altersstufen geht es auf eine erlebnisreiche Forschungsreise. Du findest im ODYSSEUM einen Astronautentrainer, Wasserleitstationen, einen Hochseilgarten, einen Flugsimulator und viele weitere Stationen zum Entdecken und Mitmachen. Geheimnisse des Alltags werden im Museum mit der Maus gelüftet. Bei gutem Wetter lockt der Außenerlebnisbereich mit großem Wasserspielplatz. Zusätzlich zum normalen Museumsbesuch lohnen die Sonder-Ausstellungen (z.B. Harry Potter oder StarWars), die über mehrere Monate laufen und mit spannenden Infotafeln erklärt werden.

Plant den ganzen Tag für das Odysseum ein. Wir waren sechs Stunden mit unseren Kindern dort und hatten trotzdem nicht genug Zeit, alles auszuprobieren. Unsere Kinder sind acht und zehn Jahre. (Sonja mit M. & J.)

Arithmeum (Bonn)

arithmeum.de

0228 / 73 87 90

Lennéstr. 2 * 53113 Bonn

🕐 DI-SO 11.oo-18.oo

Im ARITHMEUM erleben Kinder in einem vielseitigen Programm, dass Zahlen und Mathematik richtig Spaß machen können. Von der einfachen Rechenmaschine bis zu komplexen Rechenverfahren wird Wissenschaft für Klein und Groß anschaulich erklärt.

· ·

Deutsches Museum (Bonn)

deutsches-museum.de/bonn

0228 / 30 22 55

Ahrstr. 45 * im Wissenschaftszentrum

53175 Bonn

🕐 DI-SO 10.oo-18.oo

Das DEUTSCHE MUSEUM BONN, der kleine Bruder des Deutschen Museums in München, zeigt technische und wissenschaftliche Meisterleistungen. Rallyes für jede Altersstufe laden Kinder zu spannenden Entdeckungsreisen in die Sammlung ein. Die Rallyes sind an der Museumskasse kostenlos erhältlich. Spannende Exponate, wie eine beeindruckende Murmelbahn, bei der statt Murmeln Wassertropfen verwendet werden, lassen Kinderaugen staunen. In speziellen Kinderbereichen, wie der KINDERKÜCHE oder dem SCHLAUSPIELHAUS, dürfen Kinder naturwissenschaftliche Phänomene durch eigenes Ausprobieren spielerisch entdecken und »be«-greifen. Zusätzlich gibt es an Wochenenden Familienworkshops, in denen Kinder mit der kleinen Eule Pfiffikus naturwissenschaftlichen Phänomenen auf den Grund gehen.

Museum Alexander Koenig (Bonn)

museum-koenig.de

0228 / 91 22 0

Adenauerallee 160 * Museumsmeile Bonn

53113 Bonn

🕐 DI-SO 10.oo-18.oo * MI 10.oo-21.oo

Das Zoologische FORSCHUNGSMUSEUM ALEXANDER KÖNIG ist ein Paradies für Naturkundefreunde und kleine Entdecker. Dort werden Tiere in ihrer natürlichen Umgebung gezeigt. Eine spannende Reise führt von der afrikanischen Savanne durch tropische Wüsten und die polare Eiswelt bis nach Mitteleuropa. Im Untergeschoss kannst du lebendige Tiere in Aquarien und Terrarien bestaunen. Regelmäßig finden Familienführungen statt.

· ·

Rheinisches Landesmuseum (Bonn)

landesmuseum-bonn.lvr.de

0228 / 20 70 0

Colmantstr. 14-16 * 53115 Bonn

🕐 DI-FR & SO 11.oo-18.oo
   SA 13.oo-18.oo

Das RHEINISCHE LANDESMUSEUM BONN präsentiert die verschiedenen Zeugnisse rheinischer Geschichte, Kunst und Kultur. Die Dauerausstellung umfasst die Zeitabschnitte vom Menschen der Altsteinzeit bis heute. Regelmäßige Wechselausstellungen bieten einen einzigartigen Blick auf die Kulturgeschichte des Rheinlandes. In verschiedenen Mitmachbereichen erfahren Kinder und Erwachsene spielerisch, wie Bonn und die Rheinlandschaft früher aussahen. So können sie beispielsweise in die Römerzeit reisen und römische Gebäude anhand von Bauanleitungen mit Spielsteinen originalgetreu nachbauen oder das Alltagsleben der Römer mit Kostümen, Geschirr und Lebensmitteln nachspielen.

Bergisches Freilichtmuseum Lindlar (Lindlar)

bergisches-freilichtmuseum.lvr.de

02266 / 90 10 0

Unterheiligenhoven 5 * 51789 Lindlar

🕐 März-Okt DI-SO 10.oo-18.oo
  Nov-Feb DI-SO 10.oo-16.oo

Im FREILICHTMUSEUM LINDLAR, im Herzen des Bergischen Landes, kannst du wunderschön spazieren gehen und hautnah miterleben, wie die Menschen früher auf dem Land lebten. Kinder sind von dem Naturspielplatz und den Pferden, Schweinen und Kaninchen begeistert.

Der Bauernmarkt ist toll. Dort gibt es nicht nur schöne Bio- und Naturprodukte, die Kinder können auch selbst alte Handwerkstechniken ausprobieren, z.B. das Schlagen eines Hanfseils in der Seilerei. (Constanze mit H.)

Bilderbuchmuseum Burg Wissem (Troisdorf)

bilderbuchmuseum.de

02241 / 88 41 42 7

Burg Wissem * Burgallee 1

53840 Troisdorf

🕐 DI-FR 11.oo-17.oo * SA, SO,
  feiertags 10.oo-18.oo

Wer erfahren will, wie Bilderbücher zum Leben erweckt werden, ist im BILDERBUCHMUSEUM genau richtig. Das Museum ist einzigartig in Europa und in der alten BURG WISSEM untergebracht. Familien dürfen in der hauseigenen Bibliothek in Wimmelbüchern und Bilderbuchklassikern wie Janosch schmökern. Bei gutem Wetter kannst du anschließend den nahe gelegenen Spielplatz und den Wildpark besuchen. Im Innenhof des Museums befindet sich ein schönes Café, das sich für einen Snack anbietet, während die Kinder im Innenhof spielen.

Freilichtmuseum Kommern (Kommern)

kommern.lvr.de

02443 / 99 80 0

Eickser Straße * 53894 Kommern

🕐 Apr-Okt täglich 9.oo-19.oo
   Nov-März 10.oo-17.oo

Egal zu welcher Jahreszeit, das FREILICHTMUSEUM KOM-MERN ist immer einen Besuch wert. Es zeigt, wie Menschen vor 100 Jahren auf dem Land gelebt und gearbeitet haben. Mit viel Liebe wurden alte Bauernhöfe und Objekte demontiert, restauriert und wieder aufgebaut. Highlights (wenn auch immer gut besucht) sind große Veranstaltungen wie der JAHRMARKT DER JAHRHUNDERTWENDE, der ADVENTSMARKT oder die diversen Ausstellungen in den Museumshallen.

Super Sonntagsausflug bei gutem Wetter. (Gerburgis mit L.)

Kinder- und Jugendmuseum EnergieStadt (Leverkusen)

naturgut-ophoven.de

02171 / 73 49 90

Talstr. 4 * 51379 Leverkusen

🕐 DI-FR 9.oo-18.oo * SA, SO,
   feiertags 10.oo-18.oo

Das KINDER- UND JUGENDMUSEUM ENERGIESTADT auf dem NATURGUT OPHOVEN bietet spannende Erlebnisse für große und kleine Entdecker. Du erfährst alles über Strom und Energie, reist mit der Zeitmaschine in die Zukunft und erlebst, wie anstrengend es ist, mit eigener Kraft Strom zu erzeugen. Oder du machst eine Bootstour im Fischerboot durch die Arktis. Das NATURGUT OPHOVEN hält auch in der Natur mit Tümpeln, Wiesen, Bächen und einem Weg der Sinne allerhand Überraschungen bereit.

Tagesausflüge hierhin lohnen sich immer wieder und auch das Ferienprogramm ist klasse. (Meike mit L.)

Neanderthal Museum (Mettmann)

neanderthal.de

02104 / 97 97 0

Talstr. 300 * 40822 Mettmann

🕐 DI-SO 10.oo-18.oo

Im spiralförmigen NEANDERTHAL MUSEUM erfährst du in fünf Themenbereichen viel über die Geschichte des Neanderthalers, seine Entdeckung und die Evolution des Menschen. Die Ausstellung ist für alle Altersstufen interessant und interaktiv aufgebaut. Für die Kleinen gibt es überall etwas zu entdecken und sie werden angeregt, spielerisch Wissen aufzubauen. Schön für Kinder ist ein Extra-Kinder-Audioguide, der Informationen rund um den Neanderthaler kindgerecht vermittelt. Wer eine Pause braucht oder Lust auf einen leckeren Snack hat, ist im NEANDERTHAL MUSEUMSCAFÉ richtig. Dort stehen hausgemachte Tagesgerichte auf der Karte, die man bei gutem Wetter auf einer Terrasse genießen kann.

Nach dem Museumsbesuch könnt ihr mit der Familie eine schöne Runde im Neanderthal spazieren gehen. Interessant ist das weitläufige Wildgehege, in dem Abbildzüchtungen von Auerochsen und Tarpanen (Wildpferde) leben. (Sonja mit M. und J.)

Rheinische Industriemuseen
industriemuseum.lvr.de

Das LVR-INDUSTRIEMUSEUM mit seinen sieben Standorten in NRW besitzt eine der führenden alltags- und industriegeschichtlichen Sammlungen Deutschlands. Mit Themen aus der Alltagskultur (z.B. zur Kulturgeschichte der Bekleidung), wechselnden Ausstellungen und Sonderveranstaltungen haben die LVR-INDUSTRIEMUSEEN Kindern und Familien eine Menge zu bieten. Dabei stehen Entdecken, Erleben und Mitmachen im Vordergrund. **Drei der RHEINISCHEN INDUSTRIEMUSEEN möchten wir dir im Folgenden besonders ans Herz legen, aber auch die anderen vier Standorte lohnen sich für einen Tagesausflug.**

Gesenkschmiede Hendrichs (Solingen)
0212 / 23 24 10

Merscheider Str. 289-297

42699 Solingen

🕐 DI-FR 10.oo-17.oo
   SA-SO 11.oo-18.oo

In der historischen GESENKSCHMIEDE HENDRICHS knallt und zischt es, wenn glühende Spaltstücke unter lautem Getöse zu Scherenrohlingen geschmiedet werden. Dabei erfährst du spannende Geschichten der berühmten Solinger Schneidwarenindustrie. In einer Schmiedewerkstatt können Kinder ihr eigenes Kindermesser schmieden. Es gibt spezielle Familientage und -exkursionen.

Kraftwerk & Baumwollspinnerei Ermen & Engels (Engelskirchen)
02234 / 92 85 0

Engels-Platz 2 * 51766 Engelskirchen

🕐 DI-FR 10.oo-17.oo
   SA-SO 11.oo-18.oo

Im Mittelpunkt der ehemaligen BAUMWOLLSPINNEREI ERMEN UND ENGELS steht ein gut erhaltenes WASSERKRAFTWERK, das die Fabrik und Teile des Ortes früher mit Energie versorgte. Beim Abstieg in den Turbinenkeller empfangen dich geheimnisvolles blaues Licht und Geräusche fließenden Wassers. Dies vermittelt den Eindruck, als ob die Gänge mit den mächtigen Wänden noch heute von Wasser durchflossen wären. Wenn sich die Augen an das Dunkel gewöhnt haben, werden die Turbinen sichtbar, die über ein kompliziertes Transmissionssystem aus vielen Rädern die Maschinen der Fabrik antrieben. An den Familiensonntagen können Kinder selbst experimentieren oder dem Schmiedehammer bei der Arbeit zusehen.

Papiermühle Alte Dombach (Bergisch Gladbach)
02202 / 93 66 80

Alte Dombach * 51465 Bergisch Gladbach

🕐 DI-FR 10.oo-17.oo
   SA-SO 11.oo-18.oo

Die ehemalige PAPIERMÜHLE ALTE DOMBACH empfängt ihre Gäste mit Fachwerkgebäuden in einer grünen Tallandschaft, einem Teich und einem klappernden Mühlrad. Alles dreht sich um Papier – du kannst sehen, hören und riechen, wie es früher hergestellt wurde und wie eine moderne Papierfabrik arbeitet. Die Besucher können selbst Papier schöpfen, ein polterndes Stampfwerk erleben und einer Papiermaschine bei der Arbeit zusehen. Regelmäßig finden interessante Ausstellungen statt. Auf einem großen

Spielplatz können sich die Kinder austoben und das Café in einem Fachwerkhaus lädt zur Entspannung ein.

Von Köln aus ein abwechslungsreicher Ausflug. Für Sportliche auch als Ziel für eine Radtour, so wie alle LVR-Industriemuseen. (Sonja mit M. und J.)

Archäologischer Park Xanten (Xanten)

apx.lvr.de

02801 / 29 99

Haupteingang: Stadtzentrum

Am Amphitheater * 46509 Xanten

🕐 März-Okt täglich 9.oo-18.oo
   Nov täglich 9.oo-17.oo
   Dez-Feb täglich 10.oo-16.oo

Der RÖMERPARK XANTEN ist Geschichte zum Anfassen - dort lässt sich das alte Rom hautnah erleben. Der Archäologische Park steht auf den Überresten der ehemaligen Colonia Ulpia Traiana, die Kaiser Trajan entstehen ließ. Die ehemalige Stadtmauer wurde teilweise wieder aufgebaut bzw. ihr Verlauf durch große Hecken nachgestellt. Dadurch lassen sich die Dimensionen der ehemaligen Stadt erahnen, in der etwa 10.000 Menschen lebten. Innerhalb des RÖMERPARKs befinden sich beeindruckende Bauten wie das rekonstruierte Amphitheater, der Hafentempel und andere spannende Ausgrabungsstätten. Kinder erleben die Römer durch zahlreiche, kindgerecht präsentierte Ausstellungsstücke hautnah. Zusätzlich gibt es einen riesigen, römisch angehauchten Spielplatz und ein Spielehaus, in dem klassische römische Brett- und Geschicklichkeitsspiele gespielt werden können. Leckere Snacks und Gerichte bekommst du in der rekonstruierten Taverne und Herberge.

Kindertheater

Köln zeichnet sich durch eine abwechslungsreiche Theaterlandschaft aus. Bereits für Kinder werden zahlreiche Kinderstücke aufgeführt. Es gibt spezielle Kindertheater, die ihr Programm ausschließlich auf Familien ausrichten und viele weitere Bühnen, die ihr reguläres Programm um Kinderaufführungen ergänzen.

Hänneschen Theater (Innenstadt)

haenneschen.de

0221 / 25 81 20 1

Eisenmarkt 2-4 * 50667 Köln

So alt und doch so jung: Seit der Gründung 1802 von Johann Christoph Winters spielt sich das legendäre HÄNNESCHEN THEATER in die Herzen seiner Besucher. Tag für Tag, wenn sich am Eisenmarkt der Vorhang lüftet, bringen die Bewohner von Knollendorf kölsche Geschichten aus dem Veedel auf die Bühne. Geschichten, die berühren und amüsieren. In den Familienstücken können die Kinder Hänneschen und Bärbelchen durch tolle Abenteuer begleiten und dabei selbst ein Teil davon werden.

Die Figuren sind absolut Kölsch – das lohnt sich. Als Kölner muss man das mal gemacht haben und umso schöner, wenn das bereits die Kinder erleben. (Gerburgis mit L.)

Horizont Theater (Innenstadt)

horizont-theater.de

0221 / 13 16 04

Thürmchenswall 25 * 50668 Köln

Das HORIZONT THEATER am Thürmchenswall besitzt genau 99 Sitzplätze und ist existiert bereits seit 25 Jahren. Der abwechslungsreiche Spielplan weist Bearbeitungen von beliebten Klassikern sowie zeitgenössischen Autoren auf. Ein besonderer Fokus liegt auf dem Kinder- und Jugendtheaterbereich und mehrere der beliebten Kinderstücke haben Theaterpreise gewonnen. Das Krabbeltheater startet schon für Kinder ab zwei Jahren.

Metropol Theater (Innenstadt)

metropol-theater-köln.de

0221 / 32 17 92

Eifelstr. 33 * 50677 Köln

Das METROPOL THEATER ist ein kleines, charmantes Theater, in dem du dich sofort wohl fühlst. Von jedem Platz aus hat man eine gute Sicht. Die Schauspieler sind toll und sehr sympathisch. Die Auswahl der Kinderstücke ist gelungen, im Repertoire sind viele Klassiker z.B. Cinderella, die kleine Meerjungfrau oder Robin Hood als Freilichttheater auf der Burg Satzvey. Je nach Stück lädt das Theater Kinder bereits ab zwei Jahren zum Theaterbesuch ein.

Ein großes Kompliment an die ganze Truppe! Das Metropol-Stück „Rapunzel" auf Burg Satzvey war rundum gelungen. Ein tolles Erlebnis für Kinder und Erwachsene. (Nina mit A.)

KINDERTHEATER-ABO

* Für alle Theater-Freunde lohnt sich der Abschluss eines Abonnements bei der THEATERGEMEINDE KÖLN. Bereits für zweijährige werden im Kinder-Abo drei Aufführungen angeboten. Ab Kindergartenalter finden pro Spielzeit jeweils vier bis fünf Aufführungen immer anspruchsvollerer Stücke in wechselnden Theatern statt, ab 13 Jahren ist der Wechsel in das Jugend-Abo sinnvoll. Die Aufführungen in allen Kinder-Abos sind jeweils am Wochenende nachmittags. Infos über Preise, Stücke und Zeiten findest du auf theatergemeinde-koeln.de.

Das Abo bietet eine abwechslungsreiche Bandbreite an unterschiedlichen Stücken, die man sich so vielleicht nicht selbst ausgesucht hätte. Diese Vielfalt finden wir auf jeden Fall toll! (Constanze mit H.)

KÖLN FÜR FAMILIEN – IDEEN UND GUTSCHEINE

* KÖLN FÜR FAMILIEN – IDEEN & GUTSCHEINE ist ein handliches Gutscheinbuch speziell für Familien. Durch die Kooperation mit mehreren Kölner Kindertheatern bekommst du z.B. im COMEDIA, KKT, ZAUBERFLÖCKECHEN oder der KAMMEROPER attraktive Vergünstigungen und 2für1 Eintritte. Neben Theatern punktet das Buch im Bereich Freizeitideen, Shoppingtipps und Familien-Kurse. Da hast du den Preis von 14,95€ schnell wieder drin. Erhältlich im Buchhandel und unter mycitykids.de.

Theater im Hof (Innenstadt)

theaterimhof.wordpress.com

0157 / 35 68 12 2

Roonstr. 54 * 50674 Köln

In den Kinderproduktionen des THEATERS IM HOF wird Interaktion groß geschrieben. Die Stücke werden mit Liebe inszeniert und die Schauspieler treten in einen kindgerechten Dialog mit ihrem kleinen Publikum. Die Theaterräume liegen, wie es der Name vermuten lässt, gut versteckt in einem Innenhof.

Ich gehe gerne mit meinen Kindern ins Theater im Hof, denn es hat gute Kinderstücke und genau die richtige Größe für Kinder. (Gerburgis mit L.)

Comedia Theater (Südstadt)

comedia-koeln.de

0221 / 88 87 72 22

Vondelstr. 4-8 * 50677 Köln

Das COMEDIA THEATER ist Kölns größtes Kinder- und Jugendtheater. Es bietet ein ganzjähriges Repertoire und erstklassige Schauspieler. Bilderbuchbearbeitungen und Stückentwicklungen sowie Klassiker der Kinder(theater)literatur stehen im Mittelpunkt des Programms für das junge Publikum. Gezeigt werden Stücke für Kinder ab zwei Jahren bis hin zu Jugendstücken. Mit Angeboten der Theaterpädagogik ist das Haus auch eine Einrichtung der kulturellen Bildung für Kinder und Jugendliche. Kabarett, Musik, Lesungen und Schauspiel für Erwachsene ergänzen das Programm.

Die Stücke sind anspruchsvoll und hochwertig produziert. Unser Favorit unter den Kölner Kindertheatern. (Tanja mit L.)

Freies Werkstatt Theater (Südstadt)

fwt-koeln.de

0221 / 32 78 17

Zugweg 10 * 50677 Köln

Das FREIE WERKSTATT THEATER (FWT) ist in der Kölner Südstadt beheimatet, in einem ehemaligen, großzügig umgestalteten Fabrikhaus mit individueller Atmosphäre. Das FWT gehört zu den ältesten freien Theatern Kölns und Kindertheater gibt es hier von Anfang an. Kinderlieblinge wie Nulli & Priesemut oder der kleine Feldmäuserich Frederik stehen gelegentlich auf der Bühne, die auch viele Erwachsene zu ihren Fans zählen. Eine Besonderheit ist die BABYBÜHNE für Kleinkinder bis 14 Monate.

Kinderoper (Deutz)

kinderoper.info

0221 / 221 28 40 0

Wegen der Sanierung der Oper Köln z.Z.

in der Interimsspielstätte:

StaatenHaus * Rheinparkweg 1

50679 Köln (Details zur aktuellen

Bühne bitte Webseite entnehmen)

Die KINDEROPER der Oper Köln feiert in der Spielzeit 2016/17 ihr 20-jähriges Bestehen und ist damit die älteste Kinderoper Europas. Die erstklassigen Opernproduktionen für ein junges Publikum werden von professionellen Sängern der Oper Köln und dem Gürzenich-Orchester Köln dargeboten. Die Bandbreite reicht von Märchenopern über Barockopern, Werken der Klassik bis zu zeitgenössischen Stücken. Die Vorstellungen können – je nach Stück und Inszenierung – von Kindern ab dem Vorschulalter sowie von Familien besucht werden. Sogar für die ganz Kleinen ab 3 Jahren gibt es mobile Kinderopernproduktionen, die in Kindergärten und Kitas aufgeführt werden.

Casamax Theater (Sülz)

casamax-theater.de

0221 / 44 76 61

Berrenrather Str. 177

50937 Köln

Das CASAMAX THEATER ist ein schlichtes, solides Kindertheater im Hinterhof. Die (Kinder)stücke haben häufig einen aktuellen Bezug und sind teilweise sozialkritisch. Dieses Theater ist immer einen Besuch wert.

Kölner Künstler Theater (Ehrenfeld)

k-k-t.de

0221 / 51 07 68 6

Grüner Weg 5 / Melatengürtel

50825 Köln

Das KÖLNER KÜNSTLER THEATER (KKT) macht seit 20 Jahren Theater in Köln-Ehrenfeld und auf Tour. Seit 2015 spielt es in einem neuen Haus mit großem Saal und schönem Café. Das Kindertheater ist phantasievoll, verzaubert die kleinen Zuschauer und macht einfach Freude. Das Jugendtheater ist aktuell, fundiert und lebensnah. Zudem bietet das KKT Workshops mit benachteiligten Kindern und Jugendlichen an.

Cassiopeia Bühne. Blick aufs Wesentliche (Mülheim)

cassiopeia-buehne.de

0221 / 93 78 78 7

Bergisch Gladbacher Str. 499-501

51067 Köln

Das CASSIOPEIA THEATER wurde 1989 zunächst als Figurentheater gegründet. Puppen-Vorstellungen gibt es auch heute noch – neu hinzugekommen sind jedoch menschliche Darsteller. Für Familien stehen wunderbare Musikmärchen auf dem Programm.

Kammeroper Köln – Kinderoper (Pulheim)

kammeroper-koeln.de

02238 / 95 60 31 0

Rommerskirchener Str. 21

50259 Pulheim

Die KAMMEROPER KÖLN hat sich seit ihren Anfängen der konsequenten Nachwuchsförderung verschrieben: Mit einem kindgerechten Opernangebot soll Kindern und Jugendlichen ein lebendiger, altersgerechter und direkter Zugang zur Welt des Musiktheaters eröffnet werden. In der eindrucksvollen Atmosphäre des Theaters im Walzwerk entführen die Inszenierungen der Kammeroper Köln die Zuschauer in eine andere Welt und schenken ihnen unvergessliche Theatererlebnisse.

Theater im Puppenpavillon (Bensberg)

theater-im-puppenpavillon.de

02204 / 54 63 6

Kaule * 51429 Bergisch Gladbach

(Schulhof der Johannes-Gutenberg-Realschule)

Pfiffige Kasperlekomödien, klassische Märchen oder Stücke zu aktuellen Themen wie Integration und Miteinander – das THEATER IM PUPPENPAVILLION spielt ansprechendes Kindertheater mit Handpuppen, Tischfiguren, Masken, Marionetten oder Stabfiguren. Manchmal taucht auch ein Schauspieler aus Fleisch und Blut auf der Bühne auf.

Figurentheater Köln (mehrere Orte)

figurentheater-koeln.de

0221/ 69 70 94

Das FIGURENTHEATER KÖLN spielt häufig in Kulturämtern, Schulen und Kindergärten. Alle Stücke sind Puppenspiele, das Repertoire reicht von „Die kleine Hexe" bis zum „Grüffelo". Die Termine werden von den jeweiligen Veranstaltern gebucht.

Kindertheater Zauberflöckchen (mehrere Orte)

zauberfloeckchen.de

0221 / 47 67 09 24

Das KINDERTHEATER ZAUBERFLÖCKCHEN wurde 2013 gegründet und spielt seither an vielen verschiedenen Orten, Kitas und Kindergärten in und um Köln. Es verzaubert Kinder mit verschiedenen Stücken, z.B. zu Weihnachten mit „Warten auf das Christkind!" und ganzjährig mit „Die Wunschmaschine!". Beide Stücke sind musikalische Geschichten für Kinder ab 3 Jahren und zum Mitsingen geeignet. Die Dauer der Stücke beträgt 35 Minuten.

INTERVIEW

ANJA DEILMANN – ZAUBERFLÖCKCHEN

ANJA DEILMANN

Das KINDERTHEATER ZAUBERFLÖCKCHEN ist ein mobiles Theater und spielt seit 2013 an verschiedenen Orten, Kitas und Kindergärten in und um Köln. Anja Deilmann und Team verzaubern Kinder mit verschiedenen Stücken. Alle Stücke sind musikalische Geschichten für Kinder ab drei Jahren und zum Mitsingen geeignet. Die Dauer der Stücke beträgt 35 Minuten und ist perfekt auf das Alter der Kinder abgestimmt.

WAS ZEICHNET DAS ZAUBERFLÖCKCHEN AUS?

Das Kindertheater Zauberflöckchen ist mobil, kreativ, interaktiv und realisiert alles mit viel Liebe zum Detail.

WANN UND WIE BIST DU AUF DIE IDEE FÜR ZAUBERFLÖCKCHEN GEKOMMEN?

Wir wurden von unseren Firmenkunden häufiger angesprochen, ob wir zu Weihnachten nicht nur für die Erwachsenen ein Weihnachtsfeier-Programm anbieten könnten, sondern auch für die Kinder. Whoop und schon war das Stück „Warten auf das Christkind!" geboren. Zunächst nur für Betriebs-Kitas, inzwischen spielen wir es für alle interessierten Familien.

WAS SCHÄTZEN KINDER AN EUREN STÜCKEN AM MEISTEN?

Kinder lieben unsere verschiedenen Handpuppen, die in den Stücken eine wichtige Rolle spielen.

NENNE MIR DEINE SCHÖNSTE ERFAHRUNG AUF DER BÜHNE.

Es gibt Unmengen von schönen Erlebnissen. Eine werde ich aber tatsächlich nicht vergessen. Der kleine Fynn konnte kaum glauben, dass das Rezept für die Zauberflöckchen-Plätzchen nicht auffindbar sein könnte. Kurzerhand rannte er auf die Bühne und kletterte unter das weiße Kleid vom Weihnachtsengel. Und rief:„Hier ist es nicht!" Das ganze Publikum bog sich vor Lachen …

WAS MACHT DIR AN DEINEM JOB ALS GESCHÄFTSFÜHRERIN DES THEATERS ZAUBERFLÖCKCHEN AM MEISTEN SPASS?

Wir sind kein öffentlich gefördertes Theater. Wir stemmen daher alles restlos selbst aus den Bordmitteln, die wir erwirtschaften. Und das macht uns mächtig stolz.

DEIN LIEBLINGSPLATZ MIT KIND IN KÖLN?

Mit den Kindern spiele ich gerne im Lindenthaler Tierpark und esse mit ihnen vorzüglich im Café HalliGalli, das ist einmalig schön und lecker.

NOCH EIN TIPP FÜR FAMILIEN IN KÖLN?

Die Familienbildungsstätte in der Südstadt bietet ein umfassendes Programm für junge Eltern und das nahezu kostenlos.

AKTIVITÄTEN BEI GUTEM WETTER

Köln und Umgebung bieten Familien neben bekannten Ausflugszielen wie dem Kölner Zoo oder demLindenthaler Tierpark viele weitere Geheimtipps, an denen man mit Kindern relaxte Stunden verbringen kann. In diesem Kapitel geben wir dir einen Überblick über die Orte, die besonders bei Sonnenschein mit Kindern viel Spaß machen. Tolle Spielplätze, lauschige Parks, Ausflüge in die Umgebung oder schöne Badeseen. Plätze an denen sich Kinder austoben und ihrer Neugierde freien Lauf lassen können.

Spielplätze

Bei schönem Wetter können sich Kinder in Köln auf unzähligen Spielplätzen austoben und weit mehr machen, als nur im Sandkasten zu buddeln. In jedem Stadtteil findest du Spielplätze zum Schaukeln, Klettern, Balancieren oder Wippen. Wir stellen dir in diesem Kapitel eine Auswahl besonders schöner Spielplätze vor, echte Paradiese für kleine Sandkastenräuber.

Die Adressen und Informationen zu weiteren Spielplätzen in Köln findest du über die Homepage spielplatztreff.de. ▲▲

Wasserspielplätze

Bei warmen Temperaturen locken die Wasserspielplätze mit ihrem kühlen Nass. Auf ihnen können die Kinder mit Handpumpen das Wasser selbst in Wasserbahnen leiten und ordentlich herummatschen. Wechselklamotten nicht vergessen! Neben den frei zugänglichen Wasserspielplätzen lockt auch im Außenbereich des Abenteuermuseums Odysseum ein großer Wasserspielplatz.

Spielplatz am Rathenauplatz (Innenstadt)

Roonstr. / Rathenauplatz * 50674 Köln

Der Spielplatz mit angrenzendem Biergarten ist ideal, um unbeschwerte Sommerstunden mit Kindern zu genießen. Die Kleinen spielen auf dem großen, eingezäunten Spielplatz oder mit dem beliebten Wasserspiel, während du gemütlich beim Sandkasten oder auf einer der vielen Biergarten-Tische direkt am Spielplatz sitzt. Ein zusätzlicher Pluspunkt des Spielplatzes ist die zum Biergarten gehörende Toilette, die ca. 50 m entfernt liegt. Obwohl die Tische direkt am Spielplatz stehen, behalte im Hinterkopf, dass der Spielplatz mehrere Ein- bzw. Ausgänge hat.

Spielplatz Schwalbengasse (Innenstadt)

Schwalbengasse * 50667 Köln

Der SPIELPLATZ SCHWALBENGASSE ist umzäunt und hat einen angenehmen Lautstärkepegel. Er ist ideal für Klein- und Vorschulkinder. Das Wasserspiel ist besonders im Sommer das große Highlight. Teilweise liegt Müll auf dem Spielplatz herum, hier solltest du achtsam sein.

Spielplatz an der Eiche (Südstadt)

Achterstr. / An der Eiche * 50678 Köln

Das Highlight des SPIELPLATZES AN DER EICHE ist im Sommer die Wasserpumpe, mit der die Kinder tollen Matsch erzeugen können. In einem etwas abgetrennten Bereich für Kleinkinder gibt es einen Sandkasten und eine kleine Rutsche.

Spielplätze im Volksgarten mit Wasserpumpe (Südstadt)

Volksgartenstraße * 50677 Köln

Der Volksgarten trumpft gleich mit zwei schönen Spielplätzen auf. Besonders auf dem größeren Spielplatz verabreden sich nicht nur Kinder zum Spielen, er ist auch ein guter Treffpunkt für Südstädter Eltern. Der Spielplatz bietet ein Klettergerüst, mehrere Rutschen, Autoreifen-Schaukeln und viel Spielfläche zum Toben. Besonders beliebt ist die große Wasserpumpe, die im Sommer auf Hochtouren läuft.

Wasserspielplatz Beethovenpark (Sülz)
Neuenhöfer Allee * 50937 Köln

Dieser Spielplatz liegt versteckt unter Bäumen und bietet viel Schatten. Das Spielgelände besteht aus zwei Teilen, die von einem Wiesenstück unterteilt werden. Highlight im Sommer ist die Wasserpumpe mit Matschanlage, die 2016 aufwendig und hochwertig saniert wurde.

Wasserspielplatz Nippeser Tälchen (Nippes)
Louis-Ferdinand-Str. * 50733 Köln

Dieser Wasserspielplatz liegt wunderschön im Nippeser Tälchen mitten im Grünen. Es gibt Schaukeln, ein kleines Häuschen und das Highlight: Wasser auf Knopfdruck, das in Holzbahnen gelenkt wird. Gerade im Sommer lieben es die Kleinen, auf diesem schönen Spielplatz zu planschen und zu matschen. Währenddessen sitzen die Eltern auf den gemütlichen Rasenflächen (auch praktisch für Picknick) oder den Bänken. Weitere Vorteile sind die Schatten spendenden Bäume und die idyllische Anordnung der Spielgeräte auf Sand und Wiese. Der Spielplatz ist bereits für kleine Kinder geeignet und nicht überlaufen.

Spielplatz Haus Rott - Rotter See (Troisdorf)
Uckendorfer Straße * 53844 Troisdorf

Ein großer, über mehrere Ebenen verteilter Kinderspielplatz besticht durch viel Auslauf für die Kinder in der Nähe des historischen Denkmals HAUS ROTT. Hervorzuheben ist die Wasserlandschaft mit Wasserpumpe, Minisee (etwa 50 cm tief) und Wasserläufen. Hier gibt es jede Menge Platz für die Zwerge. Im Sommer eine tolle Alternative zum Freibad.

Spielplatz-Lieblinge

Spielplatz neben dem Fort Rosengarten (Innenstadt)
Nähe Eis- und Schwimmstadion zwischen Agnesviertel und Nippes

Dieser idyllische Spielplatz ist besonders schön für kleinere Kinder. Er bietet eine kleine Kletter-Rutsch-Anlage, Hoppe-Pferdchen, einen Spielzug und Schaukeln. Der Spielplatz liegt direkt neben dem FORT ROSENGARTEN und bietet im Sommer ausreichend Schatten. Während die Kinder spielen, machen es sich die Eltern auf den umliegenden Bänken bequem.

Spielplatz im Mediapark (Innenstadt)
Im Mediapark * 50676 Köln

Der SPIELPLATZ IM MEDIAPARK besticht durch mehrere, außergewöhnliche Rutschbahnen. Eine extrabreite Rutsche ist ideal, um gemeinsam mit kleineren Kindern zu rutschen. Die lange Riesenrutsche wird schön schnell und ist etwas für ältere Kinder. Außerdem gibt es kleine Häuschen für den Sandkuchenverkauf, eine große Kletterspinne und Spieleisenbahn. Auf den Grasflächen sitzend hast du die

Kinder gut im Blick. Wer Lust hat kann im Anschluss im Mediapark Entchen beobachten, Boot fahren oder Eis essen. Aufgepasst: Im Sommer gibt es leider kaum Schatten.

Bauspielplatz im Friedenspark (Südstadt)

baui.jugz.de/info/baui.html

Hans-Abraham-Ochs-Weg 1 * 50678 Köln

Der BAUSPIELPLATZ IM FRIEDENSPARK, unter den Südstädtern auch als BAUI bekannt, wird nachmittags regelmäßig von mutigen Kindern erobert. Sie können dort toll herumklettern und bekommen Baumaterialien wie Säge, Hammer oder Nägel, um nach Herzenslust zu bauen. Man sollte als Eltern allerdings einen wachsamen Blick auf die Kinder behalten, da sie mit echten Werkzeugen hantieren. Geeignet ist dieser Spielplatz für Kinder ab dem Schulalter. Da der BAUSPIELPLATZ an ein Jugendzentrum angegliedert ist, stehen den Kindern dort täglich von 12.00-19.00 Betreuer bei Fragen zur Seite. Im Innenhof gibt es außerdem das Café SCHICKERIA, in dem du für kleines Geld Kaffee, Kaltgetränke und Snacks bekommst.

Der Baui ist für uns der beste Abenteuerspielplatz in Köln. (Elli mit L.)

Spielplatz im Rheinpark (Deutz)

Auenweg 173 * 51063 Köln

Ein toll angelegter Spielplatz mit vielfältigen Spielmöglichkeiten. Die zwei langen Rutschen, die Seilbahn und die große Seil-Kletteranlage stehen bei Kindern hoch im Kurs. Auch die Nestschaukel oder die Gummihügel zum Rennen sind beliebte Spielplatz-Attraktionen. Hier kommen kleine Kletteraffen unbedingt auf ihre Kosten. Die Eltern entspannen währenddessen auf den großen Grasflächen um den Spielplatz. Nach dem Spielplatzbesuch kannst du mit Familie eine Runde mit der Rheinparkbahn (kleinbahn-im-rheinpark-koeln.de) drehen. Vergiss an heißen Tagen den Sonnenschutz nicht, da es nur wenig Schatten gibt.

Schöner Spielplatz am Rhein mit Zusatzattraktionen wie der Seil- und Bimmelbahn. (Sonja mit M. & J.)

Spielplatz im Forstbotanischen Garten (Rodenkirchen)

Schillingsrotter Straße * 50996 Köln

Dieser Spielplatz liegt idyllisch in den Hügeln des FORST-BOTANISCHEN GARTENs. Seine Besonderheit ist der Sandstreifen aus weißem Sand, durch den du dich fast wie am Meer fühlst. Da es wenig Schatten gibt, solltest du die Kinder im Sommer gut eincremen.

> *Der Spielplatz im Forstbotanischen Garten gehört zu unseren Lieblingsplätzen mit Kind. Der weiße Sand ist toll und mit etwas Glück seht ihr dort frei laufende Pfaue – einfach super schön. (Susanne mit M.)*

Spielplatz im Südpark (Marienburg)

Am Südpark * 50968 Köln

Hohe Bäume stehen um den tollen SPIELPLATZ IM SÜDPARK, der mit Piratenschiff, Kletterspinne, Nestschaukel und Balancierschlangen einiges für Kinder zu bieten hat. Die abwechslungsreichen Spielgeräte sind für kleine und große Kinder interessant und für die Eltern gibt es Sitzbänke und einen Unterstand. Durch die angenehme Lage im Grünen ist im Sommer ausreichend Schatten vorhanden. Der Clou ist der kleine Kiosk in der Nähe des Spielplatzes, der köstlichen, selbstgebackenen Kuchen und Leckereien wie Kindercappuccino anbietet.

> *Obwohl es nur ein Kiosk ist, ist die Auswahl und Qualität hier besser als in vielen Cafés in Köln. Die Kuchen werden privat von einer Omi gebacken. (Susanne mit M.)*

SPIELPLATZ IM BLÜCHERPARK

bluecherspielplatz.de

Escher Straße / Parkgürtel

50823 Köln

Dieser Spielplatz hat schon jetzt das Zeug zum Lieblingsspielplatz Nummer 1 in Köln, obwohl er noch nicht fertig ist. Eine Baustelle ist er aber nicht, es kann nach Herzenslust gespielt werden mit so wunderbaren und ungewöhnlichen Spielgeräten wie einem Wackelspielschiff, Baumstamm-Mikado oder auf dem Sinnespfad. In einer großartigen Initiative entsteht hier nach und nach zusammen mit den Eltern und Anwohnern ein einmaliger Erlebnisspielplatz, der die Sinne und Kreativität anspricht und es ermöglicht, behinderte Kinder in das Spielen zu integrieren. Bei Selbstbauaktionen schwingen Mütter die Schaufel, Nachbarn knüpfen Seile, Schüler setzen Hecken, damit alle Kinder die Chance bekommen, sich in einem naturnahen Spielraum neu zu entdecken, auszutoben und spielerisch miteinander in Kontakt zu treten. Dafür gibt es z.B. einen Tischsandkasten und einen Anbau an den bestehenden Spielturm mit breiter Rutsche und Rampe, damit auch Kinder im Rollstuhl Sandburgen bauen und rutschen können. Weitere tolle Ideen sind in Planung, wir sind gespannt!

Brandtsplatz (Ehrenfeld)

Brandtsplatz * 50825 Köln

Hier tummeln sich auch bei nicht ganz so tollem Wetter Kinder jeden Alters: für die Kleinen gibt es einen eigenen Bereich mit Wipptieren, Spielhaus und Minirutsche, für die Großen ein Kletter- und ein Federwippgerät, Karussell und Schaukeln. Die Attraktion ist das große Piratenschiff aus Holz zum Beklettern, Verstecken, Balancieren und Rutschen. Für Eltern gibt es am benachbarten Lenauplatz einen leckeren Café to Go.

Ritter-Spielplatz (Dünnwald)

Gerbirgis-Weg * 51069 Köln

Wer Lust hat in andere Rollen zu schlüpfen, ist auf dem RITTER-SPIELPLATZ in Dünnwald richtig. Neben Schaukeln, einem Karussell und einer Röhrenrutsche, gibt es einen verwunschenen Rapunzel-Turm, eine Ritterburg und Spielbereiche mit Bäckerei und Gasthof.

Abenteuerspielplatz Herbertskaul (Frechen)

abenteuerspielplatz-frechen.de

02234 / 27 47 27

Herbertskaul * 50226 Frechen

🕐 Mai-Sept MO-FR 13.3o-18.oo
   Okt-Apr MO-FR 13.3o-17.oo
   feiertags geschlossen

Dieser große Spielplatz ist ein Kinderparadies mit Hängeparcours, Wackelbrücke, Schaukeln, einer Spielwiese, einem Holz-Zimmerer-Bereich, einer Blockhütte und Bastelmaterialien. Am Lagerfeuer können die Kinder selbst Stockbrot backen. Toller Spielplatz für Kinder ab etwa 6 Jahren. Da stets pädagogische Kräfte anwesend sind, können ältere Kinder auch alleine auf dem ABENTEUER-SPIELPLATZ spielen. Als weiteres Highlight gibt es mehrere Tiere und angeleitete Sonderprogramme.

Wälder und Parks

Köln ist voller Parks, Grünanlagen und Wiesen. Bei gutem Wetter scheint es, als ob jeder zweite Kölner draußen an einem der grünen Fleckchen zu finden ist. Für die Kinder gibt es in den Parkanlagen ausreichend Platz zum Ballspielen, Toben und Planschen, echte Relaxzonen also für Eltern und Kinder. Jede Wiese und jeden Park musst du nicht kennen. Es reicht, wenn du weißt, wo deine Kinder am meisten Spaß haben und die besten Spielmöglichkeiten vorfinden.

Römerpark und Friedenspark (Südstadt)

roemerpark-koeln.de

Hans-Abraham-Ochs-Weg 1 * 50678 Köln

Der RÖMERPARK und der FRIEDENSPARK sind zwei kleine Stadtteilparks in der Südstadt. Ihre Besonderheit ist der Baumbestand aus alten Kastanien, Platanen, Schwarz- und Flügelnuss, die Ruhe mitten in der Großstadt verbreiten. Am südlichen Ende des RÖMERPARKs liegt ein schöner Spielplatz mit großem Rutschenturm, Schaukeln und einem Sandkasten, ideal für kleinere Kinder. Der Bauspielplatz (s. S. 181) im FRIEDENSPARK ist auch für größere Kinder spannend.

Volksgarten (Südstadt)

Vorgebirgsstraße * 50677 Köln

Wer auf der Suche nach Ruhe und einer familienfreundlichen Atmosphäre ist, ist im VOLKSGARTEN goldrichtig. Der Park liegt zentral, bietet einen Biergarten, einen See und zwei Spielplätze. Der größere ist mit Spielgeräten und Planschmöglichkeiten gut ausgestattet und ein regelrechter Pilgerort für Familien. Wer Lust auf Böötchen fahren hat, mietet sich ein Tretboot in der Nähe des Biergartens. Dieser ist ideal für einen unbeschwerten Tagesausklang. Alternativ packst du den Picknickkorb ein und grillst im VOLKSGARTEN.

Rheinpark / Jugendpark (Deutz)

Sachsenbergstraße * 51063 Köln

Der RHEINPARK mit angrenzendem JUGENDPARK liegt zwischen den Stadtteilen Deutz und Mülheim. Jede Menge Grünfläche, der Blick auf den Rhein und zwei große Spielplätze bieten für Eltern und Kinder gleichermaßen ein tolles Programm. Mit einer Bimmelbahn geht's von der Haltestelle Tanzbrunnen aus etwa 2 km durch den Park, weitere Haltestellen sind „Thermalbad" direkt vor der CLAUDIUS-THERME und „Rosengarten" im Jugendpark. Ein begehbarer Brunnen bietet im Sommer Spaß und Abkühlung. Eine schöne Idee ist die Fahrt mit der SEILBAHN über den Rhein in Richtung KÖLNER ZOO.

Forstbotanischer Garten / Friedenswald (Rodenkirchen)

Schillingsrotter Str. 100 * 50996 Köln

Im FORSTBOTANISCHEN GARTEN können über 1.000 verschiedene Gehölzarten aus der ganzen Welt entdeckt werden. In der Mitte der Parkfläche ist ein toller Spielplatz, der durch eine riesige Sandgrube mit ganz hellem Sand und tollen Holzspiel-Geräten hervorsticht. Wer Lust hat kann mit dem Fahrrad kommen, ein Picknick einpacken und im FORSTBOTANISCHEN GARTEN den ganzen Tag verbringen. Mit etwas Glück erblickst du die frei laufenden Pfaue. Da es weder ein Café noch Toiletten in unmittelbarer Nähe gibt, solltest du Verpflegung mitnehmen. Denke außerdem auf jeden Fall an Sonnenhut und Sonnenschirm, da es kaum Schatten gibt.

Im Forstbotanischen Garten ist einfach alles grün. Der Park ist ideal, um zu relaxen und für die Kinder gibt es genügend offene Fläche zum Austoben. (Susanne mit M.)

FINKENS GARTEN

finkensgarten.org

Friedrich-Ebert-Straße 49

50996 Köln (Rodenkirchen)

🕐 ganzjährig täglich 9.00 bis Sonnenuntergang

In unmittelbarer Nähe zum Forstbotanischen Garten liegt FINKENS GARTEN, ein kostenfreier Naturerlebnisgarten, der kleine und große Besucher dazu einlädt, unterschiedliche Biotope und Themenfelder mit allen Sinnen zu erfahren. Es gibt einen Fußtastpfad, einen Handtastgarten und einen Nasengarten. Auf den Streuobstwiesen darf genascht und am Baumtelefon die Ohren gespitzt werden. Regelmäßig werden Führungen und besondere Veranstaltungen angeboten.

Fritz-Encke-Volkspark (Raderthal)
Rösberger Str. 8 * 50968 Köln

Der FRITZ-ENCKE-PARK wächst charmant in die Innenstadt hinein und erinnert mit seinem Pavillon und den Rosenbeeten ein wenig an einen Kurgarten. Im daneben liegenden Teil ist ein kleiner Fitnessparkour, der an die ehemalige Kaserne angrenzt. Der im Park liegende REIGENPLATZ erinnert an ein Amphitheater. Große Stufen führen zur Bühne herab – spannend für die Kinder. Diese können im FRITZ-ENCKE-PARK wunderbar herumlaufen, Frisbee oder Fußball spielen oder auf dem neuen Spielplatz mit hohem Klettergerüst toben.

Vorgebirgspark (Zollstock)
Vorgebirgstraße * 50969 Köln

Der VORGEBIRGSPARK ist ein eher unbekannter, ruhiger Park im Süden Kölns zwischen den Vororten Zollstock, Raderberg und Raderthal. Auf den zweiten Blick stellt er sich als überraschend schön und groß heraus. Ein Rosengarten im Frühling und Sommer ist mit seinem Kornblumenfeld und den vielfältigen Rosen ein Genuss. Toll für Familien ist der schöne Spielplatz und die Filiale von SCHMITZ&NITTENWILM (Leichweg 1, Tel 0221 / 16 86 66 16) direkt am Rande des Parks. Hier bekommen Eltern einen leckeren Kaffee und einen Snack für die Kinder. Wer Lust hat, kann sich direkt im Café der Bäckerei stärken und kleinere Kinder in der Kinderecke spielen lassen.

Direkt vor der Filiale von Schmitz & Nittenwilm gibt es einige Wipptiere, wo mein Zweijähriger begeistert spielt, während ich meinen Cappuccino trinke. Am Wochenende kann man dort auch gut frühstücken. (Susanne mit M.)

Decksteiner Weiher (Lindenthal)
Bachemer Landstr. 420 * 50935 Köln

Im Naherholungsgebiet DECKSTEINER WEIHER haben Kinder viel zu gucken. Auf dem künstlich angelegten See gibt es jede Menge Enten und Schwäne. Wer es sportlich mag, leiht sich in der Nähe des Restaurants HAUS AM SEE (hausamseekoeln.de, Bachemer Landstr. 420, 50935 Köln) knallgelbe Tretboote aus oder spielt eine Runde Minigolf. Bei gutem Wetter ist die großzügige Sonnenterrasse des HAUS AM SEE geöffnet und lädt zu einer Pause ein. Im Herbst ist der Park beim DECKSTEINER WEIHER perfekt zum Kastanien sammeln. In kalten Wintern gefriert der Kanal und du kannst dort wunderbar Schlittschuhlaufen. Parkplätze gibt es direkt beim Restaurant.

Die gut befestigten Wege eignen sich super mit Kinderwagen oder zum Laufradfahren. (Natalie mit M.)

Paula

I love you,
MOM!

Blücherpark (Bilderstöckchen)

bluecherpark-koeln.de

Parkgürtel * 50823 Köln

Der BLÜCHERPARK mit Weiher wurde bereits vor über hundert Jahren an der Grenze zwischen Ehrenfeld und Bilderstöckchen angelegt. Der Biergarten KAHNSTATION liegt direkt am Wasser und vermietet für kleines Geld Ruderboote. Im Sommer finden häufig Konzerte und Partys mit DJs statt, Familien willkommen. Sind alle Tische besetzt, bekommt man sein Getränk auch am Büdchenverkauf des Biergartens und kann es mitnehmen auf eine der vielen Wiesen, auf denen Fußball gespielt, gegrillt und sonnengebadet wird. Weitere Highlights sind der tolle Spielplatz (s. S. 181) und der begehbare Springbrunnen auf der Vorwiese, in dem sich im Sommer auch kleine Kinder abkühlen können. Direkt neben dem Park verläuft die Autobahn – das tut dem Park unserer Meinung nach aber keinen Abbruch.

In der Kahnstation kannst du bei gutem Wetter einen tollen Sonnenuntergang bewundern. Der Park ist ideal für Ballspiele. Dort ist immer was los und es wird viel gegrillt, ein echter Veedels-Garten. (Constanze mit H.)

Dünnwalder Wald und Hornpottweg (Dünnwald)

Hornpottweg * 51069 Köln

Der DÜNNWALDER WALD ist ein rund 410 ha großer Stadtwald, in dem das Naturschutzgebiet „Am Hornpottweg" liegt. Zahlreiche Vögel nutzen den Hornpottweg als Lebens-, Brut- oder Winterrastplatz. Highlight für Familien sind der DÜNNWALDER WILDPARK und das WALDBAD DÜNNWALD (s. S. 189).

Schlosspark Stammheim mit Skulpturen (Stammheim)

schlosspark-stammheim.com

Am Stammheimer Schlosspark

51061 Köln

🕐 Apr-Sept 10.3o-19.oo
   Okt-März 10.3o-17.oo

Direkt am Kölner Rheinufer in STAMMHEIM liegt dieser schöne Park, in dem es mit Kindern immer wieder etwas Neues zu entdecken gibt. Zwar existiert das Schloss nicht mehr, dafür kannst du seit 2002 viele im ganzen Park verteilte Skulpturen bestaunen. Im Park triffst du auf wenige Besucher. Das ist erfreulich, da der Park nur klein ist. Ein schöner Familienausflug ist die Fahrt mit dem Fahrrad über Mülheim am Rheinufer entlang.

Wahner Heide (Rösrath)

Naturschutzzentrum Turmhof

Kammerbroich 67 * 51503 Rösrath

Die WAHNER HEIDE ist ein schönes Naturschutzgebiet und toll zum Spazierengehen mit Kindern und Kinderwagen. Ein Highlight ist die dort lebende Ziegenherde. Zur Einkehr empfehlen wir die Waldwirtschaft Heidekönig, ein nettes Heidecafé für Familien (Mauspfad 3, Troisdorf, Tel 02241 / 14 53 15 0, der-heidekoenig.de)

Brückenkopfpark Jülich (Jülich)

brueckenkopf-park.de

Rurauenstr. 11 * 52428 Jülich

🕐 Nov-Feb täglich 10.oo–16.oo
   März-Okt täglich 9.oo–18.oo

Spielen, Rennen, Planschen, Toben, Matschen – und das alles nach Herzenslust. Speziell für die Kleinen gibt es mehrere tolle Spielplätze und das Zwergenland. Ältere Kinder erfreuen sich im großen Spielareal Kind & Kegel mit Floßteich und Wasserpumpen. Der Spiel– und Kletterturm mit seiner Riesenrutsche garantiert einen erlebnisreichen Tag für Groß und Klein. Weitere spannende Spielabenteuer warten im Zoo, beim Minigolf, im Waldbereich und Stadtgarten auf die kleinen Gäste. Mehrmals im Jahr gibt es spannende Veranstaltungen und Feste für die ganze Familie.

Bonner Rheinaue (Bonn)

Ludwig-Erhard-Allee 20 * 53175 Bonn

Einen echten Totempfahl bewundern, auf dem Rheinauensee Tret- und Ruderboot fahren oder einfach durch den japanischen Garten schlendern – in der BONNER RHEINAUE lässt sich ein wunderbarer Familientag verbringen.

Freibäder und Badeseen♥

Nach langen Wintermonaten wird die Freibadsaison mit Sommer, Sonne und Sonnenschein von vielen Kölnern sehnsüchtig erwartet. Köln bietet eine Fülle von Freibädern und Badeseen, die die Saison meist ab dem 1. Mai eröffnen. Welche der Bäder und Seen mit Kindern am schönsten sind, ist wie oft Geschmackssache. Unsere Lieblingsbäder und Seen stellen wir dir in diesem Kapitel vor. Weitere Freibäder und Seen in und um Köln findest du auf der Webseite der Stadt Köln unter koeln.de in der Rubrik Freizeit. Weitere Hallen- und Kombibäder mit Außenbereich findest du bei den „Schlecht-Wetter Aktivitäten" (s. S. 208). ▲▲

Naturfreibad Vingst (Vingst)

koelnbaeder.de

0221 / 27 91 86 0

Vingster Ring * 51107 Köln

Idylle pur finden Familien im NATURFREIBAD VINGST. Der Baggersee am östlichen Stadtrand weist eine gute Wasserqualität auf, bietet großzügige Liegewiesen, einen kleinen Sandstrand, Hängematten und einen Abenteuerspielplatz für Kinder. Das Bad ist meist nicht so überlaufen wie andere Seen und daher mit Kindern angenehm übersichtlich. Es gibt einen abgesperrten Nichtschwimmerbereich.

UNSER TIPP

WALDBAD DÜNNWALD

* Geburtstagskinder freuen sich über freien Eintritt im Waldbad und auf dem Minigolfplatz.
* Da die Parkplätze an heißen Sommertagen oft knapp werden, lohnt sich die Anreise mit dem Fahrrad.

Wasserspielgeräten, einem separaten Springerbecken mit 1-m und 3-m Sprunganlage, Kinderspielplatz und ausgedehnten Liegeflächen. Da die Becken beheizt sind, hat das Beckenwasser immer eine angenehme Temperatur zum Schwimmen und Wohlfühlen.

Waldbad Dünnwald (Dünnwald)
waldbad-camping.de

0221 / 60 01 58 8

Peter-Baum-Weg 20 * 51069 Köln

🕐 täglich 9.oo-20.oo

Freibad Hoffnungsthal (Rösrath)
stadtwerke-roesrath.de/de/Freibad

02205 / 92 50 60 0

Hover Weg 4 * 51503 Rösrath

🕐 In der Saison täglich 9.oo-20.oo
in den Sommerferien ab 8.oo

Das WALDBAD DÜNNWALD liegt idyllisch mitten im Wald und ist ideal für einen ungetrübten Sommertag. Es hat ein Kinderbecken, zwei Nicht-Schwimmerbereiche, ein Schwimmerbecken und schöne Liegewiesen. Kinder lieben die große Wasserrutsche. Direkt nebenan gibt es einen Minigolfplatz, auf dem du den Tag ausklingen lassen kannst.

Hier können Wasserratten in idyllischer Atmosphäre unter altem Baumbestand die Seele baumeln lassen. Geboten sind ein Schwimmerbecken mit Sprungturm, ein Nichtschwimmerbecken mit breiter Wasserrutsche, ein Unterwassergeysir und verschiedene Sprudeltreppen. Für die ganz Kleinen gibt es ein geräumiges Kinderbecken mit Regenbogenrutsche und schützenden Sonnenschirmen. Für das Strandgefühl sorgen ein Beachvolleyball-Feld und die Strandkörbe bei der Cafeteria.

Freibad Milchborntal (Bergisch Gladbach)
freibad-milchborntal.de

02204 / 53 95 5

Milchborntalweg 69

51429 Bergisch Gladbach

🕐 In der Saison täglich von 10.oo-20.oo, bei schlechtem Wetter abweichend

Das in Waldrandlage gelegene FREIBAD MILCHBORNTAL punktet mit einem 50-m Schwimmerbecken, einem Nichtschwimmerbecken, einem Kleinkinderbecken mit

ABKÜHLUNG IM SOMMER

* Ein Ampelsystem auf der Webseite der Köln-Bäder zeigt an, ob die Freibäder geöffnet sind. Du findest die Freibadampel unter koelnbaeder.de/service/freibadampel.html

* Bei schönem Wetter sind die Seen und Freibäder oft überfüllt. Eine Alternative, um die Füße ins Wasser baumeln zu lassen ist der Wasserspielplatz HAUS ROTT – Rotter See (Uckendorfer Straße, 53844 Troisdorf).

Bleibtreusee (Brühl)

wasserski-bleibtreusee.de/infos-zum-see

Luxemburger Straße * 50321 Brühl

Auf diesem Freizeitsee in Brühl darfst du legal, wenn auch auf eigene Gefahr schwimmen. Als Besonderheit bietet der BLEIBTREUSEE die Möglichkeit, Wasserski zu fahren.

Heider Bergsee (Brühl)

Heider Bergsee * 50321 Brühl

Für Familien mit kleinen Kindern ist dieser BERGSEE westlich von Köln toll, da Eltern nicht ständig Angst um ihre Kinder haben müssen. An einem kleinen aufgeschütteten Strand können die Minis in Ruhe Kuchen backen und herummatschen. Das Wasser fällt über mehrere Meter nur knietief ab. Da es viele Bäume gibt, findest du immer ein schattiges Plätzchen. Ein sonniger Spielplatz liegt nahe des Sees. Der HEIDER BERGSEE ist ab Brühl ausgeschildert.

Der Heider Bergsee ist idyllisch und hat ein paar versteckte Wiesen kurz hinter dem Wald (rechterhand vom Parkplatz) auf denen man schön picknicken und Ballspielen kann. (Natalie mit M.)

Otto-Maigler-See (Hürth)

otto-maigler-see.de/strandbad

Schnellermaarstraße * Ecke Zur Gotteshülfe * 50354 Hürth

Der OTTO-MAIGLER-SEE ist ein klassischer Stadtsee. Aufgrund seines Sandstrands ist er ideal für Kinder, die dort gerne ihre Sandburgen bauen. Auf der riesigen Rasenfläche finden Familien immer ein Plätzchen und das angesagte Strandbad bzw. der OMS-BEACHCLUB überzeugen mit schicken Loungemöbeln und leckeren Drinks.

Ich mag den Otto-Maigler-See zum Baden, Chillen, Essen, Trinken, Ball spielen, Floß rumschippern … einfach alles. (Natalie mit M.)

Liblarer See (Erftstadt)

Erholungsgebiet Liblarer See

50374 Erftstadt

Der LIBLARER SEE befindet sich im Südwesten Kölns. Er liegt etwa 15 Kilometer von der Stadtgrenze entfernt in einem ehemaligen Tagebaugebiet. Am Nordufer des LIBLARER SEEs liegt ein Freibad samt Kinderspielplatz, Gaststätte, Kiosk und angeschlossenem Campingplatz. Der See zählt mit seinem klaren Wasser zu den saubersten Gewässern in der Region.

Terrassenfreibad Frechen (Frechen)

fresh-open.de/terrassenfreibad-
frechen

02234 / 24 36 2

Hans-Schaeven-Weg 1 * 50226 Frechen

🕐 MO, DI, DO 12.oo-19.oo * MI, FR
    7.oo-19.oo * SA-SO 9.oo-19.00

Das TERRASSENFREIBAD FRECHEN ist auch nach über 50 Jahren Betriebszeit eine attraktive Freizeitanlage. Es ist ausgestattet mit einem 50m Schwimmerbecken, einer Sprunganlage mit Turm, einem 55m langen Nichtschwimmerbecken mit Breitrutsche und einem Planschbecken für Kleinkinder. Den Badegästen stehen über 22.000 qm Liegewiesen mit altem Baumbestand zum Sonnen und Spielen zur Verfügung. Sportbegeisterte Besucher können eine Beach-Volleyball-Anlage und eine Minigolfanlage nutzen.

Sundown Beach am Escher See (Esch)

sundown-beach.de

0178 / 85 45 89 4

Am Baggerfeld 4 * 50767 Köln

🕐 ab Mai täglich bei gutem Wetter von
    10.oo-22.oo, tagesaktuelle Zeiten
    auf der Homepage

Der ESCHER SEE war lange ein beliebtes Naherholungsgebiet Kölns. Vor einigen Jahren schloss die Stadt den See aus Kostengründen – nun ist das Areal mit neuem Betreiber als schicker Stadtstrand unter dem Namen SUNDOWN BEACH wieder eröffnet worden. Feiner Sand wurde aufgeschüttet, Sonnendecks gebaut und ein Restaurant mit

Blick auf den See eröffnet. für Kinder gibt es einen extra Spielbereich, in dem sie sich austoben können. Währenddessen genießen die Eltern in Ruhe einen sonnigen Tag am Strand oder planschen mit den Kindern im klaren Wasser. Für den Parkplatz musst du bezahlen, alternativ parkst du etwas weiter weg im Gewerbegebiet nebenan.

Super Platz im Sommer. Allerdings wird es schnell voll wenn es warm ist und damit auch relativ unübersichtlich. (Gerburgis mit L.)

Fühlinger See (Fühlingen)

fuehlingersee.de

Stallagsbergweg * 50769 Köln

Der FÜHLINGER SEE ist einer der schönsten Badeseen in Köln. Familien lassen sich entweder direkt an einem der Seeabschnitte nieder oder besuchen das Naturstrandbad BLACKFOOT BEACH (Stallagsbergweg 1A, Tel 0221 / 16 88 18 10) mit Schwimmstrand, Chill-Out Area und Beachvolleyball. Wer Lust hat kann sich kleine Kajaks im Schwimmbad ausleihen. Ein Highlight ist die Sonneninsel, die per Holzsteg vom Strand aus erreicht werden kann.

Der See ist super mit Kindern, hier kann man locker den ganzen Tag verbringen. Wer nicht ins volle Seebad möchte, kann sich gut auch so einen Platz am See suchen. (Susanne mit M.)

Freizeitparks und Erlebnisbauernhöfe♥

In Köln gibt es bei gutem Wetter viel zu entdecken! Die warme Jahreszeit ist perfekt für Familien, die es lieben draußen zu sein, etwas zu erleben und die Natur zu genießen. Hier findest du Ideen und Anregungen zur Freizeitgestaltung für die ganze Familie.

Gut Leidenhausen (Porz)

gut-leidenhausen.de

02203 / 35 76 51

Gut Leidenhausen 1 * 51147 Köln

🕐 Winter MI-SA 12.oo-16.oo
SO 11.oo-17.oo * Sommer MI-SA
12.oo-18.oo * SO 11.oo-18.oo

Auf dem GUT LEIDENHAUSEN haben die Kinder in der Waldschule, auf dem Naturspielplatz oder auf den Wiesen vielfältige Möglichkeiten, ihre natürliche Umwelt spielerisch zu entdecken. Auch die Greifvogelschutzstation (vorher anrufen und nach Besichtigungszeiten fragen: Tel 02203 / 10 23 37 6) oder das Wildgehege sind für die Kleinen spannend. Regelmäßig finden Familienwanderungen statt.

Die Kombination aus Greifvogelschau, schönem Spaziergang, Waldschule und tollen Obstbäumen ist klasse. (Gerburgis mit L.)

Krewelshof (Lohmar)

krewelshof.de

02205 / 89 77 06

Krewelshof 1 * 53797 Lohmar

🕐 Spielscheune: Winter MI-FR 15.oo-
18.3o * SA 11.oo-18.3o * SO & feiertags 12.oo-18.3o * Sommer MO-FR
15.oo-18.3o * SA 10.oo-18.3o * SO &
feiertags 12.oo-18.3o * Ferien MO-
SA ab 10.oo * SO & feiertags ab 9.oo
in Verbindung mit Frühstücksbüffet

Der KREWELSHOF in Lohmar bietet Familien eine gelungene Mischung aus Hoftieren, Austoben und Kreativität. Die Kinder schauen beim Melken im Ziegenstall zu oder knuddeln mit den Kaninchen. Daneben können sie in der großen Spielscheune mit Riesen-Rutsche, auf der Hüpfburg oder mit den Tret-Karts toben. Regelmäßig kommt der Kasperle vorbei oder es werden Schmink- und Bastelaktionen angeboten. Toll an Sonntagen ist das reichhaltige Frühstücksbuffet, bei dem parallel ein Kinderprogramm läuft. Um einen Platz zu bekommen, solltest du früh genug reservieren. Jahreszeitenbezogen gibt es im Sommer von Mitte Juli bis Anfang November ein Maislabyrinth und im Winter eine Eisstockbahn. In der hofeigenen Käserei kannst du leckeren Käse kaufen und in der Gastronomie gut essen.

Mein persönliches Highlight auf dem Krewelshof ist, wenn ich eine der leckeren frisch gemachten Waffeln ergattere. (Susanne mit M.)

Erlebnisbauernhof Gertrudenhof (Hürth)

erlebnisbauernhof-gertrudenhof.de

02233 / 72 81 6

Lortzingstr. 160 * 50354 Hürth

🕐 MO-SA 8.oo-19.oo * SO & feiertags 9.oo-19.oo

Der GERTRUDENHOF ist ein Erlebnisbauernhof für die ganze Familie etwa 10 km vor den Toren Kölns. Besonders beliebt ist der Streichelzoo, in dem die Kinder über 60 Tiere wie Schafe, Ziegen, Esel oder Rinder hautnah erleben können. Auf den Hofführungen für etwas ältere Kinder werden interessante Geschichten zu den einzelnen Tieren erzählt. Weitere Highlights sind der HÖHNERHOFF (=Hühnerhaus), in dem Besucher beim Eiersuchen helfen dürfen oder die HASENSTADT HOPPELHAUSEN mit

GERTRUDENHOF

* Selbst bei schlechtem Wetter ist der GERTRUDENHOF interessant, da es dann leerer ist und es trotzdem für Kinder Auspower-Potenzial in der Strohpyramide der Scheune gibt.

* Artgerechtes Tierfutter für jeweils 1 Euro pro Paket erhältlich.

* Hunde dürfen angeleint mitgenommen werden. Ausnahmen sind der Bauernmarkt, der Innenhof und der Spielplatz.

Kaninchen, Meerschweinchen und einem lustigen Zwerghuhnpärchen. Während sich die Kleinen nach dem Streichelzoobesuch auf dem Spielplatz oder in der Spielscheune austoben, entspannen die Eltern bei einem Kaffee an einer der Schlemmerstationen.

Kinder von 0-10 Jahren haben viel Spaß dort. Zusätzlich zum normalen Programm gibt es immer wieder tolle Events wie die Kürbisschnitzerei. (Elli mit L.)

PHANTASIALAND

* 1x zahlen, 2x Spaß – eine besondere Aktion gibt es zum Saisonstart: Wer im April ins PHANTASIALAND geht, kann sich dort eine Freikarte für die laufende Saison abholen.

* Im Winter wird eine Eislaufbahn mit Glühweinbuden und toller Weihnachtsatmosphäre aufgebaut.

Phantasialand (Brühl)

phantasialand.de

0180 / 63 66 20 0 (kostenpflichtig)

Berggeiststr. 31-41 * 50321 Brühl

🕐 Apr-Nov täglich ab 9.oo * Nov-Jan ab 11.oo, diverse Schließtage

Das PHANTASIALAND steht für einen Tag voller Spaß, Abenteuer, Spannung und beste Unterhaltung für die ganze Familie. Für jedes Alter gibt es spannende Attraktionen und Fahrgeschäfte, die häufig lustige Namen tragen wie „Maus-au-Chocolat" oder der „Tittle Tattle Tree". Jedes Kind bekommt an der Kasse einen Abenteuer-Tour-Pass ausgehändigt und kann sich kleine Stempel bei den Kinderattraktionen geben lassen. Am Ende eines erfüllten PHANTASIALAND-Tages können sich die Kinder dann eine Urkunde als Andenken abholen.

Bubenheimer Spieleland (Nörvenich)

bubenheimer-spieleland.de

02421 / 71 19 4

Burg Bubenheim 1 * 52388 Nörvenich

🕐 täglich 9.oo-19.oo * in der Winterzeit bis 18.oo

Ob Regen oder Sonnenschein – das BUBENHEIMER SPIELELAND lädt zum Spielen ein. Im Außenbereich gibt es einen großen Abenteuerspielplatz mit Kletterpark, eine Riesenteppichrutsche, einen Wasserspielplatz und ab Juli ein Maislabyrinth. Zusätzlich locken die drei großen Indoorbereiche mit Kletteranlagen, Gokart-Bahnen, Trampolinanlage sowie 5 Bowlingbahnen mit Wochenendbetrieb. Im Winter ist das Außengelände bei gutem Wetter geöffnet.

Glessener Mühlenhof (Bergheim)

glessener-muehlenhof.de

02238 / 96 93 00 7

Glessener Mühlenhof 1 * 50129 Bergheim

🕐 DI-SO 9.oo-18.oo

Der GLESSENER MÜHLENHOF ist schon für kleine Kinder ein Erlebnis. Sie lernen auf einer Hofführung viele interessante Dinge rund um das Bauernhofleben und erleben hautnah freilaufende Tiere. Es gibt die Möglichkeit, sich im Stroh auszutoben oder klassisch auf dem Spielplatz zu spielen. Das Hof-Café bietet täglich Frühstück, Kaffee und Kuchen sowie saisonale warme Speisen. Aufgepasst: Hunde sind im Café und auf der Hofterrasse erlaubt, wegen der freilaufenden Tiere nicht jedoch im Bauernhoferlebnis.

BUBENHEIMER SPIELELAND

* Geburtstagskinder (bis 14 Jahre) haben am Geburtstag – gegen Vorlage eines Ausweises – freien Eintritt.

Märchenwald Altenberg (Odenthal /Altenberg)

maerchenwald-altenberg.de

02174 / 40 45 4

Märchenwaldweg 15

51519 Odenthal / Altenberg

🕐 März–Sept täglich 10.oo–19.oo
Okt–Feb täglich ab 10.oo bis
Einbruch der Dunkelheit

Bereits im Jahr 1931 öffnete der MÄRCHENWALD im bergischen Odenthal-Altenberg seine Pforten. Seitdem können Kinder Märchenfiguren und eine große Wasserorgel mit Wasserspielen besichtigen. Auch im digitalen Zeitalter wird die Anlage manuell gesteuert und scheint in der Zeit stehen geblieben. Märchen wie Dornröschen, die sieben Zwerge oder der gestiefelte Kater sind in kleinen Häuschen im Wald zu bestaunen. Ein zugehöriges Restaurant sorgt für Speis und Trank.

Neuland Park (Leverkusen)

neuland-park.de/neuland-park/spielen

0214 / 40 66 70 1

Nobelstr. 91 * 51373 Leverkusen

🕐 Okt–März 6.oo–18.oo
Apr–Okt 6.oo–22.oo

Im 20 Hektar großen NEULAND PARK gibt es für jeden das richtige Spiel- und Sportangebot. Im Bumerang, dem Kernstück des Parks, fordern zwölf Spielstationen Geschicklichkeit und Teamgeist heraus. Daneben lockt die Kinder ein großzügiger Spielbereich mit viel Sand und spannenden Klettergerüsten. Für Entspannungssuchende gibt es eine große Liegewiese, für Wagemutige eine Skateranlage und für die Beobachter schöne Wasserspiele mit Fontänen.

Kinderbauernhof Neuss (Neuss)

kinderbauernhof-neuss.de

02131 / 90 33 21

Nixhütter Weg 141 * 41466 Neuss

🕐 täglich 9.oo–18.oo
Spielscheune: DI–FR 10.oo–17.oo
SA–SO 11.oo–17.oo

Auf dem KINDERBAUERHOF NEUSS ist die Natur zum Greifen nah. Es riecht es nach Heu, nach Pferdedung und Schweinestall. Schafe und Ziegen tummeln sich in den Außengehegen, Kühe blöken, Hühner krähen und Pferde kommen nah an die Zäune heran und freuen sich über einen leckeren Apfel. Wenn die Kinder die Hof- und Weidetiere des Kinderbauernhofs kennengelernt haben, können sie sich auf der Obstwiese oder dem Spielplatz vergnügen. Neben dem normalen Hofbesuch gibt es für Familien regelmäßige Sonderaktionen, z.B. Obst pflücken und einkochen, eine Kartoffelwerkstatt oder kreative Angebote wie Filzen.

Irrland Erlebnislabyrinth (Kevelaer-Twisteden)

irrland.de

02832 / 97 66 56

Am Scheidweg 1

47624 Kevelaer-Twisteden

🕐 März–Jun, Aug–Sep 9.oo–20.oo
Jun–Jul 9.oo–21.oo
Sep–Nov 9.oo–19.oo

Die 300.000 qm große, palmengesäumte Oase versprüht südländisches Urlaubsflair und bietet einen hohen Erholungswert. IRRLAND hat sich zu Europas größter Bauernhof-Erlebnisoase entwickelt. Es locken verschiedene Tiere, Spiel- und Aktions-Scheunen, Tret-Go-Karts, Labyrinthe und eine Indoor-Kletterwelt. Für die Kleinsten gibt es eine extra Kleinkind-Spiel-Scheune. Die kostenlos zur Verfügung stehenden Sitzgruppen und Grillstationen laden zum Pausieren und Genießen ein. Der große Wintergarten und weitere Indoor-Flächen machen das IRRLAND zum Allwetter-Park.

Zoos und Wildparks

Kölner Zoo (Riehl)

koelnerzoo.de

0221 / 56 79 91 00

Riehler Str. 173 * 50735 Köln

🕐 März-Okt täglich 9.oo-18.oo
Nov-Feb 9.oo-17.oo

Der KÖLNER ZOO ist der Klassiker für Familien. Im drittältesten Zoo Deutschlands findest du heutzutage modernisierte Gehege und einen schönen Rundweg mit einer Vielzahl an Tieren. Ein Highlight ist das neue Hippodrom, eine begehbare Nachbildung einer afrikanischen Flusslandschaft, in der du in die Welt Afrikas eintauchst. Mit Kindern solltest du unbedingt genug Zeit für die beiden großen Spielplätze einplanen. Am Haupteingang liegen Hefte mit einer Gehege-Übersicht und den Fütterungszeiten aus. In den Ferien gibt es täglich eine kostenlose, etwa einstündige Zoo-Safari für Kinder und ihre erwachsene Begleitung.

Ein Ausflug in den Kölner Zoo ist definitiv ein Tagesprogramm. (Gerburgis mit L.)

Lindenthaler Tierpark (Lindenthal)

lindenthaler-tierpark.de

0221 / 43 34 96

Kitschburger Str. * 50935 Köln

🕐 9.oo-17.oo. Im Sommer 1-2 Stunden länger. Details s. Webseite

Schöner kleiner Tierpark innerhalb des Kölner Stadtgebiets. Kinder haben viel Spaß, da sie nah an die Tiere herankommen, sie streicheln und füttern können. Das Päckchen Futter kostet 50 Cent und kann an einem kleinen Kiosk erworben werden. Dort gibt es auch Getränke, Eis und Süßigkeiten. Toll ist, dass der Eintritt zum LINDENTHALER TIERPARK kostenlos ist. Hunde dürfen nicht in den Park und Fahrräder müssen geschoben werden. Am Wochenende können Kinder im Kölner Stadtwald in der Nähe eine Runde Ponyreiten (pony-reiten.de).

Im Lindenthaler Tierpark laufen die Hirsche frei rum, dieses hautnahe Erleben der Tiere finden viele Kinder toll. (Martina mit F.)

KÖLNER ZOO

* Besonders an Wochenenden empfiehlt es sich, früh in den Zoo zu gehen, weil es morgens noch nicht ganz so voll ist

* Je nach Witterung kann es passieren, dass die Kioske geschlossen haben. Packe daher eine kleine Brotzeit ein.

* Da die Strecken für Kinder recht weit werden können, nimm den Buggy oder das Laufrad mit, damit die Kinder möglichst lange Spaß haben.

* Die Parkplätze am Haupteingang des Zoos sind oft voll. Daher lohnt es auf dem großen Parkplatz beim Nebeneingang in Köln Niehl zu parken. Oder du suchst dir einen Parkplatz auf der anderen Rheinseite beim Jugendpark und fährst mit der Seilbahn direkt vor die Tore des Zoos. Kombitickets für Zoo und Seilbahn bekommst du am Seilbahn-Eingang.

Rolfs Streichelzoo (Zündorf)
streichelzoo-koeln.de

02203 / 84 99 2

Tulpenweg 25-27 * 51143 Köln

🕐 März-Okt MO-FR 9.oo-18.3o
SA 9.oo-16.oo * Nov-Feb MO-SA
10.oo-16.oo

Ponys, Kängurus, Schafe, Nandus, Minischweine und viele Vögel bezaubern Familien in ROLF´S STREICHELZOO. Der Betreiber Rolf Effenberger betreibt seit Jahren ehrenamtlich eine Papageien-Auffangstation in Köln. Im Laufe der Zeit haben dort über 100 alleingelassene oder verwahrloste Vögel ein neues Zuhause gefunden und es kamen immer mehr Tierarten hinzu. Inzwischen hat sich aus der Papageien-Auffangstation ein kleiner Streichelzoo entwickelt. Der Eintritt ist frei und gegen einen Unkostenbeitrag werden Führungen von einer Stunde durch den Streichelzoo organisiert. Hunde können angeleint mitgebracht werden.

Wildpark Dünnwald (Kalk)
wildpark-duennwald.de

0221 / 60 13 07

Dünnwalder Mauspfad 230 * 51069 Köln

der Wildpark ist von mehreren Seiten

zugänglich

Grüne Wiesen, beschaulicher Wald und blühende Obstbäume zeichnen den WILDPARK DÜNNWALD am nord-östlichen Stadtrand aus. Dort leben zahlreiche Rehe und Hirsche. Für Familien ein toller Ausflug, um in dieser malerischen Idylle zu entspannen und von einer Aussichtskanzel das Damwild, die dort lebenden Wisente und Wildschweine zu beobachten. Ein besonderes Highlight für die Kinder ist, wenn die lustig grunzenden Frischlinge Ende Februar, Anfang März durch die Gegend tapsen. Der Eintritt ist frei und der Park ganzjährig rund um die Uhr geöffnet.

Der Wildpark Dünnwald ist auch bei Hitze toll. Ein kleiner Bach fließt durch den Park, in dem deine Kinder super planschen können. (Natalie mit M.)

Lamatrekking am Balsamhof (Engelskirchen)

lamatrekking-oberberg.de

02263 / 90 38 16 0

Oberstr. 23 * 51766 Engelskirchen

🕐 auf Anfrage

Knapp eine Stunde von Köln entfernt liegt der BALSAM-HOF im Dorf Hollenberg im Oberbergischen Kreis. Der Hof ist die Heimat vieler klassischer Bauernhoftiere und als Besonderheit leben dort mehr als zehn Lamas und Alpakas. Mit diesen können Eltern und Kinder geführte Lamawanderungen in die Natur unternehmen. Dabei können die Kinder die Lamas aufgrund ihres sanften Verhaltens problemlos selbst führen. Es gibt zwei-, drei- und vierstündige Wanderungen, auf denen du den Einklang zwischen Mensch, Tier und Natur genießen und das ruhige Wesen der Lamas erleben kannst. Die Preise variieren je nach Gruppengröße und Länge der Tour.

GUT ZU WISSEN

ZELTEN IM ZOO

* Wusstest du schon, dass man im Zoo zelten kann? Ein tolles Abenteuer wartet auf Familien mit Kindern ab sieben Jahren, die den ganzen Tag im Zoo verbringen und abends in wetterfesten Pfadfinderrundzelten übernachten. Die Zelte werden gestellt, Isomatten und Schlafsäcke müssen mitgebracht werden.

Affen- und Vogelpark (Reichshof-Eckenhagen)

affen-und-vogelpark.de

02265 / 87 86

Am Bromberg

51580 Reichshof Eckenhagen

🕐 täglich 9.oo-19.oo

Kinder freuen sich im AFFEN- UND VOGELPARK ECKENHAGEN über viele Affenarten und exotische Vögel wie Flamingos. Die Anlagen sind schön und oft ohne trennende Gitter gestaltet. Eine allwettersichere Indoorhalle mit Tropenambiente kann bei jedem Wetter besucht werden. Dort locken die Kinder z.B. Klettergerüste, eine Rollenrutsche oder eine Trampolinanlage. Bei gutem Wetter kannst du Grillhütten mieten.

Wildtierpark Rolandseck (Remagen)

wildpark-rolandseck.de

02228 / 91 16 39

Am Kasselbach 4 * 53424 Remagen

🕐 15. März-15. Nov MI-SO & feiertags 10.oo-18.oo

Der WILDTIERPARK ROLANDSECK ist sehr weitläufig. Die Tiere haben große und natürliche Gehege, sind aber gleichzeitig zum Anfassen nah. Da es ein naturbelassener Wildpark ist, sind die Wege holprig und unbefestigt, eben wie in der Natur. Festes Schuhwerk ist zu empfehlen und den Kinderwagen solltest du eher zu Hause lassen. Wenn die Kinder nach dem etwa drei km langen Rundweg noch Luft haben, lädt sie der große Spielplatz zum Toben ein.

WILDGEHEGE HELLENTHAL

* Jeden Freitag ist Großeltern-Tag im WILDGEHEGE HELLENTHAL. Großeltern bezahlen in Begleitung ihrer Enkel nur 6 Euro

Hochwildpark Rheinland (Mechernich-Kommern)

hochwildpark-rheinland.de

02443 / 65 32

Becherhofer Weg 71

53894 Mechernich-Kommern

🕐 Nov-Feb MI, SA, SO & feiertags
10.oo-17.oo * März-Okt täglich
9.oo-18.oo

Der in den Eifel-Ausläufern gelegene HOCHWILDPARK KOMMERN ermöglicht hautnahe Begegnungen mit Wildtieren inmitten der Natur. Ungarische Steppenrinder und viele Wildarten ziehen in dem 80 Hektar großen Gelände ihre Fährten. Besonders attraktiv ist das großzügige Wildschweingehege mit seinen Schwarzwildrotten. Daneben können Kinder eine Vielzahl heimischer Kleintierarten im Streichelgehege bewundern. Ein großzügiger Spielbereich mit Abenteuerspielplatz lockt die Kinder, während sich die Eltern im Wildparkrestaurant Waldhaus mit Freiterrasse stärken. Hunde sind im Park willkommen.

Greifvogelstation Hellenthal (Hellenthal)

greifvogelstation-hellenthal.de

02482 / 72 40

Wildfreigehege 1 * 53940 Hellenthal

🕐 März 9.oo-17.oo
Apr-Okt 9.oo-18.oo
Nov-Feb 10.oo-17.oo

Das WILDGEHEGE HELLENTHAL beherbergt eine Greifvogelstation und verschiedene Wildarten wie Luchse, Füchse, Wildkatzen, Waschbären, Marderhunde und Wildpferde. Die GREIFVOGELSTATION HELLENTHAL genießt internationales Ansehen – dort können die Besucher täglich Adler, Bussarde oder Falken im freien Flug erleben und interessante Informationen zu den einzelnen Arten erfahren. In der Greifvogel-Show erfährst du, wie gut Eulen hören, wie schnell Falken fliegen oder wie hoch Adler kreisen. Schön für die Kinder sind der große Spielplatz oder die Rundfahrt mit der „Wilden 13", dem Adler-Express. In den Ferien und an Wochenenden wird zusätzlich ein Indianerdorf bewirtschaftet, das eine große Auswahl traditioneller indianischer Geschenkartikel anbietet.

Ponyhof Stiller (Bergheim-Glessen)

ponyhof-stiller.de

0178 / 58 22 28 3

Alte Windmühle 1 * 50129 Bergheim

🕐 MO-FR 14.oo-20.oo * SA ab 9.oo
SO nach Absprache

Auf dem PONYHOF STILLER können bereits kleine Kinder reiten, denn die Ponys sind brav und kinderlieb. Die Eltern führen ihre Kinder auf den Ponys für 30 oder 60 Minuten. Etwas ältere Kinder nehmen Einzelstunden und es gibt die Möglichkeit von Reitbeteiligungen. Rund um den Ponyhof kannst du mit Kindern schön spazieren gehen.

Straußenfarm Emminghausen (Wermelskirchen)

straussenfarm-emminghausen.de

02193 / 16 61

Emminghausen 80 * 42929 Wermelskirchen

🕐 MO, MI, FR 9.oo-18.oo * DI, DO 9.oo-14.oo * SA 11.oo-16.oo * SO & feiertags 11.oo-15.oo

Auf der STRAUSSENFARM EMMINGHAUSEN leben Strauße und seit Ende 2014 auch Bisons. Auf etwa einstündigen Hofführungen erfährst du mehr über die exotischen Tiere und kannst anschließend in dem Hofladen Produkte rund um den Strauß erwerben. Ab April schlüpfen die winzigen Straußenküken.

Wildpark Reuschenberg (Leverkusen)

wildpark-lev.de

0214 / 68 13 4

Am Reuschenberger Busch 6

51373 Leverkusen

🕐 März-Okt täglich 9.oo-18.oo
Nov-Feb 9.oo-16.3o

Der idyllische WILDPARK REUSCHENBERG beherbergt eine Vielzahl heimischer Wild- und Haustierarten, z.B. Hirsche, Ziegen, Luchse, Mufflons, Greifvögel, Fischotter und Schildkröten. Die gut ausgeschilderten Vogel- und Waldschadenslehrpfade verlaufen durch ein idyllisches Waldstück mit mehreren Teichen. Für die Kinder gibt es einen schönen Waldspielplatz. Die Gehege sind gut in Schuss.

Wir gehen sehr gern in den Wildpark Leverkusen. Er ist nicht so groß, die Kinder können Tiere streicheln und einen Spielplatz gibt es auch. (Natalie mit M.)

Wildfreigehege Tannenbusch (Dormagen)

sdw-dormagen.de

02133 / 25 74 76

Im Tannenbusch * 41540 Dormagen

🕐 Sommer täglich 8.oo-20.oo
Winter täglich 9.oo-18.oo

Das WILDFREIGEHEGE TANNENBUSCH in Dormagen ist für alle Kinder spannend. Ziegen, Schafe, Pferde usw. dürfen gestreichelt werden. Am Wochenende wird gegen eine Gebühr Ponyreiten angeboten. Der abwechslungsreiche Spielplatz lockt mit Mini-Rutschen-Ensemble, Baumstämmen zum Balancieren oder den großen Kletter- und Tunnelrutschen. Für Eltern gibt es genügend Sitzmöglichkeiten und eine große Wiese lädt zum Spielen und Ausruhen ein. Im zugehörigen Restaurant bekommst du Essen zu angemessenen Preisen. Wer Lust hat, kann sich eine Grillhütte mieten. Der Eintritt ist kostenlos und Futter aus dem Automaten kostet 10 Cent. Am Wochenende bezahlst du Parkgebühren. Hunde dürfen an der Leine mitgebracht werden.

Tannenbusch ist sehr entspannend. Da das Wildgehege sehr groß ist, verläuft es sich sogar wenn es voll ist. Unsere Kinder lieben den Spielplatz dort. (Marie mit C. und F.)

Tierpark Brüggen (Brüggen)

natur-und-tierpark-brueggen.de

02163 / 54 47

Brachter Str. 98 * 41379 Brüggen

🕐 Apr-Okt 9.oo-18.oo * zusätzliche
   Öffnungstage auf der Webseite

In kaum einem Zoo sind sich Mensch und Tier so nah wie im NATUR- UND TIERPARK BRÜGGEN. Zebras, Antilopen oder Watussikühe stehen sich gegenüber. Beliebt sind die Futtertüten, die es am Eingang zu kaufen gibt. Ziegen, Ponys oder Kamele fressen aus der Hand und streicheln ist bei vielen Tieren möglich. Neben den Tieren gibt es eine tolle Kinderspielwelt. Beliebt sind der Waldspielplatz, die Einschienenbahn, das gestrandete Schiff Bounty und diverse Klettergerüste. Hunde sind an der kurzen Leine erlaubt.

Ausflugsziele in und um Köln♥

In Köln und Umland können Familien viel entdecken. Wir haben für dich die spannendsten Ziele mit Kind getestet und stellen dir in diesem Kapitel unsere Ideen für entspannte Familientage vor.

Kölner Seilbahn (Deutz / Riehl)

koelner-seilbahn.de

0221 / 54 74 18 3

🕐 31. März-Nov täglich 10.oo-18.oo
   letzte Hin- und Rückfahrt 17.45

Mit der KÖLNER SEILBAHN über den Rhein zu fahren, ist für Groß und Klein ein echtes Erlebnis. Du kannst den Kindern von oben wunderbar den Dom zeigen oder die Schiffe unter euch betrachten. Die Gondeln sind alle individuell gestaltet und es ist spannend, in welche du steigen darfst. Unsere Lieblingsgondeln sind die Mauskabine und die Kaptän Blaubär Gondel.

Schön ist, dass du mit der Seilbahn nicht sofort wieder zurück fahren musst, sondern nach Lust und Laune die andere Seite erkunden kann. (Natalie mit M.)

UNSER TIPP

KÖLNER SEILBAHN

* Bei gutem Wetter bildet sich an der Seilbahn häufig eine lange Schlange. Sei daher entweder früh da oder probiere die Seilbahn bei bedecktem Wetter aus.

Kinder-Stadtführungen (mehrere Orte)

0234 / 91 55 63 1

HEINZELMÄNNCHENTOUR, ABENTEUERSUCHE oder MUSEUMSFÜHRUNG? All diese Touren gibt es in Köln für Familien mit Kindern ab etwa sechs Jahren. Der Guide erzählt spannende Köln-Details ab der Römerzeit. Bei einem Spaziergang z.B. durch die Kölner Altstadt werden kindgerecht Märchen und Geschichten erzählt oder du erfährst in der Museumstour, wie es Dieben und anderen Gaunern früher ergangen ist. Neben Gruppentouren kannst du auch Individualtouren buchen.

Schifffahrt auf dem Rhein (mehrere Häfen)

k-d.com

0221 / 20 88 31 8

Zum Festpreis ab 25 Euro können Familien Köln auf einer einstündigen Panoramafahrt aus der Flußperspektive erleben. Sparen kannst du jeden Mittwoch beim Familientag: pro zahlendem Erwachsenen können bis zu drei Kinder kostenlos mitfahren. Auf vielen Schiffen erfreuen sich die Kinder – neben der Aussicht – an Kinderspieleinrichtungen wie Rutschen, Wippen oder Schaukeln.

Kölsche Riviera - Rhein bei Rodenkirchen (Rodenkirchen)

Uferstr. * 50996 Köln

Die KÖLSCHE RIVIERA, wie der Rodenkirchener Strand auch genannt wird, ist im Sommer hoch frequentiert. Familien genießen dort in mehreren Buchten einen echten Sandstrand. Wenn die großen Schiffe vorbeifahren, laufen Wellen an den Strand und lassen eine kleine Brandung entstehen. Kinder lieben es, auf den Trampelpfaden zwischen den Bäumen hindurchzulaufen. Nur schwimmen solltest du dort nicht, da der Rhein durch die Buchten zwar ruhig wirkt, die starke Strömung trotzdem nicht unterschätzt werden darf. Wer die Picknick- und Grilltasche einpackt, kann am Strand oder auf der Wiese grillen. Für den Nachtisch sorgt der Eismann, der bei gutem Wetter häufig vorbei kommt. Wer lieber einkehren möchte, sollte das Restaurant Haus Berger (hotel-haus-berger.de, Uferstr. 71, 50996 Köln, Tel 0221 / 93 55 24 0) mit kleinem Biergarten und Spielplatz ausprobieren.

Hübsche Fuß- und Fahrradstrecke bis nach Rodenkirchen am Rhein entlang und mit dem Sandstrand tatsächlich fast wie am Meer. (Susanne mit M.)

Zündorfer Groov (Porz-Zündorf)

An der Groov * 51143 Köln

Wer dem Trubel der Innenstadt entfliehen möchte, sollte sich nach Zündorf im Südosten Kölns auf den Weg machen, genauer gesagt zum ZÜNDORFER GROOV, einer Freizeitinsel direkt am Rhein. Der ehemalige Rheinarm – die GROOV – bildet eine weitläufige Rheinauen-Landschaft. Sie ist geprägt von alten Baumbeständen und Sandstränden, die ideales Spielgebiet für Kinder sind. Die GROOV ist eine ehemalige Insel, die 1849 mit dem Ufer verbunden wurde. Inzwischen ist der Rheinarm ein Doppelsee, der zum Tretbootfahren einlädt und an dessen nördlichem Ende ein kleiner Yachthafen liegt. Der angrenzende Zündorfer Marktplatz versorgt Besucher mit Snacks und Getränken. Für Kinder gibt es zusätzlich einen tollen Kinderspielplatz gegenüber des Minigolfplatzes (Marktstr. 12, 51143 Köln, Tel 02203 / 84 32 9) unterhalb der Kirche.

Niehler Hafen (Niehl)

Am Niehler Hafen * 50735 Köln

Der NIEHLER HAFEN liegt von der Innenstadt aus hinter der Mülheimer Brücke und bietet feinsten Sandstrand über mehrere Kilometer. Hier kannst du in tollen Buchten sonnenbaden und die Kinder spielen lassen. Wer Lust hat, packt das Grillzeug ein und grillt mit Blick auf den Rhein. Wie überall am Rhein solltest du ein wachsames Auge auf die Kinder haben, da die Strömung tückisch ist.

Wir fahren regelmäßig zum Niehler Hafen, da das Gelände weitläufig ist und sich die Leute, selbst wenn es voll ist, gut verteilen. (Gerburgis mit L.)

URBAN GARDENING

* Es gibt regelmäßig Mitmachkurse und Ferienangebote, bei denen die Kinder selbst mitarbeiten dürfen.

Urban Gardening – Kölner Neuland (Bayenthal)

neuland-koeln.de

Koblenzer Straße * 50968 Köln

Jeder kann mitmachen bei NEULAND, den mobilen Gärten mitten in Köln. Auf der großen Fläche mit vielen Beeten können Kinder nach Lust und Laune spielen und zusätzlich den Tomaten, Salat oder Erdbeeren beim Wachsen zusehen. Die meisten der mobilen Beetkisten gehören dem gemeinschaftlichen Verein NEULAND. Seit der Gartensaison 2015 gibt es die Möglichkeit, private Beetkisten anzumieten und zu bewirtschaften.

Du kannst einfach hingehen und mitgärtnern, das ist toll für Kinder. (Natalie mit M.)

Führung durch das Rhein Energie Stadion (Müngersdorf)

rheinenergiestadion.de

0221 / 71 61 61 50

Aachener Str. 999 * 50933 Köln

Das Kölner RHEIN ENERGIE STADION bietet regelmäßig Führungen für Fußballinteressierte an. Für Kinder gibt es speziell auf das junge Publikum abgestimmte Führungen. Ein unvergessliches Erlebnis für Fußball-verrückte Kinder.

Playa (Junkersdorf / Müngersdorf)

playa.de

0221 / 71 61 62 20

Junkersdorfer Straße 1 * 50933 Köln

🕐 Sommer MO-FR 14.oo-23.3o * SA-SO
10.oo-23.3o * Winter MO-FR
16.oo-23.3o * SA-SO 12.oo-23.3o

Die PLAYA unmittelbar am Rheinenergie-Stadion vereint Strandbar und Beachvolleyballanlage. Sie ist kein klassischer Kinderort, aber aufgrund des vielen Sands können Kinder dort wunderbar Sandburgen bauen und die Eltern währenddessen ausspannen. Für das kulinarische Wohl sorgt der sonnige Biergarten mit einer großen Auswahl an Speisen und Getränken.

Man ist zwar direkt in Köln, fühlt sich aber wie am Strand mit Sand, Wasser und Strandkörben, in denen es sich wunderbar relaxen lässt. (Susanne mit M.)

PLAYA IM WINTER

* Im Winter verwandelt sich die Playa in ein Eisparadies. Dann kannst du dort Schlittschuhlaufen und Eisstockbahnen mieten.

Worringer Bruch (Worringen)

Bruchstraße * 50769 Köln

Das Naturschutzgebiet des WORRINGER BRUCHs ist eine rund 164 ha große, sumpfige Flachlandschaft. Seltene Amphibien wie Kröten, Frösche und Molche kommen dort ebenso vor wie zahlreiche Schmetterlinge und Libellen. Für Kinder ist der WORRINGER BRUCH ein Paradies zum Tiere beobachten, balancieren und entdecken. Sogar im Winterhalbjahr ist das Naturschutzgebiet einen Besuch wert, weil du dort mit etwas Glück überwinternde Enten und Gänse beobachten kannst.

Tolles Erlebnis: Von Ende Mai bis Mitte September kannst du in der Abenddämmerung Fledermäuse durch die Luft flitzen sehen. (Sonja mit J. und M.)

Haus Hardt (Bergisch Gladbach)

haushardt.de

02204 / 30 07 54 1

Hardt 44 * 51429 Bergisch Gladbach

🕐 DI-SA 10.3o-17.3o * SO 9.3o-17.3o

Das NATURFREUNDEHAUS HARDT mit seinen darum liegenden Grünflächen ist ein toller Familienausflug etwa 25 Minuten Fahrzeit von Köln entfernt. Dort kannst du schön wandern und es gibt lauter kleine Bäche in denen die Kinder gerne planschen. Ein Höhepunkt ist die Erkundung des im Volksmund unter „Bärenhöhle" bekannten Gangs, eines 15 Meter langen Versuchsstollens. Die ganz Mutigen trauen sich bis zum Ende des Tunnels, andere geben früher auf. Details zur Bärenhöhle und das Programm für Kinder und Jugendliche bekommst du über das Naturfreundehaus.

Haus Hardt ist wie ein riesiger Abenteuerspielplatz, in dem Kinder die Natur entdecken und erforschen können. Die Gastronomie ist gut und man kann mit Gruppen den Grillplatz mieten. Auch für Kita-Sommerfeste geeignet. (Katrin mit L. und M.)

UNSER TIPP

SCHLOSS BURG

* Probiere die leckeren, original Bergischen Waffeln, die es bei SCHLOSS BURG zu kaufen gibt.

Monte Troodelöh (Bensberg)

monte-troodeloeh.de

Parkplatz Brüderstraße * 51427 Bensberg

Der MONTE TROODELÖH ist mit 118 Metern die höchste Erhebung der Stadt Köln. Er liegt mitten in einem Waldgebiet und ist ideal, um eine kleine Wanderung mit Kindern zu unternehmen. Auf der Spitze befindet sich ein großer Findling mit Metalltafel, dort können sich die Kinder stolz einen Stempel abholen.

Schloss Burg (Solingen)

schlossburg.de

Schlossplatz 2 * 42659 Solingen

🕐 MO 13.oo-18.oo
  DI-SO 10.oo-18.oo (eingeschränkte
  Öffnungszeiten NOV-FEB)

SCHLOSS BURG bei Solingen ist eine der größten wiederhergestellten Burganlagen Westdeutschlands. Die Burg thront imposant über einer Schleife der Wupper. Erbaut zu Beginn des 12. Jahrhunderts verfiel SCHLOSS BURG über die Jahrhunderte zur Ruine. Ab 1890 wurde die Burg nach historischen Vorlagen wieder aufgebaut. Heute befindet sich in SCHLOSS BURG das Burgmuseum. In diesem erfährt der Besucher viel zur Burggeschichte und Kinder finden besonders die mittelalterlichen Rüstungen und Waffen oder die historische Apotheke spannend. Interessant für Familien sind die vielen Veranstaltungen im Burghof wie die Ritterspiele mit Schaustellern in prächtigen Gewändern. Die äußeren Burganlagen sind kostenlos.

Sinneswald (Leichlingen)

sinneswald.net

02175 / 28 54

Wietsche 1 * 42799 Leichlingen

Natur und Kultur zum Seele baumeln lassen inklusive einer Höhle und einer Baumschaukel mitten im Wald. Die Wege sind nur bedingt kinderwagentauglich, sie eignen sich besser für Tragesysteme. In der Nähe gibt es einen alten Steinbruch und die Gaststätte **Wietsche Mühle** (Wietsche 21, Leichlingen, Tel 02175 / 21 08).

 *Ein Bach zum Spielen und ganz viel Wald. (Cathrin mit M. und M.)*

Gymnicher Mühle (Erftstadt)

naturparkzentrum-gymnichermuehle.de

02237 / 63 88 02 0

Gymnicher Mühle 1

50374 Erftstadt-Gymnich

Die GYMNICHER MÜHLE ist eine historische Wassermühle. Die dreiflügelige Mühlenhofanlage wird heute vom Naturpark Rheinland als Informationszentrum genutzt.

Ausgehend von der Mühle führen vier Rad- und Fußwegtouren durch die umliegende Bruch- und Auenlandschaft. Für Kinder gibt es einen schön angelegten Wasserspielplatz, Floßfahrten und eine Greifvogel Show.

Burg Satzvey (Mechernich)

burgsatzvey.de

02256 / 95 83 0

An der Burg * 53894 Mechernich

Rund um die mittelalterliche BURG SATZVEY finden ganzjährig Veranstaltungen für die Familie statt, z.B. ein farbenfroher Ostermarkt, das Hexenfest, Kinderritter aus Leidenschaft oder die traditionellen Ritterfestspiele. Weitere spannende Familienfeste sind Halloween und die Burgweihnacht an den Adventswochenenden.

Besonders schön sind auf der Burg Satzvey die Ritterfestspiele und der wunderschöne Weihnachtsmarkt (mit Eintritt). (Natalie mit M.)

AKTIVITÄTEN BEI SCHLECHTEM WETTER

Regenwetter ist Mistwetter, doch im Rheinland muss Familien an einem regnerischen Tag nicht die Decke auf den Kopf fallen. Mit den folgenden Unternehmungen wird es mit Kindern in Köln und im Umland garantiert nicht langweilig. Ob Indoorspielplätze, Hallenbäder oder für die kalten Wintermonate Rodelhügel, da ist für die ganze Familie etwas dabei. Wir haben die besten Schlechtwetter-Orte herausgesucht und getestet – auch die Eltern kommen dabei auf ihre Kosten.

Indoor Spielplätze

Indoor Spielplätze sind bei Regenwetter eine gute Alternative zu einem normalen Spielplatz, denn sie machen den Kindern riesig Spaß und haben Auspower-Potenzial. Dort können die Kleinen toben bis zum Umfallen. Der Geräuschpegel in den Indoor-Hallen ist oft hoch, das stört die Kinder wenig, aber die Eltern sollten sich darauf einstellen.

Kinder-Zimmer (Nippes)

kinder-zimmer.net

Details s. S. 85

Eine nette Alternative zu den großen Indoorspielplätzen ist der kleine und familiäre Spielplatz-Club mit angegliedertem Secondhand-Shop und Familiencafé in Köln-Nippes.

Tummel Dschungel (Bergisch Gladbach)

tummel-dschungel.de

02204 / 61 60 8

Rathenaustr. 9

51427 Bergisch Gladbach

🕐 MO-DO 14.oo-19 * FR 14.oo-20.oo
SA 10.oo-20.oo * SO, feiertags &
Ferien 10.oo-19.oo

Der TUMMEL DSCHUNGEL in Bergisch Gladbach zeichnet sich durch ein großes Spiel- und Tobeangebot bereits ab dem Kleinkindalter aus. Der Indoor-Spielplatz ist schön übersichtlich und bietet für die Minis Spiel und Spaß bei jedem Wetter. In dem Dschungelrestaurant bekommst du frische, selbstgemachte Pizza aus dem Steinofen sowie einen leckeren Latte Macchiato.

Okidoki-Kinderland (Grembergoven)

okidoki-koeln.de

02203 / 10 11 90 3

Hansestr. 74 -76 * 51149 Köln

🕐 MO-FR 14.oo-19.oo * SA-SO,
feiertags 10.oo-19.oo
Sommerferien NRW täglich ab 11.oo

Auf 2.000 qm bietet das OKIDOKI KINDERLAND verschiedene Klettertürme, eine Bungee-Trampolinanlage, Hüpfburgen, eine Go-Kart-Bahn, Ballspielfelder und einen Gastronomiebereich.

Jackelino Safari (Godorf)

jackelino-safari.de/de

02236 / 88 18 22 2

Otto-Hahn-Str. 6-8 * 50997 Köln

🕐 MO, MI, Do, FR 14.oo-19.oo * SA-SO,
feiertags & Ferien 10.3o-19.oo

Im JACKELINO SAFARI in Godorf ist viel Platz zum Klettern, Hüpfen und Spielen. In einem Gastrobereich gibt

UNSER TIPP

KÖLN FÜR FAMILIEN – IDEEN UND GUTSCHEINE

* Das Gutscheinbuch speziell für Kölner Familien bietet über 100 Gutscheine, Ermäßigungen und exklusive Angebote für jedes Alter. Partner sind z.B. TUMMEL DSCHUNGEL, FAMILY PARADISE, BUBENHEIMER SPIELELAND oder der KREWELSHOF. Als Geschenkidee für dich oder Freunde ist das Familiengutscheinbuch Köln eine tolle Idee. Erhältlich im Buchhandel oder unter mycitykids.de.

es Sitz- und Stärkungsmöglichkeiten für die ganze Familie. Ein weiteres Jackelino befindet sich in Niederkassel (Gladiolenweg 100, Tel 02208 / 40 27), auch dieser Indoor-Spielplatz ist beliebt bei Familien.

Im Jackelino Safari befindet sich ein extra Kleinkindbereich mit kleinem Klettergerüst, Trampolin und Rutsche. (Susanne mit M.)

. . . .

portalino-Kinderclub im Porta Möbelhaus (Frechen)

porta.de/frechen

02234 / 60 30

Europaallee 1 * 50226 Frechen

🕐 MO-SA 10.oo-20.oo

Im Möbelhaus PORTA in Frechen können Kinder eine Stunde umsonst im zugehörigen Indoorspielplatz PORTALINO spielen. Für kleine Kinder gibt es ein großes Bällebad und einen etwas abgetrennten Raum mit Spielhäuschen.

. . . .

Silly Billy (Lövenich)

silly-billy.org

02234 / 94 44 28

Ottostr. 14 * 50859 Köln

🕐 MO, DI, DO, FR 14.oo-19.oo * SA, SO,
   feiertags * Schulferien 10.oo-19.oo

Das SILLY BILLY ist ein klassischer Indoor-Spielplatz mit Hüpfburgen, Kletterwand, Trampolinanlage, Rollenrutsche und Spielturm. Ein extra Kleinkinderbereich ist für die Minis reserviert.

Die Größe, Ausstattung und Sauberkeit des Silly Billy gefallen uns gut. (Natalie mit M.)

Pippolino (Kerpen)

pippolino.com

02273 / 95 36 00

Hermann-Löns-Str. 30-38 * 50170 Kerpen

🕐 MO-FR 14.oo-19.oo * SA-SO,
   feiertags, Ferien 10.oo-19.oo

Große Hüpfburgen, eine Trampolin-Anlage, ein Flugsimulator, Karussells und vieles mehr versprechen Spaß für Kinder von zwei bis 12 Jahren. Für die jüngeren Gäste gibt es einen abgegrenzten Kleinkinderspielbereich.

. . . .

Family Paradise (Leverkusen)

family-paradise.de

02171 / 34 03 93 7

Quettingerstr. 281-283

51381 Leverkusen

🕐 MO-FR 14.oo-19.oo * SA-SO,
 * feiertags & Ferien 10.oo-19.oo

Im FAMILY PARADISE bekommst du auf etwa 2.400qm Fläche als Familie einiges geboten. Highlights der Fahrgeschäfte sind der FAMILY BOB, in dem du in einem Waggon achterbahn-mäßig in die Höhe und wieder hinab saust oder der etwas gemütlichere FAMILY SHUTTLE, mit dem du eine Runde in luftiger Höhe drehst. Alle Fahrgeschäfte außer dem Miniscooter sind gratis. Für Kinder bis vier Jahre gibt es einen Kleinkind-Spielbereich und eine große Auswahl an Bobbycars, Dreirädern oder die lustige FAMILY PARADISE EISENBAHN.

Oki Doki (Langenfeld)

okidoki-langenfeld.de

02173 / 49 94 44 4

Rheindorfer Str. 70-74 * Langenfeld

🕐 MO-SO 10.oo-19.3o

Die Besonderheit des OKI DOKI Indoorspielplatzes in Langenfeld ist sein Hochseilgarten, in dem ältere Kinder hoch hinaus klettern.

Kinderstadt (Heerlen, Niederlande)

kinderstad.nl

0031 / 45 57 17 25 2

Parallelweg 4 * 6411 ND Heerlen

🕐 täglich von 10.oo-18.oo

Schöner, großer Indoor Spielplatz. Von einer kleinen Achterbahn über einen Klettervulkan bis zu einer kleinen Wildwasserbahn ist alles vorhanden, was Kinderherzen erfreut. Ein Klettergarten, Autoscooter und Trampoline runden das Familienprogramm ab. Fürs leibliche Wohl gibt es typisch niederländische Gastronomie mit Sitzgelegenheiten.

Indoor-Ideen

Da die klassischen Indoor Spielplätze häufig recht laut sind, stellen wir dir in diesem Kapitel weitere Indoor-Ideen vor, bei denen die Kinder sich bei jedem Wetter künstlerisch oder sportlich betätigen können.

Pottery Art Café (Sülz & Innenstadt)

pottery-art-cafe.de

Details s. S. 96

Das POTTERY ART CAFE ist ein sympathisches Geschäft, in dessen beiden Filialen du mit deinem Nachwuchs Keramik selbst bemalen und brennen lassen kannst. Die Mitarbeiter sind freundlich, geben Tipps und helfen dabei, schöne Dinge zu gestalten. Gute Idee als Geschenk für Großeltern, Freunde und Verwandte.

Alpha Bowling (Sülz)

alpha-bowling.de

0221 / 42 84 67

Luxemburger Str. 299 * 50939 Köln

🕐 Family Bowling MO-SA 16.oo-18.oo
   SO 14.oo-19.oo

Trubeliges Bowling Center im Keller eines Gebäudes an der Luxemburger. Häufig gut ausgelastet, reservieren lohnt sich. Vor Ort kannst du Kleinigkeiten wie Pizza & Co. essen. Beim Family-Bowling bekommst du Bowling und leckere Snacks zum Spezialpreis.

BoulderPlanet (Ehrenfeld)

boulderplanet.de

0221 / 57 16 52 30

Oskar-Jäger-Str. 143h * 50825 Köln

🕐 MO-FR 10.oo-23.oo * SA, SO,
   feiertags 9.oo-22.oo

Der KINDERPLANET ist mit 300m² der größte Kinderboulderbereich in Deutschland. Er bietet Kindern spannende Abenteuer in der Burg und im Weltraum.

Während die Kids sich auspowern, verbringe ich die Wartezeit gerne gemütlich auf einem der Sofas in der Cafeteria mit Blick auf die Kletterwände. (Alexander mit H.)

Glowing Rooms - Indoor-Minigolf (Ehrenfeld)

glowingrooms.com

0221 / 58 98 33 85

Venloer Str. 383 * 50825 Köln

🕐 MO-FR ab 11.oo * SA-SO ab 10.oo

Minigolf, wie du es noch nie gesehen hast. In den GLOWING ROOMS spielst du mit 3D-Brille in einer einzigartigen Indoorminigolf-Schwarzlichtwelt. 18 Minigolf-Bahnen verteilen sich auf die neonfarbenen Spielwelten Unterwasser, Inkawelt, Zauberwald und Galaxie, die liebevoll und detailreich von renommierten Graffiti-Künstlern gestaltet wurden. Die Bahnen sollten auf jeden Fall vorher online gebucht werden.

Der 3D-Effekt ist beeindruckend. Das kinderfreundliche Team und das gute Zeitmanagement vor Ort runden das Erlebnis wunderbar ab. (Constanze mit H.)

Kletterfabrik (Ehrenfeld)

kletterfabrik-koeln.de

0221 / 50 05 50 05

Oskar-Jäger-Str. 173 * 50825 Köln

🕐 MO-FR 9.3o-23.3o * SA-SO 10.oo-22.oo

Die KLETTERFABRIK bietet in einer schönen Halle Kletterrouten für jedermann. Auch Kinder kommen dort auf ihre Kosten und können in vier verschiedenen Kinderkletterkursen alle nötigen Kenntnisse zum Thema „Sicher klettern im Indoorbereich" erlernen.

Move Artistic Dome (Ehrenfeld)

mad-cologne.com

0221 / 93 33 37 0

Girlitzweg 30 * 50829 Köln

🕐 MO-FR 16.oo-21.oo
   SA-SO 13.oo-18.oo

Der MOVE ARTISTIC DOME (MAD) ist ein großes Trendsportcenter für Parkour, Tricking, Trampolin oder Slacklining. Auf über 1.500m² kannst du über Kästen springen, durch ein Auto klettern und vieles mehr. Im MAD bieten sich einmalige Bewegungslandschaften, in denen auf spielerische Weise Motorik, Koordination, Bewegungssicherheit und Selbstvertrauen erlernt werden.

West Bowling (Ehrenfeld)

westbowling.de

0221 / 95 42 44 11

Melatengürtel 21 * 50933 Köln

🕐 täglich ab 12.oo * Familien- und
Kinderbowling SO ab 12.oo

Für alle, die am Wochenende keine ruhige Kugel schieben möchten: WEST BOWLING bietet sonntags spezielle Familien- und Kinder-Pakete, inklusive Leihschuhe und wahlweise mit Getränken und Snacks. Hochfahrbare Seitenwände an den Bahnen und leichte Kugeln ermöglichen Kindern bereits ab 3 Jahren fröhliches Bowlen ohne Frust.

Kindergeburtstage im West Bowling mit cooler Disco- oder Laserbeleuchtung und Musik stehen hoch im Kurs bei den Kids. (Alexander mit H.)

Jump House (Ossendorf)

jumphouse.de/koeln

0221 / 64 30 44 40

Köhlstr. 10 * 50827 Köln

🕐 DI-DO 15.oo-21.oo * FR 13.oo-22.oo
SA 9.3o-22.oo * SO 9.3o-21.oo

Das JUMP HOUSE befindet sich in einer ehemalige Lagerhalle auf rund 3.8oom² Fläche. Dort erleben Springer jeden Alters in sieben Bereichen viel Spiel, Spaß und Entspannung. Neben den Trampolinhallen gibt es einen großen Bereich für Event- und Geburtstagsfeiern sowie eine eigene Gastronomie. Am Wochenende sind Online Buchungen vor dem Besuch dringend empfohlen!

Stuntwerk (Mülheim)

stuntwerk.de/stuntwerk-kurse/kinder

0221 / 88 89 39 0

Schanzenstr. 6-20 * 51063 Köln

🕐 täglich von 10.oo-23.oo

Das STUNTWERK verspricht einen tollen Familientag bei jedem Wetter. In dem charmanten Kinderbereich mit Dschungel, Baumhaus und Lianen haben die Kinder jede Menge Spaß auf den kindgerechten Kletterpfaden. Außerdem können sie unter Aufsicht der Eltern bouldern oder Parkour laufen.

BRONX ROCK Kletterhalle (Wesseling)

bronxrock.de

02236 / 89 05 70

Vorgebirgsstr. 5 * 50389 Wesseling

🕐 täglich ab 9.oo

Die BRONX ROCK Kletterhalle punktet mit eigenem Kinderbereich. Durch die TopStop Seilbremse können die Kinder schon nach kurzer Einweisung selbstständig sichern. Dadurch gewinnen sie mehr Zeit an der Wand und an Erfahrung. Die abenteuerlichen Geburtstags- und Ferienprogramme sind ein spannendes Erlebnis für ein Kind.

UNSER TIPP
WIEDERVERWENDBARE QUETSCHBEUTEL

* Eine praktische Zwischenmahlzeit für unterwegs sind die beliebten Quetschies. Wer Umwelt und Portmoney schonen will, kauft die wiederbefüllbare Variante, z.B. von Breidabei.de. Diese Quetschbeutel kannst du nach Belieben befüllen, auswaschen und wieder neu füllen.

SEA LIFE

* Es lohnt, die SEA LIFE Karten online zu kaufen, da sie im Internet etwas günstiger sind als an der Tageskasse. Häufig gibt es Sonderaktionen wie das Eltern-Kleinkindticket für Kinder bis sechs Jahre. Außerdem sparst du dir die Warteschlange im Eingangsbereich.

Sea Life (Königswinter)

visitsealife.com/konigswinter

0180 / 66 66 90 10 1 (kostenpflichtig)

Rheinallee 8 * 53639 Königswinter

🕐 Sep-Juni MO-FR 10.oo-17.oo
Juli-Aug MO-FR 10.oo-18.oo
ganzjährig SA-SO 10.oo-18.oo

Bei schlechtem Wetter ist die Unterwasserwelt des SEA LIFEs perfekt, um mit kleinen Kindern etwas Schönes zu erleben. Der Rundgang dauert etwa ein bis zwei Stunden und die bunten Fische begeistern bereits Kleinkinder. Der letzte Einlass ist eine Stunde vor Schließung.

Hallen- und Kombibäder♥

In Köln und Umgebung gibt es eine ganze Reihe schöner Hallen- bzw. Kombibäder, in denen du Schwimmspaß bei jedem Wetter erlebst. Eine Auswahl unserer Lieblings-Familienbäder mit Spiellandschaften und Planschbecken findest du in diesem Kapitel. Den Freibädern und Badeseen Kölns widmen wir auf S. 188 ein eigenes Kapitel. 🔺🔺

Köln Bäder (mehrere Orte)

koelnbaeder.de

Die KölnBäder halten mit ihren Bädern im gesamten Stadtgebiet ein breites Freizeitangebot für Kölner Familien bereit. Auf der Seite koelnbaeder.de gibt es zu allen Kölner Bädern ausführliche Informationen.

Das **AGRIPPABAD** (Kämmergasse 1, Tel 0221 / 27 91 73 0) steht für Badespaß mitten in der Kölner City. Nur wenige Schritte vom Neumarkt entfernt, schätzen Familien das Kinderplanschbecken und Kölns längste Rutsche. Im Sommer locken eine Liegewiese, ein Biergarten und der Sand-Wasser-Spielplatz. Darüber hinaus bietet das AGRIPPABAD ein umfangreiches Angebot an Wasserkursen für Familien.

Wasser in seinen drei Aggregatzuständen erleben – im **LENTPARK** (Lentstr. 30, Tel 0221 / 60 01 58 8) ist das unter einem Dach möglich: flüssig im Hallenbad, fest auf der Eisbahn und dampfend in der Sauna. Im Sommer wird aus der beliebten Eisbahn ein Naturbadeteich, in dem die Wasseraufbereitung biologisch über Pflanzen erfolgt.

UNSER TIPP

AGRIPPABAD

* Im AGRIPPABAD gibt es in der ersten Etage ein Kinderparadies mit Kinderbetreuung. Eine Erzieherin kümmert sich Montag- und Dienstagvormittag sowie Donnerstagnachmittag um Kinder im Alter von 5 Monaten bis 7 Jahren. Das Angebot ist für Badegäste und AGRIPPAFIT-Mitglieder kostenlos. Beachtet werden sollten die Richtlinien zur Aufenthaltsdauer.

Das **ZOLLSTOCKBAD** (Raderthalgürtel 8-10, Tel 0221 / 27 91 82 0) wurde im Jahr 2012 komplett saniert. Draußen gibt es ein kleines Vier-Jahreszeitenbecken, eine beliebte Breitrutsche und einen tollen Kinderplanschbereich mit Sonnensegel, ideal für kleinere Kinder.

Das großzügige **STADIONBAD** (Olympiaweg 20, Tel 0221 / 27 91 84 0) lockt Klein und Groß mit Schwimm- und Wasserattraktionen. Mit dem neuen Hallenbad erfreuen sich Familien an ganzjährigem Badevergnügen. Für Kinder gibt es ein Babybecken, ein Kinderbecken mit Wasser-Fontäne und eine breite Wellenrutsche.

Im **OSSENDORFBAD** (Äußere Kanalstr. 191, Tel 0221 / 27 91 70 10) erwartet dich und die Kinder ein beheizbares Außenbecken, ein Vier-Jahreszeiten-Becken und eine große Liegewiese. Mutige können sich auf der 60- bis 80-Meter-Rutsche probieren oder im Kinderbecken (innen + außen) vergnügen.

Das **CHORWEILERBAD** (Liller Straße, Tel 0221 / 27 91 75 0) bietet ganzjähriges Badevergnügen für jedermann. Familien mit Kindern fühlen sich an den Warmbadetagen am Montag, Dienstag, Mittwoch, Samstag und Sonntag besonders wohl.

Das **ZÜNDORFBAD** (Groov/Trankgasse, Tel 02203 / 18 35 30) ist ein kombiniertes Hallen- und Freibad. Für Kinder gibt es eine Kinderspiellandschaft und einen Sand-Wasser-Spielplatz auf dem Außengelände. Die 80m lange Wildwasserrutsche ist bei Kindern beliebt.

Das **HÖHENBERGBAD** (Schwarzburger Str. 4, Tel 0221 / 27 91 81 0) bietet Schwimmvergnügen für die ganze Familie mit einem 25m Innen- und Außenbecken, einem Kinderplanschbecken und einem Vierjahreszeitenbecken. Im Sommer punktet die große Dünenlandschaft mit Strandkörben, die für mediterranes Flair sorgt.

Das **GENOVEVABAD** (Bergisch Gladbacher Str. 67, Tel 0221 / 27 91 76 0) im rechtsrheinischen Stadtteil Mülheim wird größtenteils von Schulen genutzt und das **WAHNBAD** (Albert-Schweitzer-Straße, Tel 0 22 03 / 18 35 40) punktet mit einem 25-m-Sportbecken, einer Sprunganlage und Warmbadetagen freitags und samstags.

Aqualand (Chorweiler)

aqualand.de/badewelt/fuer-kids

0221 / 70 28 0

Merianstr. 1 * 50765 Köln

🕐 MO-DO 9.3o-23.oo * FR 9.3o-24.oo
SA 9.oo-24.oo * SO & feiertags
9.oo-23.oo

Kleine Badebesucher fühlen sich im AQUALAND wie die Könige. Ein großzügiger Kinder-Planschbereich ist liebevoll mit Zwiebeltürmen, lustigen Tieren, Sultansrutsche und weiteren Attraktionen ausgestattet. Bei älteren Kindern sorgt der große Rutschenbereich für viel Spaß. In der Gastronomie steht eine Mikrowelle zur Flaschen- und Breierwärmung für Babys bereit. Im Sommer lockt der Außenbereich mit großen Liegewiesen, Liegestühlen zum Entspannen und einem Strömungskanal, von dem aus du nach innen schwimmen kannst.

Therme Bensberg Mediterana (Bergisch Gladbach)

mediterana.de/mediterana.html

02204 / 20 20

Saaler Mühle 1

51429 Bergisch Gladbach

🕐 täglich ab 9.oo

Die THERME BENSBERG hat einen Thermal- und Saunabereich. Im Thermalbereich kannst du es dir mit Kindern richtig gut gehen lassen. Die unterschiedlich warmen Becken gefallen bereits den Kleinsten. Eines der Becken ist beispielsweise nur knietief und bei Familien beliebt. Der Liegebereich ist mit vielen Palmen ausgestattet – da kommt richtiges Urlaubsfeeling auf.

Unser Kleiner (2 Jahre) liebt das warme Wasser und ist meistens nach einer Stunde Thermalbad so platt, dass er erstmal einen ausgedehnten Mittagsschlaf macht – echte Relaxzeit für uns Eltern also. (Susanne mit M.)

Familienbad De Bütt (Hürth)

familienbad.com

02233 / 72 94 0

Sudetenstr. 91 * 50354 Hürth

🕐 DI-FR 6.3o-21.oo * SA, SO & feiertags 9.oo-21.oo

Im Familienbad DE BÜTT erwartet dich ein umfangreiches Badevergnügen mit vielen Attraktionen in persönlicher Atmosphäre. Im Nichtschwimmerbecken beträgt die Wassertemperatur angenehme 32 °C, im Babybecken mit Wasserspielzeug sogar 34 °C. Das Außenbecken mit Whirlpool und einer langen Röhrenrutsche ist ganzjährig geöffnet und im Sommer gibt es draußen eine große Liegewiese mit extra Kleinkinderbecken. Ein Imbiss bietet Essen und Getränke zum Verkauf.

Ein toller Wochenendtag ist, sich erst im nahe gelegenen Gertrudenhof (s. S. 193) einsauen zu lassen und dann ins De Bütt zu gehen. Toll am De Bütt ist, dass das Wasser im Spaßbad und Kinderlernschwimmbecken angenehm temperiert ist. (Elli mit L.)

AGGUA (Troisdorf)

aggua.de

02241 / 98 45 0

Aggerdamm 22 * 53840 Troisdorf

🕐 täglich 9.oo-22.oo

Im Freizeitbad AGGUA ist für Kinder einiges geboten: Ein Kleinkinderbecken mit Wasserspielen und kleiner Rutsche, die Reifen-Rutsche oder das beheizte Außenbecken. Eine der Rutschen ist in der Mitte abgedunkelt und zeigt an, wie schnell du rutschst. Das Schwimmbad ist besonders unter der Woche für Familien zu empfehlen, da es dann angenehm leer ist.

Monte Mare (Rheinbach)

monte-mare.de/de/rheinbach.html

02226 / 90 30 0

Münstereifeler Str. 69

53359 Rheinbach

🕐 täglich ab 10.oo

Das MONTE MARE mit Wellenbad und Rutsche ist für große und kleine Kinder toll. Es bietet für Familien einen großen Kleinkindbereich, ein Wellenbad, ein Warmwasserbecken und zwei große Wasserrutschen ab sechs Jahren. Das Ambiente ist hell und sauber. Für Erwachsene gibt es darüber hinaus eine Sauna und ein Tauchcenter.

Freizeitbad CaLevornia (Leverkusen)

calevornia.de

0214 / 83 07 11 1

Bismarckstr. 182 * 51373 Leverkusen

🕐 MO-FR 8.oo-22.oo * SA, SO & feiertags 9.oo-22.oo

CALEVORNIA ist für Familien ein schönes Spaßbad mit zwei Freizeitbecken, einer Grotte mit Kinderrutsche oder einer Sprudelbank. Eine 100 m lange Riesenrutsche mit Video-Projektionen und Blackhole-Abschnitten erfreut die Kinder. Außerdem gibt es ein Babybecken für die ganz Kleinen, ein Spielbecken und ein Lehrschwimmbecken zum Schwimmen üben. Von Mai bis September ist der CALEVORNIA Park zusätzlich als Freibad mit Matschspielplatz geöffnet.

WINTERSPASS

Wenn es kalt wird und die Tage kürzer, neigt man dazu, mehr zu Hause zu bleiben. Aber gerade mit Kindern hat das winterliche Köln viel zu bieten – vom Schlittenfahren an einem der vielen Kölner Rodelhänge über Schlittschuhlaufen bis hin zu abwechslungsreichen Weihnachtsmarktbesuchen. ▲▲

Schlittschuhlaufen

Ein Highlight jeden Winter in Köln ist das Schlittschuhlaufen. Auf zahlreichen Eislaufbahnen oder
zugefrorenen Gewässern kannst du dir die Kufen unter die
Füße schnallen und deine Runden drehen. Achte jedoch
immer darauf, dass die Gewässer zum Eislaufen freigege-
ben sind und du unbedenklich mit den Schlittschuhen
aufs Eis kannst.

Eislaufbahn am Heumarkt (Innenstadt)
weihnachtsmarkt-altstadt.de/eislauf-
bahn

Heumarkt * 50667 Köln
🕐 Wintermonate * NOV-JAN täglich
   ab 10.oo

Die EISLAUFSAISON AM HEUMARKT beginnt Ende November und findet bis zu den heiligen drei Königen auf einer
mobilen Eisbahn statt. Das Besondere dieser Eislaufbahn
ist der schöne Weihnachtsmarktcharme mit bunten Ver-
kaufsständen und Glühweinständen rund um die Schlitt-
schuhbahn. Es gibt einen Schlittschuhverleih vor Ort.
Direkt daneben kann man Eisstockbahnen mieten.

*Am meisten Spaß macht es mit Kindern vormittags,
da es nachmittags voll werden kann. (Elli mit L.)*

Lentpark Köln (Innenstadt)
koelnbaeder.de

0221 / 60 01 58 8

Lentstr. 30 * 50668 Köln
🕐 MO-FR ab 8.3o * SA ab 10.oo
   SO ab 9.oo

Die städtische EISLAUFBAHN LENTPARK ist während der
Wintermonate, etwa sechs Monate pro Jahr geöffnet. Die
Indoor-Eislaufbahn ist schick und modern. Die Architektur
der Halle ist spannend - als Schlittschuhamateur läufst du
oben auf einer Galerie und schaust auf eine große Eisfläche, die z.B. für Eishockey Spiele genutzt wird.

Playa Winterland am Rhein Energie
Stadion (Junkersdorf)
playa.de

0221 / 71 61 62 20

Junkersdorfer Straße * 50933 Köln
🕐 Eislaufen MO-FR ab 16.oo
   SA-SO ab 12.oo

Im PLAYA WINTERLAND des Rhein Energie Stadions genießt du in den Wintermonaten herrlichen Schlittschuh-
spaß. Wer keine Schlittschuhe oder Lauflernhilfen besitzt,
kann sie sich dort ausleihen.

Der wiederverwendbare Quetschbeutel

PERFEKT AUF AUTOFAHRTEN

VIELFACH WIEDERVERWENDBAR

EINFACH ZU BEFÜLLEN

BPA FREI

SPASSIG FÜR KINDER

PRAKTISCH FÜR UNTERWEGS

GUT ZUR UMWELT

FREUNDLICH ZUM GELDBEUTEL

LEICHT ZU REINIGEN

GEEIGNET FÜR JEDEN BREI

www.breidabei.de

www.breidabei.de

Eissporthalle Bergisch Gladbach (Bergisch Gladbach)

eissporthalle-bergisch-gladbach.de

02204 / 64 74 8

Saaler Str. 100

51429 Bergisch Gladbach

🕐 Sept–März * täglich ab 10.oo

Schöne Eislaufhalle vor den Toren Kölns, in denen Klein und Groß gemütlich ihre Runden drehen können.

IceDome (Troisdorf)

eissporthalle-troisdorf.de

02241 / 40 02 66

Uckendorfer Str. 135 * 53844 Troisdorf

🕐 Sept–März MO–FR 9.oo–12.oo * MO–DO 14.oo–16.3o * FR Familien-Spezial-preis 14.oo–18.oo * SA 14.3o–17.3o SO 11.3o–17.oo

Die Eishalle mit dem tollen Namen bietet eiskalten Spaß auf 1.800 qm überdachtem Eis. Für Anfänger werden Schlittschuhkurse angeboten, bei denen mit viel Spaß das Eislaufen erlernt werden kann.

Eislaufbahn und Eisstockschießen beim Krewelshof (Lohmar)

krewelshof.de

Details s. S. 144

🕐 MI–FR 15.oo–18.oo * SA–SO & Ferien 11.oo–18.oo

Eisvergnügen auf 300 m² erwarten dich im Winter auf der Eisfläche am KREWELSHOF. Von Mitte November bis Ende Februar kannst du dort jeden Mittwoch bis Sonntag SCHLITTSCHUH-LAUFEN und EISSTOCKSCHIESSEN.

Schlitten fahren

Kaum schneit es, schon werden in Köln Schlitten und Bobs aus dem Keller geholt. Wir zeigen dir, wo du mit Kindern kleinere Hügel mit dem Schlitten hinunterflitzen kannst. Auch Toben im Schneegestöber macht in jedem Alter Spaß – da kommt garantiert keine Langeweile auf. ▲▲

UNSER TIPP

SCHLITTEN FAHREN

* Wenn genug Schnee liegt, kannst du vom Aachener Weiher mit dem Schlitten bis zum Herkulesberg laufen.

Aachener Weiher (Innenstadt)

Bachemer Straße * 50674 Köln

Am AACHENER WEIHER gibt es zwei Rodelpisten für Kinder. Ein etwas längerer, nicht ganz so steiler Hügel führt zum See. Auf der etwas kürzeren, dafür aber rasanteren Piste fahren die Kinder bis zur Lindenstraße.

Herkulesberg (Innenstadt)

Innere Kanalstraße * 50670 Köln

Im Grüngürtel beim Mediapark erhebt sich der HERKULESBERG, ein inzwischen begrünter Schuttberg aus dem 1. Weltkrieg, der von den Kölner liebevoll „Monte Klamotte" genannt wird. Die Piste hinab ist steil, aus unserer Sicht die rasanteste Piste der Innenstadt.

Rodelwiese im Forstbotanischen Garten (Rodenkirchen)

Schillingsrotter Str. 100 * 50996 Köln

Die große Wiese im FORSTBOTANISCHEN GARTEN läuft sanft und ohne Bäume den Hügel hinunter. Das ist Rodelspaß schon für die Kleinsten.

Weißer Bogen (Weiß)

Ludwigstraße/Ensener Weg * 50999 Köln

Rodeln mit Blick auf den Rhein, das können Familien am Auwaldgebiet WEISSER BOGEN im Kölner Süden. Der Hang ist nicht steil und bietet perfekten Familienrodelspaß.

Jahnwiese (Junkersdorf)

Junkersdorfer Straße * 50933 Köln

Die flache Piste hinter dem Rheinenergie Stadion ist bereits für kleinere Rodler gut geeignet. Mit einer Breite von etwa 300 Metern und einer Länge von etwa 50 Metern bietet die JAHNWIESE genügend Abstand zu den anderen Rodlern. Maulwurfshügel können das Rodelvergnügen beeinträchtigen.

Pilzberg im Beethovenpark (Sülz)
50937 Köln

Auf dem PILZBERG geht es flott bergab. Mehrere kleine Hügel und eine steilere Piste bieten Rodelvergnügen für kleine und große Kinder. Eine großzügige Auslaufzone am Ende der 80 Meter breiten und 100 Meter langen Abfahrt bietet genügend Sicherheit.

Poller Wiesen (Poll)
Alfred-Schütte-Allee 20A * 50679 Köln

An den Hängen der POLLER WIESEN entlang des Rheinufers gibt es für Kinder jeden Alters viele kurze Abfahrtmöglichkeiten.

Spielplatz in Vingst (Vingst)
Kuthstraße * 51107 Köln

Die Rodelbahn auf diesem Spielplatzgelände ist etwa 100 Meter lang und erfreut sich bei Familien großer Beliebtheit.

Weihnachtsmärkte

In Köln und Umgebung erfreuen sich Weihnachtsmärkte großer Beliebtheit. Während die großen Märkte wie der Weihnachtsmarkt am Dom oder Alter Markt in der Altstadt sehr touristisch und häufig voll sind, gibt es kleinere Märkte, die auch mit Kindern viel Spaß machen. Unsere Lieblingsmärkte speziell für Familien etwas abseits des großen Trubels stellen wir dir hier vor.

Hafen-Markt am Schokoladenmuseum (Südstadt)
hafen-weihnachtsmarkt.de
Harry-Blum-Platz 2 * 50678 Köln
🕐 Ab Ende Nov - 23.12. täglich ab
   11.oo * Totensonntag geschlossen

Vor malerischer Kulisse direkt am Rhein eröffnet der Kölner HAFEN WEIHNACHTSMARKT von Ende November bis Weihnachten seine Pforten. Er ist einer der schönsten Weihnachtsmärkte in Köln und die schneeweißen, weihnachtlich dekorierten Pagodenzelte geben dem Markt eine besondere Note. Das imposante 15 Meter lange 3-Master HOLZSCHIFF TRUDEL beeindruckt Kinder und erfreut Erwachsene mit heißem Glühwein. Da es ein kleinerer Weihnachtsmarkt ist und er etwas abseits liegt, ist er ideal für Familien. Außerdem gibt es für Kinder ein Kinderspielzelt, Karussell und Piraten. In Ergänzung zum Weihnachtsmarkt bietet sich ein Besuch im Sportmuseum oder Schokoladenmuseum an.

WEIHNACHTSMARKT-EXPRESS

* Zwischen den vier Weihnachtsmärkten WEIH-NACHTSMARKT AM DOM, ALTER MARKT, HAFEN-WEIHNACHTSMARKT und NEUMARKT fährt täglich der Weihnachtsmarkt-Express. Die Fahrt mit der Bimmelbahn dauert etwa eine Stunde, wenn du alle Weihnachtsmärkte anfährst. Von Markt zu Markt sind es etwa 15 Minuten. Ein toller Spaß für Familien quer durch die Domstadt.

Nikolausdorf am Rudolfplatz (Innenstadt)

nikolausdorf.com

Rudolfplatz * 50674 Köln

🕐 23.11.-23.12. täglich ab 11.oo.

Das NIKOLAUSDORF am Rudolfplatz ist ein familienfreundlicher Weihnachtsmarkt. Er ist relativ klein und überschaubar und deswegen gerade mit Kindern schön. Die Besonderheit ist der Dorfcharakter mit scheinbar historisch gewachsener Fachwerkidylle. Für Kinder gibt es ein Karussell (direkt neben dem Glühweinstand) und ein KINDER-NIKOLAUSHAUS, in dem täglich gemeinsam mit den Eltern und Freunden gemalt, gezeichnet, gebastelt, geschleckt und gelauscht wird.

Weihnachtsmarkt am Stadtgarten (Belgisches Viertel)

weihnachtsmarkt-stadtgarten.de

Venloer Str. 40 * 50672 Köln

Etwas abseits der Touristenrouten liegt dieser WEIH-NACHTSMARKT AM STADTGARTEN. Das Besondere ist, dass nicht das Standard-Programm angeboten wird, sondern viele kleine individuelle und moderne Stände lokaler Händler für Groß und Klein allerlei schöne Dinge anbieten. Die Händler wechseln im Laufe der vier Wochen zum Teil, so dass du auch bei mehrmaligen Besuchen immer wieder etwas Neues entdecken kannst. Die Weihnachtsmarkthäuschen gehen harmonisch in den Stadtgarten über. Am Wochenende gibt es regelmäßig Attraktionen für Kinder, z.B. Puppentheater und Märchenerzähler.

> *Ein Weihnachtsmarkt von und für Kölner. Ob zum Geschenkekauf oder nur auf einen leckeren Bio-Glühwein, hier gehen wir alle Jahre wieder gerne hin. (Karin mit O. und P.)*

Heimat der Heinzel mit Eislaufbahn am Heumarkt (Altstadt)

weihnachtsmarkt-altstadt.de

Heumarkt * 50667 Köln

🕐 während des Weihnachtsmarktes täglich ab 11.oo.

Im Herzen der Kölner Altstadt liegt die HEIMAT DER HEINZEL, der größte und traditionellste Weihnachtsmarkt Kölns. Vom Alter Markt bis zum Heumarkt reihen sich kleine Holzbuden aneinander. Für etwas ältere Kinder ist die Eislauffläche am Heumarkt toll, auf der das Eislaufen mit Kindern besonders unter der Woche viel Spaß macht.

Ehrenfelder Weihnachtsmarkt (Ehrenfeld)

facebook.com/pg/EhrenfelderWeihnachtsmarkt

Bartholomäus-Schink-Str. / Ehrenfeldgürtel * 50825 Köln

Dieser kleine Weihnachtsmarkt mit individuell-alternativem Design ist so ganz anders als das übliche Touristenspektakel. Auf einem ehemaligen Hof einer Autowerkstatt wird in einer Handvoll selbstgezimmerter Buden Ausgefallenes, Schönes, Selbstgemachtes, Exquisites, Handgearbeitetes und Kurioses von ausschließlich Ehrenfelder Designern und Künstlern angeboten. Natürlich gibt es leckeren Glühwein und Kinderpunsch, außerdem „Super-Wurst", selbstgemachte Crêpes und auf der „Santa Stage" Musikprogramm.

KINDERMESSE ST. PETER

UNSER TIPP

* Am Nachmittag des Heiligabends wird in der Kirche St. Peter direkt am Neumarkt ein außergewöhnliches Kinder-Weihnachtsspiel mit lebenden Tieren aufgeführt. Das Stück und die Krippe sind zwar inzwischen relativ überlaufen, aber wenn du früh genug dort bist, entgehst du den Massen und es ist ein tolles Weihnachtsspektakel.

Schickimicki sucht man hier vergeblich, dafür findet man einen wunderbaren Generationenmix in authentischer Ehrenfeld-Stimmung. (Constanze mit H.)

Zwei weitere Kölner Weihnachtsmärkte wollen wir euch nicht unterschlagen. Allerdings sind diese beiden beliebtes Ziel großer Touristengruppen und daher oft sehr voll, weswegen sich die kleineren, zuvor genannten Märkte besser für Familien eignen. Der WEIHNACHTSMARKT AM KÖLNER DOM (koelnerweihnachtsmarkt.com) besticht durch die tolle Domkulisse. Er ist einer Deutschlands beliebtester Weihnachtsmärkte. Der riesige Christbaum ist neben der Domkulisse sein Markenzeichen. Für Kinder gibt es ein historisches Karussell sowie ein Extra-Kinderprogramm in der Sternwarte. Das Markenzeichen des MARKTES DER ENGEL (markt-der-engel.de) am Kölner Neumarkt ist sein funkelndes Lichtermeer. Hunderte Lichter leuchten in den Bäumen und verzaubern Kinder und Eltern gleichermaßen. Für Familien gibt es ein wechselndes Kinderprogramm mit Kasperle und Kinderschminken. Außerdem schweben Engel und andere weihnachtliche Gestalten regelmäßig über den Weihnachtsmarkt und hinterlassen staunende Kinderaugen.

Weihnachtsbäume selber schlagen

Eine unserer schönsten Kindheitserinnerungen ist die, den Weihnachtsbaum mit den Eltern selbst im Wald auszusuchen und zu schlagen. Rund um Köln gibt es eine Reihe von Christbaumhöfen, die das Weihnachtsbaum-Schlagen zu einem Familien-Event machen. Also warm einpacken und los geht`s!

Bergischer Weihnachtsmarkt im Wald (Overath)

weihnachtsmarktimwald.de

Baumschule Mütherich

Kreutzhäuschen 6 * 51491 Overath

🕐 an zwei Adventswochenenden - Termine auf der Webseite

Der BERGISCHE WEIHNACHTSMARKT ist ein schöner Ausflug für die ganze Familie. Für einige Tage verwandelt sich der Wald in ein kleines Weihnachtsdorf, in dem Weihnachtsbäume gefällt werden dürfen. Kinder mögen das allseits beliebte Ponyreiten und die Großen schätzen allerlei kulinarische Spezialitäten. Dieser Ort ist zauberhaft, um die alte Weihnachtstradition des „Baumschlagens" wieder aufleben zu lassen.

Gut Clarenhof (Frechen)

gut-clarenhof.de

02234 / 95 96 20

Gut Clarenhof 1 * 50226 Frechen

🕐 s. Webseite

Jedes Adventswochenende öffnet der Weihnachtsmarkt im GUT CLARENHOF. Dort findest du eine große Auswahl an schlagfrischen Weihnachtsbäumen oder du schlägst deinen Baum einfach selber. Die Kinder staunen über die lebensgroße Krippe mit echten Tieren und freuen sich über die Fahrt auf dem Karussell. Für das leibliche Wohl ist mit selbstgebackenen Waffeln, Würstchen oder Flammkuchen ebenfalls gesorgt.

Gut Hohenholz (Kerpen)

gut-hohenholz.de

02237 / 97 54 22

Berrenrather Straße 35 * 50169 Kerpen

🕐 s. Webseite

Auf GUT HOHENHOLZ bekommst du eine reiche Auswahl an Weihnachtsbäumen in verschiedenen Sorten und Größen bis acht Meter. Entweder sofort zum Mitnehmen oder zum Selbstschlagen im Wald. Kinderspaß garantiert.

REISEN MIT KINDERN

Die erste Reise mit Kindern ist etwas ganz Besonderes. Außerhalb des gewohnten Rhythmus warten Überraschungen auf euch als junge Familie und es ist verständlich, dass du dich fragst, wohin es gehen soll und was das Richtige ist. Aus eigener Erfahrung sagen wir dir, dass es wahrscheinlich problemlos klappen und entspannt sein wird. Den Pänz ist egal, wo es hingeht, Hauptsache die Eltern sind dabei. Also durchatmen, einen Gang zurückschalten und alles auf dich zukommen lassen.

Viele Eltern entscheiden sich, bei der ersten Reise mit Kindern nicht so weit zu fahren bzw. zu fliegen. Außerdem sind für viele Familien spezielle Kinderhotels attraktiv, um langsam auszuprobieren, wie sich der Tagesablauf in einer neuen Umgebung gestaltet. Daher gibt dieses Kapitel einen guten Überblick über Reisebüros speziell für Familien sowie Familienhotel-Anbieter, die gut von Köln

aus erreichbar sind. Außerdem hat uns Sigrid Eckel von der KinderReiseWelt, Spezialistin in Sachen Familienurlaub, die wichtigsten Fragen zum Urlaub mit Kindern beantwortet.

 Unsere Checkliste Kinderkoffer zeigt detailliert, welche Dinge du für das Baby einpacken solltest. Du findest sie im praktischen pdf-Format zum Ausdrucken unter mycitykids.de/baby-im-urlaub.

Einige weitere Must-Haves für einen gelungenen Urlaub mit Baby und Kind stellen wir dir auf der nächsten Seite vor. Du solltest sie entweder im Gepäck haben bzw. im Vorfeld klären, ob die Unterkunft entsprechendes Equipment zur Verfügung stellt. ▲▲

CHECKLISTE

WORAN MUSS ICH VOR DEM URLAUB DENKEN?

○ Alle Kinder brauchen einen eigenen Reisepass, wenn sie mit ihren Eltern ins Ausland fahren. Den KINDERREISEPASS gibt es für 13 Euro für Kinder bis 12 Jahre, sein Foto kann gegen Gebühr von 6 Euro aktualisiert werden. Einziger Nachteil ist, dass in einigen Ländern, z.B. USA, der Kinderreisepass nicht ausreicht, sondern stattdessen ein normaler Reisepass benötigt wird. Daher ist es wichtig, sich rechtzeitig zu erkundigen, welche Einreisebedingungen für das jeweilige Reiseland gelten.

....

○ Stellt das Hotel ein BABYBETT zur Verfügung? Praktischerweise ist das der Fall, ansonsten solltest du ein Reisebett mitnehmen.

....

○ Endlich schlafen die Kinder und du möchtest mit deinem Partner in Ruhe auf der Hotelterrasse einen Wein trinken? Dann solltest du ein BABYPHONE einpacken, das die Eltern alarmiert falls der Nachwuchs aufwacht. Eine populäre Alternative zum klassischen Babyphone ist, sich eine Babyphone App fürs Smartphone herunterzuladen.

....

○ Da es im Urlaub nicht überall einen Kinderstuhl gibt, ist der MOBILE KINDERSITZ von Mobiseat (mobiseat.de) eine clevere Lösung, um das Kind sicher am Tisch sitzen zu lassen. Er passt in jede Handtasche und verwandelt einen normalen Stuhl mit wenigen Handgriffen in einen Kinderstuhl.

....

○ Wenn das Kind noch BABYMILCH ODER GLÄSCHEN-NAHRUNG bekommt, solltest du dich erkundigen, ob es am Urlaubsort die gleiche Nahrung gibt oder ob du besser einen Vorrat an Kinderspeisen mitnimmst.

....

Familien-Reiseanbieter♥

Viele junge Eltern wissen nicht, dass es spezielle Kinder-Reiseanbieter und Hotels gibt, in denen sie mit ihrem Nachwuchs bereits ab dem Babyalter entspannte Urlaube verbringen können. Daher haben wir die bekanntesten Kinderhotelanbieter sowie auf Kinder spezialisierte Reisebüros zusammengestellt, die auch Hotels rund um Köln vermitteln. Das Praktische an Familienhotels ist, dass sie sich ganz auf ihre kleinen Gäste und ihre Eltern eingestellt haben. Vom Kinderwagen bis zum Babyphone wird alles vom Hotel gestellt und du brauchst nichts mitzunehmen außer der normalen Wechselkleidung und das Lieblingskuscheltier deines Kindes. ▲▲

BAUERNHOFURLAUB

* Urlaub auf dem Bauernhof ist für junge Familien ideal, denn selbst Kleinkinder streicheln schon begeistert Schafe, helfen beim Füttern oder spielen in der Scheune. In NRW gibt es eine ganze Reihe schöner Höfe, die gut mit dem Auto erreichbar sind.

KinderReiseWelt (Sülz)
kinderreisewelt.de

0221 / 94 22 15 0

Münstereifeler Str. 15 * 50937 Köln

🕐 MO-FR 9.oo-18.oo * SA 10.oo-18.oo

Das Angebot der KINDERREISEWELT besteht hauptsächlich aus Hotels, die durch die KINDERREISEWELT-Mitarbeiter qualifiziert und als familienfreundlich eingestuft wurden. Alle positiv qualifizierten Hotels erhalten das KINDERREISEWELT-Gütesiegel und werden den Kunden in intensiven Beratungsgesprächen vorgestellt.

Hofbauer Babyreisen
hofbauer-babyreisen.de

089 / 21 89 71 78

Als junge Familie wird der Urlaub anders als vorher und oft ist man unsicher, wie die erste Reise mit Baby aussehen soll. Kerstin Hofbauer, selbst Mutter, hat ihr Angebot darauf abgestimmt und bietet individuelle Familienreisen an. Das Gute ist, dass sie als mobile Reiseagentur nicht klassisch aus einem Reisebüro heraus berät, sondern am Telefon oder per Mail, ganz wie es in deinen Zeitplan passt.

bauernhofurlaub.de

Auf BAUERNHOFURLAUB.DE findest du eine tolle Auswahl an familiengerechten Bauernhöfen. Für jeden Geschmack gibt es die richtigen Höfe, z.B. Höfe mit Tierhaltung, Reiterhöfe oder Obstbauernhöfe. Über die Bauernhofsuche und einer Eingrenzung nach Bundesland werden genau die Betriebe angezeigt, die zu deiner Familie passen.

familyaustria.at

Für ein schönes Kinderhotel in Österreich lohnt ein Besuch der FAMILY AUSTRIA Webseite. Dort findest du familienfreundliche Hotels und Appartements in allen Preisklassen über ganz Österreich verteilt. Anhand von Freddys, die Hotelsternen entsprechen, bewertet FAMILYAUSTRIA.AT die Hotels in Sachen Kinderfreundlichkeit und Ausstattung.

Ideen und Gutscheine rund um Kölsche Pänz

Eine tolle Geschenkidee!

urlaubfuerkinder.de

URLAUBFUERKINDER.DE ist eine Sammlung nützlicher touristischer Informationen rund um das deutsch-niederländische Grenzgebiet. Ob Wochenend- oder Sommerurlaub, über diese Webseite findest du kindgerechte Hotels und gut aufgearbeitete Informationen zu den schönsten Attraktionen, Sehenswürdigkeiten, Museen und Unterkünften in Deutschland und Holland.

Jedes Jahr im Oktober neu: die Familiengutscheinbücher KÖLN. Viele Freizeitideen, Tipps & Gutscheine für Kölner Familien. Erhältlich im Buchladen oder unter

www.mycitykids.de

INTERVIEW

SIGRID ECKEL – KINDERREISEWELT

ASTRID & SIGRID

Das Reisebüro „KinderReiseWelt" ist das 1. Kinderreisebüro in Deutschland und wurde 2005 von Sigrid Eckel und Astrid Brettmann in Köln-Sülz gegründet. Mittlerweile hat sich das Team auf 9 Urlaubsberaterinnen vergrößert und gemeinsam begeistern sie viele Familien mit schönen Ferien.

WIE SIND SIE AUF DIE IDEE GEKOMMEN, DIE KINDERREISEWELT ZU GRÜNDEN?

Astrid und ich sind leidenschaftliche Touristikerinnen und schon lange in der Branche. Wir haben erkannt, dass Familien mit kleinen Kindern ein besonderes Beratungs- und Informationsbedürfnis haben, das im „normalen" Reisebüro nicht immer erfüllt wird. Die Idee ist geboren und ein Jahr später wurde sie mit der Eröffnung umgesetzt. Für unser Konzept haben wir sogar einen Innovations-Preis gewonnen. Darauf sind wir sehr stolz.

WAS IST DAS BESONDERE AN DER KINDERREISEWELT?

Als Spezialist für Familienurlaub ist man anders vorbereitet und wir kennen uns gut aus. Entweder kennen wir etwas persönlich oder es liegt eine Empfehlung vor. Das gibt unseren Kunden Sicherheit und das ist bei der Urlaubsplanung mit Kindern sehr wichtig. Und unsere „Damen" wie wir das Team nennen, sind sehr engagiert und können sich gut mit den Kunden „verbinden". In unserem Team von Müttern und jungen Kolleginnen geht es sehr herzlich zu und das spüren auch unsere Kunden.

WAS SIND DIE BELIEBTESTEN FAMILIEN-REISEZIELE?

Dieses Jahr gehören die Balearen zu den Gewinnern. Aber auch Griechenland, Italien und Frankreich liegen hoch im Kurs. Familien mit Kindern, die lange Autofahrten gut vertragen, mögen auch Österreich oder machen Urlaub in der Heimat. Die Nord- und Ostsee ist nach wie vor sehr beliebt.

WORAUF SOLLTEN ELTERN ACHTEN, WENN SIE MIT KINDERN VERREISEN?

Eigentlich ist der „Verreise-Phantasie" keine Grenze gesetzt. Es geht alles, was man sich selbst zutraut. Und wenn dann noch genügend Sand, Spielkameraden und eine Schaukel vorhanden sind, sind die Kleinen glücklich. Die passende Frage dazu lautet: „Wie sieht Ihr perfekter Urlaubstag aus?".

KINDER UND FLIEGEN, WIE PASST DAS FÜR SIE ZUSAMMEN?

Fliegen mit kleinen Kindern ist gut machbar. Auch bei längeren Flügen. Da können die Kleinen schon mal aufstehen. Im Flugzeug gehen sie nicht verloren. Viele junge Eltern nutzen die Babyzeit, um eine große Reise zu machen. Da hilft, dass das Baby unter zwei Jahren kostenfrei mitfliegt.

HABEN SIE EINEN LETZTEN URLAUBS-TIPP FÜR UNSERE FAMILIEN?

Früh buchen lohnt sich immer. Denn Last-Minute ist out. Mein persönlicher Reisetipp für dieses Jahr lautet: Urlaub mit dem Wohnmobil. Damit wird der Weg zum Ziel und man erlebt eine wunderbare Familienzeit.

Familienhotel Gruppen
fam-hotels.com

Wer kennt das nicht? Schlafmangel, Hektik und zu wenig Zeit für die Kinder, den Partner und sich selbst. Die Antwort der vier FAM FAMILIENHOTELS darauf ist ein Ausschlafservice für die Eltern. Zweimal die Woche bieten die Hotels eine Kinderbetreuung ab 7.00 Uhr morgens inklusive eines Kinderfrühstücksbuffets an. Daneben gibt es die normale Kinderbetreuung. Ein Familienprogramm lockt mit Wanderungen, Schatzsuchen oder Schneeabenteuern. Als Standardprogramm haben alle FAM HOTELS außerdem gut ausgestattete Familienzimmer, Spielzimmer und Outdoor-Spielplätze.

Familotel.com

FAMILOTEL ist eine große Kinderhotelgruppe, die etwa 60 Familienhotels in Deutschland, Österreich, Italien, der Schweiz und Ungarn betreibt. Die FAMILOTELS bieten ein Maximum an Kinderfreundlichkeit. Die Baby- und Kinderausstattung, z.B. Babyphone, Kinderwagen, Hochstühle oder Rückentragen sind in allen Hotels inklusive. Außerdem sind die Familienzimmer großzügig geschnitten und bieten die Möglichkeit zur Verdunklung, damit die Kinder gut schlafen. Die FAMILOTELS zeichnen sich durch eine gute Kinderbetreuung, häufig schon ab dem Babyalter, aus. Die Kinder schätzen die vielfältigen Spielmöglichkeiten, den Happy Club oder die großzügigen Spielplätze und Pools.

kinderhotels.com

Der Urlaub in den KINDERHOTELS in Österreich, Deutschland, Italien und Kroatien macht großen und kleinen Gästen Spaß. Während die Kinder mit der Kinderbetreuung unterwegs sind, genießen die Eltern einige Stunden zu zweit, z.B. am Pool, beim Sport, im Wellnessbereich oder bei einem Ausflug zu den Sehenswürdigkeiten der jeweiligen Urlaubsregion. Je nach Hotel gibt es über die normale Kinderbetreuung hinaus eine Babybetreuung und für die älteren Kinder eine Zauberschule, ein Kinderkino, Fred's Schwimmakademie oder die Smiley Windel-Skischulen.

vamos-reisen.de

Der Reiseanbieter VAMOS hat sich auf Familien spezialisiert und bietet Eltern-Kind-Reisen mit dem Motto „Zeit für mich – Zeit für dich" in ganz Europa an. VAMOS beschreibt sein Angebot als „die gelungene Balance aus Aktivitäten für Eltern und Kinder sowie gemeinsamen Unternehmungen für die ganze Familie."

VAMOS bietet fünf unterschiedliche Reisetypen an:

* Zeit für mich – Zeit für dich – Reisen mit Kinderbetreuung durch qualifizierte Mitarbeiter

* VAMOS Kleine Abenteuer – Aktivreisen für die ganze Familie

* VAMOS Geheimtipps – Reisen ohne Kinderbetreuung

* Kleine Fluchten – Refugien für kleine Auszeiten

* Skireisen – Perfekt für den Winter

kolumne

· ·

MEIN ERSTER URLAUB MIT BABY

KOLUMNISTIN
KAROLINA SCHNEIDER

Seit das Baby auf der Welt ist, habe ich nur noch eine Sehnsucht: Urlaub! Ich träume von einer Liege am Meer, einer Flasche eiskalter Cola light in meiner rechten und einem guten Buch in meiner linken Hand. Und Schlaf, ganz viel Schlaf …

Um diesen Traum in die Tat umzusetzen, brauchen wir als erstes ein Urlaubsziel. Unsere bisherigen Kriterien dafür: Sonnenstunden und Außentemperatur. Jetzt denken wir über Folgendes nach: weitgehende Keimfreiheit beim Trinkwasser, ein Krankenhaus mit europäischem Standard in der Nähe, Flugzeiten vor oder nach dem Mittagsschlaf, Autovermietung mit Kindersitz, quallenfreies Wasser, Supermarkt mit Babygläschen …

Wir fliegen nach Schweden. Dort haben wir ein rotes Ferienhaus gemietet, einsam gelegen an einem See mit eigenem Steg und Ruderboot. Ein Traum von Natur, Bullerbü und Pippi Langstrumpf. Der Vermieter gibt uns den Tipp, auf dem Grundstück lieber nur den gemähten Bereich zu betreten. Im hohen Gras gäbe es Schlangen. Die Zäune ums Grundstück seien wegen der Wildschweine, die sich gestern Abend noch in Sichtweite befunden hätten.

Ich frage mich, ob Kinder in Schweden gut aufgehoben sind. Mir fehlt die Hotelbar. Dem kleinen Mann fehlt es offenbar an Dunkelheit, denn er krabbelt den ganzen langen schwedischen Sommerabend im Garten herum. Das weckt bei mir die Hoffnung auf Ausschlafen. Diese wird um sechs Uhr in der Früh zerstört. Das Kind ist wach und will bespaßt werden. Ich fotografiere den Sonnenaufgang. Bis zum Ende des Urlaubs wird eine ganze Serie daraus entstehen, denn offenbar kommt mein Sohn im Urlaub mit nur acht Stunden Schlaf aus.

Überhaupt ist Urlaub ohne Baby etwas ganz anderes als Urlaub mit Baby. Wir haben Freunde, die ehemals überzeugte Rucksacktouristen waren und mittlerweile nur noch in 5 Sterne Hotels ihre Urlaube verbringen (ihre Argumente: Hotelbar! Pool! Kinderanimation!). Die Rucksäcke sind den Rimowa-Koffern gewichen, das Essen der Garküchen dem Frühstücksbuffet. Wenn ihnen das einer vor zehn Jahren erzählt hätte. Die Schlangen haben wir übrigens nicht zu Gesicht bekommen. Genauso wenig die Wildschweine. Was uns ein wenig gefehlt hat, war Gesellschaft. Für den nächsten Urlaub planen wir deshalb gemeinsam mit Freunden und deren Kindern zu verreisen. Ich bin gespannt. Auf den nächsten Baby-Urlaub. ♥

bildnachweis

index

nachbestellungen & updates

Regelmäßige News und Infos rund um die Familie unter www.mycitykids.de. Außerdem kannst du dort unsere Bücher online bestellen.

Für Fragen und Anregungen stehen wir jederzeit unter info@citykids-verlag.de zur Verfügung.

impressum

HERAUSGEBER

City Kids Verlag
Rubensstraße 22 * 81245 München
info@citykids-verlag.de
089 / 45 47 47 18
Amtsgerichtsitz: München

FAKTEN

ISBN: 978-3981692327

1. Auflage

Erscheinungsdatum: 01.07.2017

Druck: Druck GmbH Horst Schreckhase * 34286 Spangenberg

Bestellung: www.mycitykids.de & im (Buch)-Handel

MITWIRKENDE

Text & Recherche: Sonja Eickholz, München

Text & Lektorat: Constanze Moths, Köln

Grafik & Covergestaltung: Sarah Zeidler, München (ohyay.de)

Fotografie: Nadine Neuneier, Köln (flamingotoast.com) & Irena Maucher, München (babymemories.de)

DANKE

Herzlichen Dank an meine Familie für ihre Geduld, an Constanze für ihre Kölner Geheimtipps und das Lektorat, an Sarah für ihre tolle Grafik, an Nadine & Irena für ihre schönen Fotos, an Karolina für ihre witzige Kolumne und an alle anderen, die dieses Buch zu etwas Besonderem machen.